Rechtsfolgen von sittenwidrigen Bedingungen
in Verfügungen von Todes wegen

Studien zum deutschen und internationalen Familien- und Erbrecht

Herausgegeben von Martin Lipp, Christoph Benicke,
Marina Wellenhofer und Bettina Heiderhoff

Band 12

PETER LANG
Frankfurt am Main · Berlin · Bern · Bruxelles · New York · Oxford · Wien

Tobias Breitling

Rechtsfolgen von sittenwidrigen Bedingungen in Verfügungen von Todes wegen

Erblasserwille und objektives Recht

PETER LANG
Internationaler Verlag der Wissenschaften

Bibliografische Information der Deutschen Nationalbibliothek
Die Deutsche Nationalbibliothek verzeichnet diese Publikation in der Deutschen Nationalbibliografie; detaillierte bibliografische Daten sind im Internet über http://dnb.d-nb.de abrufbar.

Zugl.: Konstanz, Univ., Diss., 2011

Gedruckt auf alterungsbeständigem,
säurefreiem Papier.

D 352
ISSN 1864-497X
ISBN 978-3-631-63233-8

www.peterlang.de

Vorwort

Die vorliegende Arbeit wurde im April 2011 vom Fachbereich Rechtswissenschaften der Universität Konstanz als Dissertation angenommen. Die mündliche Prüfung fand am 16.11.2011 statt. Mein Dank gilt: Herrn Prof. Dr. Rainer Hausmann für die Betreuung und die Erstellung des Erstgutachtens; Frau Prof. Dr. Eva Inés Obergfell für die Erstellung des Zweitgutachtens; Herrn Prof. Dr. Matthias Armgardt und Herrn Prof. Dr. Hans Theile für die Durchführung der mündlichen Prüfung sowie meinen Eltern für ihre unermüdliche Unterstützung.

Kiel, im November 2011

Tobias Breitling

Inhaltsverzeichnis

Kapitel 1: Einführung und Allgemeiner Teil

A. Einführung

„Die Könige sind nur Sklaven ihres Standes,
Dem eignen Herzen dürfen sie nicht folgen."

(Friedrich v. Schiller; Maria Stuart 2. Aufzug 2. Auftritt)

Ganz ähnlich der in *Maria Stuart* nachempfundenen Zeit präsentieren sich auch heute noch die ansässigen Adelshäuser, wenn es um die Herzensangelegenheiten ihrer Abkömmlinge geht.

Um den Stand und das Ansehen der durchlauchtigsten Häuser zu mehren, war und ist es nach wie vor erforderlich *„daß ein hohes Geblüt sich auch mit gleichen seines Standes und Herkommens verbinde, und nicht durch ungleich geringe Heyraten verkleinert und verächtlich gemacht werde."*[1]

Als Instrumente der Lenkung und Beeinflussung dienen u.a. so genannte Heiratsklauseln in letztwilligen Verfügungen. Die traditionsreichen Häuser *Hohenzollern* und *Leinigen* stellten auch noch im 20. Jahrhundert die Zuwendung zu Gunsten der Abkömmlinge unter die Bedingung der ebenbürtigen Herkunft und Ehe.[2]

Für die betroffenen Abkömmlinge wahrlich kein Leichtes, einen Ehepartner aus einer gleichgestellten hochadeligen Familie zu finden. Besonders der jeweils älteste Sohn unterlag besonderem Druck, die Bedingung zu erfüllen, denn ihm war im Erbfall der Thron versprochen.

Trotz der im Raum stehenden Drohung der Enterbung verloren in der zweiten Hälfte des letzten Jahrhunderts die bevorzugten Söhne aus dem Haus *Hohenzollern* und *Leiningen* ihr Herz und Ehegelöbnis an bürgerliche Frauen. Die Ernsthaftigkeit der Heiratsbedingung zeigte sich aber erst einige Jahre später – mit dem Tode beider Familienoberhäupter in den 1990er Jahren. Und so musste sich schlussendlich auch die Justiz mit dem Heiratsverhalten im deutschen Hochadel beschäftigen

In Rede stand ausschließlich besagte Bedingung, die den unebenbürtig verheirateten Sohn enterbte und damit den Weg frei machte für alle weiteren – ebenbürtig verheirateten bzw. unverheirateten – Abkömmlinge. Die Erstgeborenen beriefen sich auf Moral und Sitte und darauf dass die Heiratsklausel eine

1 *Schulze,* Die Hausgesetze der regierenden deutschen Fürstenhäuser, Bd. 3, S. 615; vgl. auch LG Hechingen, Urteil v. 7.12.2000 = FamRZ 2001, 721, 724.

2 Zur Ebenbürtigkeit vgl. auch *Dungern,* Das Problem der Ebenbürtigkeit.

unzumutbare Beeinträchtigung ihrer grundrechtlich gesicherten Eheschließungsfreiheit darstellte. Die Bedingung sollte aufgrund ihrer Sittenwidrigkeit schlicht herausgestrichen werden, so dass sie am Nachlass uneingeschränkt partizipieren konnten. Dem hielten die Zweitplatzierten die Testierfreiheit[3] des Erblassers entgegen, die eine solche einschränkende Heiratsbedingung legitimieren soll.

Zehn Instanzen und zehn Jahre später, nach Anrufung aller deutschen und europäischen Gerichte wurde die *Hohenzollernsche* Bedingung für sittenwidrig und unwirksam befunden. Im Gegenteil hierzu wurde die Bedingung aus dem Hause *Leiningen* für vollwirksam erachtet.

So ungerecht dieses Ergebnis auch erscheinen mag, im Ergebnis gehen dennoch beide Erstgeborenen leer aus. Denn das Gericht erklärte im Fall *Hohenzollern* nicht nur die Bedingung für nichtig, sondern gleichzeitig die gesamte letztwillige Verfügung und damit auch die eigentliche Erbeinsetzung des Erstgeborenen. Das Verdikt der Sittenwidrigkeit wurde umsonst erstritten.[4]

B. Problemstellung

Rechtsgeschäftliche Bedingungen sind – wie es obige Fälle veranschaulichen – ein bedeutsames und mächtiges Gestaltungsmittel des Erblassers. Sie ermöglichen es, die Zuwendung seines Vermögens von dem künftigen Verhalten des Bedachten abhängig zu machen und somit über den Tod hinaus aktiv die Lebensführung des Bedachten mitzugestalten. *Schlüter* übertitelt die Machtposition des Erblassers sehr sinnig als *„Die Herrschaft aus dem Grabe“*[5] und weist damit nicht zuletzt auch auf die damit verbundene Beeinflussung der persönlichen Lebensführung der Hinterbliebenen hin.

In manch einem Fall geht der Erblasser mit seiner aktiven Mitgestaltung zu weit und fordert im Gegenzug für die Zuwendung z.B., dass der Bedachte nicht heiraten dürfe[6] oder nur ebenbürtig[7] oder umgekehrt die Scheidung anstreben

---

3 *„das Werk der Testierfreiheit als Attacke auf die Eheschließungsfreiheit des Erbprätendenten.“ Isensee,* DNotZ 2004, 754, 760.

4 Ausführlich zu den beiden Fällen *Führ,* Grundrechte und Testierfreiheit, S. 66 ff.

5 *Schlüter,* Grenzen der Testierfreiheit – Grenzen einer „Herrschaft aus dem Grabe“, in: FG der Zivilrechtslehrer (1999), S. 575 ff.; vgl. auch *Hilgers,* MittRhNotK 1962, 381.

6 OLG Rostock, Urteil v. 8.12.1890 = SeuffArch, 5.

7 BayOblG, Urteil v. 4.08.1999 = FamRZ 1999, 380 f.; LG Hechingen, Urteil v. 27.9.2005 = FamRZ 2006, 1408 f.

müsse,[8] die Religion nicht wechseln dürfe[9] oder in den Priesterstand eintreten müsse.[10]

Unter dem weitreichenden Einfluss des Anstandsgefühls aller billig und gerecht Denkenden wird regelmäßig die Frage nach den Grenzen der Testierfreiheit laut. Mit § 138 BGB ist dem Richter eine Generalklausel an die Hand gereicht, um unsittlichen Rechtsgeschäften die Durchsetzung zu verwehren. Mit diesem nicht ganz unproblematischen Schritt ist aber der Fall keineswegs zu Ende. Dem Ausspruch der gesellschaftlichen Missbilligung reiht sich die Rechtsfolge – Umfang der Nichtigkeitsfolge – hinten ein, welche zu meist ganz erhebliche praktische und damit auch finanzielle Bedeutung hat.

Zunächst einmal führt die Sittenwidrigkeit dem Gesetzeswortlaut nach zur unumstößlichen Nichtigkeit der Bedingung: *„Das erste und unzweifelhafteste bei ihnen [unsittlichen Bedingungen; Anm. des Verfassers] ist Dieses, daß der Bedingung keine Folge gegeben werden darf, weil sonst das Schlechte gefördert werden würde.“*[11]

Die Verfügung von Todes wegen enthält aber nicht nur diese eine Bedingung, sondern zumindest noch die dazugehörige Zuwendung, also die eigentliche Einsetzung des Erben. Um den von *Savigny* formulierten Zweck (das Schlechte darf nicht gefördert werden) zu erreichen, sind zwei unterschiedliche Wege denkbar, *„entweder indem wir das ganze Rechtsgeschäft vernichten, oder indem wir die Bedingung als nicht vorhanden ansehen, und das Geschäft als unbedingt behandeln.“*[12]

Genau diese zwei Möglichkeiten stehen im Mittelpunkt der folgenden Untersuchung. Es geht um die Frage, ob die Bedingung für sich alleine wegfällt (**Teilnichtigkeit**[13]) oder ob die gesamte Verfügung der Nichtigkeit anheim fällt (**Gesamtnichtigkeit**[14]).

Geht man zunächst davon aus, dass die Nichtigkeit der Bedingung sich auch auf den Rest der Verfügung fortsetzt, so fällt die mit der Bedingung verbundene Erbeinsetzung ebenfalls weg. Der zunächst Bedachte verliert aufgrund der Gesamtnichtigkeit seine Erbenstellung und steht zwar damit ohne Bedingungsdruck, aber auch ohne Zuwendung da. Und selbst wenn er sich der Bedingung entsprechend freiwillig verhielte oder sogar bereits verhalten hat, die Nichtigkeit

8 BGH, Urteil v. 28.1.1956 = JZ 1956, 279 f.

9 RG, Urteil v. 24.04.1888 = RGZ, 279 f.

10 BayOblG, Urteil v. 29.10.1894 = SeuffArch, 171 f.

11 *Savigny,* System, Bd. 3, S. 197.

12 *Savigny,* System, Bd. 3, S. 197.

13 *Hermann,* Pro non scripta, S. 3 spricht von der Binnenteilnichtigkeit; aber auch Restgültigkeit und Restwirksamkeit sind synonym verwendbar.

14 Teilweise auch Totalnichtigkeit genannt, vgl. *Staudinger*[13]*/Roth,* § 139 Rn. 3.

aller Teile führt zwangsläufig auch zum Verlust der gewillkürten Erbenstellung.[15]

Demgegenüber isoliert die Teilnichtigkeit die Reichweite der Unwirksamkeit nur auf jenes, unmittelbar betroffene Element – die Bedingung – und die eigentliche Erbeinsetzung bleibt erhalten. Der Bedachte unterliegt zwar wiederum nicht der Bedingung, ist aber im Gegensatz zur Gesamtnichtigkeit weiterhin bzw. nunmehr Erbe und Zuwendungsempfänger.

Die Frage nach der Rechtsfolge einer sittenwidrigen Bedingung ist damit die letzte in einer langen Reihe, für den Erbprätendenten nahezu allein entscheidend und dazu noch höchst umstritten.

C. Forschungsstand und Notwendigkeit dieser Arbeit

Die Rechtsfolgen unwirksamer – sittenwidriger – Bedingungen im Allgemeinen und insbesondere im Erbrecht sind bereits den römischen Juristen als Problemfall bekannt gewesen.[16] Dies hat sich im Laufe der Zeit nicht geändert und umso mehr verwundert die fehlende ausführliche Diskussion.

Ein wenig angeregt wurde die Thematik durch die in der Einführung vorgestellten erbrechtlichen Streitigkeiten, welche Ende der 1990er beinah parallel die Gerichtsbarkeit beschäftigten. Damit verbunden war eine erhebliche Medienwirksamkeit – nicht nur in der juristischen Fachpresse[17] – die meist die Schranken der Testierfreiheit durch sittliche Gebote zum Thema hatten.[18] In diesem Bereich ist in den letzten Jahren auch ein nicht unerheblicher Anteil an tiefgehenden wissenschaftlichen Abhandlungen publiziert worden.[19]

---

15 Vgl. hierzu *Soergel*[13]*/Loritz,* § 2074 Rn. 33; *Schlüter,* Grenzen der Testierfreiheit – Grenzen einer „Herrschaft aus dem Grabe", in: FG der Zivilrechtslehrer (1999), S. 590.

16 Vgl. hierzu S. 25 ff.

17 Artikel im „Der Spiegel" 48/1998, S. 159 ff. „Dallas in Amorbach".

18 *Führ,* MittBayNot 2006, 461 ff.; *Gaier,* ZEV 2006, 2 ff.; *Goebel,* FamRZ 1997, 656 ff.; *Gutmann,* NJW 2004, 2347 ff.; *Hohloch,* JuS 1999, 606 ff.; *Horsch,* Rpfleger 2005, 433, 433 ff.; *Isensee,* DNotZ 2004, 754 ff.; *Kroppenberg,* DNotZ 2006, 86 ff.; *Langenfeld,* ZEV 2007, 453, 455; *Meincke,* DEuFamR 1999, 75 ff.; *Muscheler,* ZEV 1999, 151 ff.; *Otte,* FamRZ 2006, 309 ff.; *Otte,* ZEV 2004, 393 ff.; *Probst,* JR 1999, 504, 508 ff.; *Scheuren-Brandes,* ZEV 2005, 185 ff.; *Schmoeckel,* JZ 1999, 517, 517 ff.; *Staudinger,* FamRZ 2004, 769, 768 ff.; *Staudinger,* JURA 2000, 467 ff.

19 *Gilbert,* Unmoralische Angebote, 2009; *Kroppenberg,* Privatautonomie, 2008; *Schrenck-Notzing,* Unerlaubte Bedingungen, 2009.

Dennoch ist die Thematik – was insbesondere die Rechtsfolgen anbetrifft – keineswegs erschöpfend erörtert worden. Allen bisher publizierten Werken ist nämlich gemein, dass sie die Rechtsfolgen als weitreichendes Problem anerkennen, aber einen ausführlichen Disput meiden. Ausnahme ist laut Verlagsangaben lediglich die kürzlich erschienene Dissertation von *Albert Freiherr von Schrenck-Notzing.*[20] Dieser widmet den kompletten zweiten Teil (von drei) den Rechtsfolgen unerlaubter Bedingungen in letztwilligen Verfügungen. Mehr Schein als Sein möchte man sagen, denn besagtes Kapitel hat einen Umfang von sechs Buchseiten und kann bei weitem nicht die Komplexität und historische Verwurzelung der Problematik aufzeigen, geschweige denn ausführlich diskutieren.[21]

Andere Werke befassen sich in ähnlichem Umfang mit dieser Thematik, beschränken sich aber gerade deswegen meist auf eine Zusammenfassung bzw. oberflächliche Analyse:

Gilbert, Unmoralische Angebote, 2009, S. 110-112
Baumann, Verwirkungsklauseln, 2009, S. 99-102
Badouvakis, Fremdbestimmung, 1997, S. 191-198
Müller, Verwirkungsklauseln, 1996, S. 191-196
Rodermund, Vergangenheits- und Gegenwartsbedingungen, 1990, S. 97-104
Schlitt, Pflichtteilsberechtigte, 1990, S. 67-71
Kellenter, Bedingte Verfügungen, 1989, S. 171-182

Die Frage nach den Rechtsfolgen stellt sich naturgemäß erst nach eingehender Untersuchung des Sittenwidrigkeitsverdikts und dieser Themenkomplex genoss weit mehr Aufmerksamkeit in Rechtsprechung und Lehre. Trotz alledem verbirgt sich hinter der Rechtsfolge von sittenwidrigen Bedingungen ein Jahrtausende altes und bekanntes Problem, das sowohl in rechtsdogmatischer, historischer und vor allem praktischer Sicht überaus relevant ist.

---

20 Der Verlag Duncker & Humblot gibt zu dem Werk folgendes auf der Homepage bekannt: *„Einen weiteren Schwerpunkt der Arbeit bildet die in diesem Zusammenhang ersichtlich relevante, jedoch weit weniger diskutierte Frage nach den Rechtsfolgen unerlaubter Bedingungen."* (Stand: November 2011).

21 *Schrenck-Notzing,* Unerlaubte Bedingungen, S. 89-93.

D. Grundlagen

I. Die Bedingung

Ganz allgemein treten die Rechtsfolgen einer Norm ein, wenn ihre tatbestandlichen Voraussetzungen erfüllt sind. Mit einer Bedingung kann die Rechtsfolge zwingend an ein zukünftiges, ungewisses Ereignis gekoppelt werden (§ 158 BGB).[22] Die Erfüllung der ausgedrückten Erwartung ist dabei Wesensmerkmal der Bedingung und auch gleichzeitig Abgrenzung zur bloßen Empfehlung und zum bloßen Wunsch, welche eben die Erwartung gerade nicht zur Voraussetzung machen.[23]

Inhaltlich kann das zukünftige Ereignis ganz unterschiedlicher Art sein. Dabei kann es sich sowohl um vom menschlichen Willen unabhängige Ereignisse (wie z.B. Naturereignisse) als auch um die Handlung eines Dritten – des Bedachten – handeln. Im letzteren Fall besteht die Bedingung allein in einer Handlung, die vom Willensentschluss des Bedachten abhängig ist. Man spricht von einer Potestativbedingung (Willkürbedingung).[24] Der Bedachte ist nicht verpflichtet, der Bedingung nachzukommen, genießt jedoch Vorteile für den Fall des erstrebten Verhaltens. Ihre Zulässigkeit in Verfügungen von Todes wegen gründet in der Testierfreiheit, ergibt sich aber bereits aus § 2075 BGB.[25, 26]

II. Testament und Erbvertrag

Die Problematik einer sittenwidrigen Bedingung und deren Rechtsfolgen kann jede Form einer Verfügung von Todes wegen betreffen, sowohl letztwillige Verfügungen (Testamente) als auch Erbverträge. Dabei gelten die hier entwickelten Prinzipien grundsätzlich sowohl für die erste als auch für die zweite Verfügungsform.

---

22 Ausführlich zu Bedingungen im Allgemeinen und insbesondere in Hinblick auf letztwillige Verfügungen *Hilgers,* MittRhNotK 1962, 381 ff.; *Rodermund,* Vergangenheits- und Gegenwartsbedingungen.

23 Vgl. u.a. *Staudinger*[13]*/Otte,* § 2074 Rn. 13; zur Abgrenzung von der Auflage und anderen Rechtsinstituten *Hilgers,* MittRhNotK 1962, 381 ff.; *Rodermund,* Vergangenheits- und Gegenwartsbedingungen, S. 4 ff.

24 Vgl. hierzu statt aller *Staudinger*[13]*/Otte,* § 2074 Rn. 27 f.

25 Statt aller *Lange/Kuchinke,* Erbrecht, § 27 VI 2 a (S. 558).

26 Zur Vereinbarkeit einer Potestativbedingung mit § 2065 BGB: *Wagner,* ZEV 1998, 255 ff.

Zu beachten sind aber die Besonderheiten – was insbesondere die Auslegung betrifft – einer wechselbezüglichen und vertragsmäßig bindenden Verfügung, denn hier ist der Ehegatte bzw. der Vertragspartner schutzwürdig, so dass auch ggf. dessen Wille berücksichtigt werden muss.[27]

III. Alternative zum Alles-oder-Nichts-Prinzip

Ausgangspunkt der bisherigen Überlegungen war, dass die Rechtsfolge einer sittenwidrigen Bedingung entweder Teil- oder Gesamtnichtigkeit lautet. Unbeachtet blieb der Gedanke einer Alternativlösung zum Alles (Teilnichtigkeit)- oder Nichts (Gesamtnichtigkeit)- Prinzip.

Ersatzweise könnte der Richter z.B. die Bedingung in der Gestalt abändern, dass sie den guten Sitten entspricht und zudem den Ansprüchen des Erblassers im größtmöglichen Maße genügt. Schwierigkeiten bereitet natürlich von vornherein die Frage, welcher Grad an Modifikation notwendig ist und ob die neu geschaffene Regelung auch wirklich dem Erblasserwillen entspricht.

Wesentlich problematischer ist jedoch die Legitimation für einen rechtsgestaltenden Eingriff des Richters in die letztwillige Verfügung. Im Gegensatz zur reinen Rechtsfolgenanordnung Teil- oder Gesamtnichtigkeit, schafft der Richter eine neue Bedingung und damit auch eine neue Verfügung, die allein von hypothetischen Erwägungen getragen wird. Dass dieses Prozedere mit den strengen erbrechtlichen Prinzipien – wie z.B. persönliche Errichtung und Formgebot – nur schwer in Einklang zu bringen ist, scheint offensichtlich.

Eine Form von milderer Modifikation ist die Umgestaltung der sittenwidrigen Bedingung zu einer reinen Empfehlung. Im Gegensatz zur Bedingung hat diese keinen rechtsverbindlichen Charakter, sondern ist vielmehr nur ein Wunsch.[28] So wurde z.B. vom Kammergericht 1968 eine Bedingung der Zuwendung, *„daß mein Sohn im Falle seiner Verheiratung für die Dauer seiner Ehe im Güterstand der Gütertrennung lebt"*[29] einfach als Empfehlung des Erblassers an den Sohn verstanden und die ausdrücklich als Bedingung betitelte Formulierung gestrichen.

Unzweifelhaft ist ein solcher Eingriff des Richters weitaus milder als die Neuschöpfung einer Bedingung. Keineswegs ist sie der Sache aber dienlicher. Ob die Verfügung nun mit oder ohne Empfehlung aufrechterhalten wird, kann im Ergebnis keinen nennenswerten Unterschied machen. Denn nach wie vor muss zunächst die Teilnichtigkeit der Verfügung ausgesprochen werden und die

---

27 Statt aller *Brox/Walker,* Erbrecht, Rn. 220 ff.

28 Vgl. hierzu bereits S. 16.

29 KG, Urteil v. 4.4.1968 = FamRZ 1968, 334.

Empfehlung ist dann bloßes Beiwerk – ein unverbindlicher Wunsch des Erblassers.[30] Eine Alternative zum Alles-oder-Nichts-Prinzip ist damit jedenfalls nicht gefunden.

Die Rechtsfolgen beschränken sich nach wie vor auf Teil- oder Gesamtnichtigkeit. Eine Zwischenlösung oder Alternative ist entweder mit der Logik oder mit erbrechtlichen Prinzipien unvereinbar.[31]

IV. Erbrechtliche Folgen

Die Rechtsfolgen einer sittenwidrigen Bedingung stehen am Ende einer langen Reihe von Fragen. Mit ihrer Klärung ist das letzte Stellrad der Justiz genommen, dennoch ist es bis zur endgültigen Bestimmung des Erben noch ein weiterer Schritt.

Bei Teilnichtigkeit bleibt die restliche Verfügung erhalten, so dass aus ihr der Erbe ermittelt werden kann.

Im Falle der Gesamtnichtigkeit fällt diese Verfügung gerade weg, so dass regelmäßig gesetzliche Erbfolge eintreten wird (§§ 1924 ff., 1937 BGB). Bezogen auf den Einführungsfall bedeutet dies für den von der Bedingung belasteten ältesten Sohn, dass er auch ohne letztwillige Verfügung und Bedingung die Zuwendung erhält und zwar als gesetzlicher Erbe erster Ordnung (§ 1924 BGB).

Von jeder Regel gibt es aber eine Ausnahme und diese ist dann gegeben, wenn der Erblasser noch eine weitere Verfügung errichtet hat, der im Falle der Gesamtnichtigkeit der sittenwidrig bedingten Verfügung nun Beachtung geschenkt wird.

Das war der Grund, warum der älteste Sohn des Hauses *Hohenzollern* aus dem Einführungsfall trotz gesetzlicher Erbenstellung nicht Erbe des Vaters wurde. Der Erblasser hatte nämlich einige Jahre vor seinem Tode noch ein Testament errichtet, in dem er seinen Enkel zum Alleinerben eingesetzt und den Sohn enterbt hatte, so dass trotz Gesamtnichtigkeit des Erbvertrages der Sohn leer ausging.

Genau dieser Fall veranlasste *Meincke* zu einem drastischen Vorschlag, welcher vorsah *„das ganze Programm des Erblassers, nämlich die Zuwendung und die Enterbung [entfallen zu lassen] und damit gesetzliche Erbfolge eintreten [zu] lassen [...].“*[32]

---

30 Vgl. im Zusammenhang mit der Empfehlung auch *Keuk,* FamRZ 1972, 9, 16; *Schlitt,* Pflichtteilsberechtigte, S. 70.

31 Vgl. zur Möglichkeit eines Kompromisses auch S. 121.

32 *Meincke,* DEuFamR 1999, 75, 83.

Die Streichung des „ganzen Programms" beinhaltet demnach alle nachteiligen Verfügungen zu Lasten des Sohnes, so dass er wenigstens gesetzlicher Erbe sein soll.

Eine derart weitreichende Anordnung der Unwirksamkeit ist aber kaum vertretbar. Sittenwidrig ist ausschließlich die beigefügte Bedingung in der konkreten Verfügung. Ob nur die Bedingung wegfällt oder die gesamte Verfügung ist eine Sache, aber alle jemals errichteten nachteiligen letztwilligen Verfügungen für unwirksam zu erklären, ist mit dem Grundrecht auf Testierfreiheit nicht vereinbar.

V. Das Verdikt der Sittenwidrigkeit

Ausgangspunkt der Sittenwidrigkeit ist die grundsätzlich unbegrenzte rechtsgeschäftliche Gestaltungsfreiheit – im Erbrecht als Testierfreiheit (Art. 14 GG) bezeichnet. Dem Erblasser steht es frei, den Nachlass nach seinem Gutdünken zu verteilen und dabei auch die gesetzliche Erbfolge ganz außer Acht zu lassen.

Materiell wird dieser Grundsatz im Erbrecht von einer Vielzahl von Einschränkungen durchbrochen: insbesondere das Pflichtteilsrecht, erbrechtlicher Typenzwang und die §§ 134, 138 BGB limitieren die Freiheit des Erblassers.

Die Ratio von § 138 BGB ist in der Begrenzung der Privatautonomie durch sozialmoralische Mindestanforderungen, immanente Werte und Prinzipien zu sehen.[33] Ein Rechtsgeschäft, welches dem Zweck der Vorschrift zuwiderläuft, soll keine rechtliche Anerkennung finden.

Die Schwierigkeit liegt nun darin, dass § 138 BGB eine Generalklausel ist und nur von den guten Sitten spricht, aber nicht sagt, was Sitte ist und welche Sitte normative Kraft haben soll. Andererseits liegt hierin auch der Vorteil, denn ihre Elastizität ermöglicht es, verwerfliche Rechtsausübung in den Griff zu bekommen. Weiterhin ist die sittliche Anschauung wandelbar und vom *„Anstandsgefühl aller billig und gerecht Denkenden"*[34] geprägt, so dass der Inhalt der guten Sitten von einem weiten Bevölkerungskreis bestimmt wird und nicht vom Richter selbst.

Wann aber der letzte Wille des Erblassers mit der Sitte in ein Spannungsverhältnis gerät, ist aufgrund ihres Wesens vom konkreten Einzelfall abhängig.

---

33 *Lindacher,* AcP 173 (1973), 124.

34 Ständige Rspr. seit RGZ 48, 114 (124); 80, 29 (221); BGHZ 10, 228 (232).

1. Sittenwidrige Bedingungen in letztwilligen Verfügungen

Anknüpfend an die verschiedenen Bedingungsarten[35] soll zunächst die Potestativbedingung in Verbindung mit dem Verdikt der Sittenwidrigkeit gebracht werden. Hierbei kann sich das Verdikt auf zwei unterschiedliche Umstände beziehen:[36]

Zum einen kann das zur Bedingung erhobene Verhalten selbst bereits sittenwidrig sein – z.B. die Bedingung, dass der Bedachte seine Tochter vernachlässigen soll.[37]

Bei der anderen – und weitaus häufigeren – Variante ist zwar die abverlangte Handlung sittengemäß, durch die Setzung der Bedingung wird aber die Entschließungsfreiheit des Bedachten in sittenwidriger Weise beeinträchtigt. Als Beispiel soll der Einführungsfall dienen, bei der eine ebenbürtige Hochzeit zur Bedingung gemacht wurde. Heiraten ist per se nicht sittenwidrig, jedoch wird der Bedachte durch die knebelnde Bedingung möglicherweise unzulässigem Druck ausgesetzt.

Selbstverständlich können auch beide Varianten kumulativ auftreten. So wird in den allermeisten Fällen die zur Bedingung gemachte sittenwidrige Handlung zugleich auch den Bedachten in seiner Entschließungsfreiheit beeinträchtigen. In dem Beispiel mit der zu vernachlässigenden Tochter wird es jeden anständigen Vater vor einer solchen Tat grauen, so dass sich die Sittenwidrigkeit auch aus dem Druck auf den Bedachten ergibt.[38]

Fühlt sich in diesem Beispiel der Vater jedoch nicht unter Druck gesetzt, haftet das Verdikt der Sittenwidrigkeit ausschließlich der vorzunehmenden Handlung an und begründet keine unzulässige Einschränkung der Entschließungsfreiheit des Bedachten.

Es ist aber bisher kein derart gelagerter Fall bekannt, so dass sich die nachfolgenden Ausführungen hauptsächlich auf die unzulässige Einschränkung der Entschließungsfreiheit beziehen.[39]

---

35 Vgl. S. 16.

36 Hierzu auch *Fitting,* AcP 56 (1873), 399, 403; MünchKomm[5]/*Leipold,* § 2074 Rn. 18; *Spiess,* Unsittliche Bedingungen, S. 40 ff.

37 Zu dieser Fallgruppe *Schrenck-Notzing,* Unerlaubte Bedingungen, S. 26 f.

38 Früher hätte die Bedingung der Ehescheidung als Beispiel gedient, aber nunmehr ist die Scheidung nicht weiter verwerflich, so dass die Handlung (Scheidung) nicht mehr als sittenwidrig gilt, sondern ggf. nur in die Entschließungsfreiheit des Bedachten eingreift.

39 Die Rechtsfolge einer Bedingung, welche ausschließlich aufgrund der verfolgten Handlung sittenwidrig ist, wirft zudem kaum rechtliche Probleme auf:
Die spätere Untersuchung wird ergeben, dass ein Lösungsweg über den hypothetischen Willen des Erblassers zur Gesamt- oder Teilnichtigkeit führt. Der andere hingegen über schutzzweckbezogene Reduktion der Nichtigkeitsfolgen aufgrund des unzulässigen

Ebenso wie der Erblasser die Zuwendung von einem menschlich beeinflussbaren Ereignis abhängig machen kann, so kann er den Eintritt des Ereignisses auch vom Zufall bzw. von natürlichen Gesetzmäßigkeiten abhängig machen. Auch hier stellt sich die Frage der möglichen Sittenwidrigkeit. Als Beispiel soll folgende Bestimmung dienen: „*A erbt nur, wenn eine Flutkatastrophe eine Großstadt heimsucht und vernichtet.*"

Unzweifelhaft läuft diese Bedingung unserem sittlichen Empfinden zuwider. Aber anders als bei obigen Potestativbedingungen wird hier keine sittenwidrige Handlung abverlangt oder in die Entschließungsfreiheit eines Dritten eingegriffen. Das Ereignis als Tatsache ist zudem sittlich indifferent. So ist z.B. der Tod eines Menschen sittlich neutral, jedoch kann die Art und Weise des Todes – z.B. durch Mord – den guten Sitten widersprechen. Und im Fall der Zufallsbedingung kann noch nicht einmal menschliches Verhalten zur Rechenschaft gezogen werden und dem Sittenmaßstab unterliegen. Einzig und allein bleibt die fragwürdige und moralisch bedenkliche Motivation des Erblassers.

Das bestimmende Motiv bei Errichtung der Verfügung verleiht aber, wenn überhaupt, nur der gesamten Verfügung unsittlichen Charakter. Die Bedingung an sich ist – wie gerade gezeigt – einer Überprüfung nach sittlichen Maßstäben nicht zugänglich.[40]

Im Ergebnis unterliegt damit nur die Potestativbedingung dem Verdikt der Sittenwidrigkeit und regelmäßig auch nur dann, wenn sie in die Entschließungsfreiheit des Bedachten eingreift.

2. Kriterien der Sittenwidrigkeit

Die Verfasser des BGB haben bewusst davon abgesehen, eine kasuistische Regelung aufzunehmen, welche einzelnen Bedingungen letztwilliger Verfügungen sittenwidrig sind.[41] Das war aber keineswegs selbstverständlich; insbesondere sah der Erbrechtsentwurf von *Mommsen*[42] in den §§ 104 ff. eine detaillierte Auflistung von sittenwidrigen Testierpraktiken vor, die da wären: Bedingungen, die den Bedachten lächerlich machen (§ 104), Heiratsbedingungen (§ 105), Bedingungen bezogen auf die Religion (§ 106).

Eingriffs auf Bedachtenseiten. Letztere Lösungsmöglichkeit scheidet hier aber von vornherein aus, da der Bedachte aus freien Stücken die Bedingung erfüllen will. Es bleibt also bei erstem Lösungsweg und dem hypothetischen Willen des Erblassers. Dieser entscheidet nun darüber, ob Gesamt- oder Teilnichtigkeit eintritt.

40 Vgl. hierzu auch *Spiess,* Unsittliche Bedingungen, S. 53 ff.

41 Mot. V 22 = *Hahn/Mugdan,* Materialien BGB, Bd. 5, S. 11.

42 *Mommsen,* Entwurf eines deutschen Reichsgesetzes über das Erbrecht nebst Motiven.

In der Praxis hat sich die heutige Generalklausel für sittenwidrige Bedingungen nur eingeschränkt bewährt, so dass sich die gängige Kommentarliteratur gezwungen sieht, seitenweise Einzelfälle wiederzugeben und zu kategorisieren, um der Generalklausel eine konkrete Gestalt zu verleihen.[43] *Muscheler* bezeichnet daher diese Liste von vermeintlich sittenwidrigen Testierpraktiken auch als *„eine wahre Besserungsanstalt für Testatoren"*[44].

Eine allgemeingültige Definition einer sittenwidrigen letztwilligen Bedingung wird deswegen schon des Längeren gesucht. Problem dabei ist, dass bereits die Kriterien der Sittenwidrigkeit strittig sind.[45] Nach der älteren Auffassung sind Bedingungen für sittenwidrig zu erklären, wenn ihr Zweck dahin geht, die innere Entschlussfreiheit durch pekuniäre Vorteile zu beeinflussen. Andere wollen verhaltensbezogene Bedingungen verbieten und die derzeit herrschende Auffassung will den Bedachten vor unzulässigem Druck schützen.[46] Eine Lösung wird zudem erschwert, wenn man an der teilweise vertretenen Auffassung festhält, dass es für das Verdikt der Sittenwidrigkeit auf die subjektive Vorstellung – d.h. auf die Kenntnis der Sittenwidrigkeit – beim Erblasser ankomme.[47]

Beachtenswert ist in diesem Kontext auch der Vorschlag von *Gutmann*, der ausschließlich die subjektiven Momente untersuchen will und für das Sittenwidrigkeitsverdikt die strittigen objektiven Gesichtspunkte unberücksichtigt lässt: *„Im Rahmen der Bewertung erbrechtlicher Potestativbedingungen nach § 138 Abs. 1 BGB kann jedoch in methodisch korrekter Weise darauf abgestellt werden, ob der Erblasser vorrangig vertretbare, vermögensbezogene Motive für sein Handeln gehabt und entsprechend Regelungszwecke verfolgt hat, oder ob der für ihn bestimmende Beweggrund in der Einflussnahme auf das persönliche Verhalten des Bedachten lag und er seine letztwillige Verfügung in erster Linie als Mittel zu diesem Zweck instrumentalisiert hat."*[48]

In Anbetracht der zahlreichen wissenschaftlichen Beiträge ist die Beurteilung der Sittenwidrigkeit von letztwillig bedingten Verfügungen wohl eines der derzeit umstrittensten erbrechtlichen Themen. Strittig sind insbesondere der maßgebliche Beurteilungszeitpunkt für die Sittenwidrigkeit, die anzulegenden Kriterien sowie die Frage, ob eine Bedingung überhaupt sittenwidrig sein kann. Im Rahmen dieser Bearbeitung werden jedoch nur die rechtsfolgenbezogenen

---

43 Eine Auflistung erfolgt z .B. bei *Staudinger*[13]*/Otte,* § 2074 Rn. 40 ff.

44 *Muscheler,* ZEV 1999, 151, 152.

45 Ausführlich zu den Voraussetzungen der Sittenwidrigkeit *Führ,* Grundrechte und Testierfreiheit; *Gilbert,* Unmoralische Angebote; *Schrenck-Notzing,* Unerlaubte Bedingungen.

46 Siehe dazu S. 137 ff.

47 Zum Streitstand: *Staudinger*[13]*/Otte,* Vor §§ 2064 Rn. 177.

48 *Gutmann,* Freiwilligkeit, S. 226.

Streitpunkte analysiert, für eine weiter und tiefer gehende Untersuchung muss ein Verweis auf die entsprechenden Vorarbeiten genügen.

3. Abgrenzung zur motivbezogenen Sittenwidrigkeit

Vorliegende Untersuchung beschäftigt sich mit sittenwidrigen Bedingungen bzw. deren Rechtsfolgen. Die Sittenwidrigkeit haftet hierbei unmittelbar nur der Bedingung an und zwar dadurch, dass sie eine sittenwidrige Handlung abverlangt oder durch ihre Setzung in die Freiheit des Bedachten eingreift.[49]

Nichtsdestotrotz kann sich die Sittenwidrigkeit auch aus dem Gesamtmotiv der Verfügung von Todes wegen ergeben. Zu denken ist hierbei insbesondere an das Geliebtentestament, welches keine sittenwidrige Bedingung als solche enthält, sondern in seiner Gesamtschau das Verdikt der Sittenwidrigkeit verdient(e).[50]

Das Geliebtentestament oder auch Mätressentestament ist wohl genauso alt wie die bedingte letztwillige Verfügung. Das Prinzip dahinter ist die „Hergabe für die Hingabe“ – oder anders formuliert: die Enterbung der Angehörigen zugunsten einer Person, zu der der Erblasser ein außereheliches – ehebrecherisches – Verhältnis hat.

Bis 1970 vertrat die Rechtsprechung die Auffassung, dass solche Zuwendungen grundsätzlich nichtig sind. In Hinblick auf die gewandelte Sexualmoral werden aber nunmehr nur noch Zuwendungen für sittenwidrig erklärt, die ausschließlich die geschlechtliche Hingabe belohnen, zur Fortsetzung der sexuellen Beziehungen bestimmen oder diese festigen wollen.[51] Aber selbst, wenn nicht ausschließlich derart gelagerte Motive im Spiel sind, kann ein Geliebtentestament sittenwidrig sein, wenn durch die Verteilung des Nachlasses die nahen Angehörigen in sittenwidriger Weise zurückgesetzt werden.

Die Rechtsfolge der Teilnichtigkeit wird beim Geliebtentestament weitaus häufiger und unproblematischer angenommen, was zumindest auf den ersten Blick verwundert. Denn im Gegensatz zu einer sittenwidrig bedingten Verfügung liegt dem Geliebtentestament ein insgesamt prägendes sittenwidriges Motiv zu Grunde, welches wohl eher der gesamten Verfügung anhaftet, als eine klar bestimmte und vermeintlich leicht auszugrenzende einzelne Bedingung.[52]

---

49 Vgl. hierzu bereits S. 20.

50 Allgemein zum Geliebtentestament *Simshäuser,* Zur Sittenwidrigkeit der Geliebten-Testamente.

51 Ausführlich zur Entwicklung der Rechtsprechung *Herzog,* Sittenwidrige Rechtsgeschäfte, S. 66 ff.; *Schmitt,* Sittenwidrigkeit von Testamenten, S. 60 ff.

52 Zu den Rechtsfolgen der Sittenwidrigkeit beim Geliebtentestament *Hager,* Auslegung, S. 91 ff.; *Husmann,* NJW 1971, 404, 409 f.; *Jungmichel,* Unzulässige Beschränkung,

Ausgangspunkt für das bemerkenswerte Ergebnis ist der vermeintliche Wille des Erblassers. Aus seiner Sicht dient die Zuwendung an die Geliebte als eine Form von Belohnung. Ist nun der Umfang der Belohnung in sittenwidrigem Maße zu weit geraten (Zurücksetzung naher Angehöriger), so liegt es auf der Hand, dass der Erblasser zumindest wollte, dass seine Zuwendung in dem sittlich noch vertretbaren Umfang an die Geliebte aufrechterhalten wird.[53]

Möglich ist aber auch, dass die Zuwendung neben den sexuell bedingten – missbilligten – Motiven auch für sittenkonform geleistete Dienste entschädigen will (z.B. häusliche Pflege). Dann wird entsprechend der Wert der Leistung ermittelt und in Form der Zuwendung abgegolten, was ebenso im Sinne des Erblassers sein wird.[54]

Ganz anders aber bei einer bedingten Verfügung: Hier wollte der Erblasser die Zuwendung nur, wenn sich der Bedachte der Bedingung entsprechend verhalten würde. Wird nun die Verfügung ohne die Bedingung aufrechterhalten, so ist dies – anders als beim Geliebtentestament – kein Minus im Hinblick auf den Willen des Erblassers, sondern ein *aliud*.[55] Nicht das Maß (Umfang) seiner Zuwendung wird gekürzt, sondern die Voraussetzung der Zuwendung – nämlich die Bedingung – entfällt. Ob dieses *aliud* aber vom Erblasser ebenso gewollt war, ist keineswegs so offensichtlich, wie die Herabsetzung der Zuwendung beim Geliebtentestament.

Eine Themen übergreifende Rechtsfolgendiskussion von Geliebtentestament und bedingter Verfügung ist folglich nur eingeschränkt möglich.

S. 71 ff.; *Speckmann,* JZ 1970, 401 f.; *Speckmann,* NJW 1971, 924 f.; *Ramm,* JZ 1970, 129 ff.; *Thielmann,* Sittenwidrige Verfügungen, S. 173 ff.

53 *Speckmann,* NJW 1971, 924; **a.A** (gegen Teilnichtigkeit) *Husmann,* NJW 1971, 404, 409 f.; *Ramm,* JZ 1970, 129 ff.; *Tiedtke,* ZIP 1987, 1089, 1094.

54 Die Rechtsprechung und Literatur wendet zumeist § 139 BGB bzw. § 2085 BGB an (vgl. hierzu *Thielmann,* Sittenwidrige Verfügungen, S. 183 f.). Hierbei ist zunächst zu fragen, ob die Verfügung überhaupt in einen sittlichen und unsittlichen Teil aufgespaltet werden kann. Bei zerlegbaren Motivbündeln, wie z.B. bei der Belohnung für die geschlechtliche Hingabe auf der einen Seite aber auch für die häusliche Pflege anderseits, wird zu meist Teilbarkeit angenommen (vgl. hierzu *Thielmann,* Sittenwidrige Verfügungen, S. 177 f., 187).
Anschließend taucht erst die Frage auf, was mit dem achtbaren und an sich wirksamen Teil geschehen soll, was sich wiederum anhand des hypothetischen Erblasserwillens ermitteln lässt.

55 *Hermann,* Pro non scripta, S. 165.

E. Meinungsstand

Die Behandlung sittenwidriger Bedingungen in Verfügungen von Todes wegen ist ein nunmehr Jahrtausende altes Problem. Entsprechend vielfältig und differenzierend ist die Meinungslandschaft gewachsen. Dennoch war damals, wie auch heute, die Rechtsfolge auf Teil- oder Gesamtnichtigkeit beschränkt. Und ebenso überdauerte der Streit, welcher der beiden Auffassungen nun beizupflichten ist. Geändert haben sich, entsprechend dem Wandel der Gesetze und Rechtsanschauung, nur die zugrunde liegenden Argumente und Methoden.

I. Historischer Überblick

Bereits im Jahr 257 n. Chr. beschäftigte eine zweifelhafte letztwillige Bedingung die Justiz im römischen Reich. Eine Frau namens Maxima war von ihrer Mutter unter der Bedingung zur Erbin eingesetzt worden, dass sie sich von ihrem Mann zu scheiden habe. Die Kaiser erklärten die Bedingung für unzulässig und für *pro non scripta* – für nicht geschrieben.[56] Maxima konnte demzufolge das Erbe antreten, ohne dem Druck der Bedingung ausgesetzt zu sein (Teilnichtigkeit).[57]

Zurückzuführen ist dieses Urteil wohl auf die Rechtslehre der *Sabinianer*, welche in das justinianische Recht überging und zunächst die unmögliche Bedingung als ungeschrieben erachtete.[58] Weil aber die unsittliche Bedingung für den „besseren" Menschen ebenfalls (moralisch) unmöglich war, wurde die sittenwidrige der unmöglichen Bedingung gleichgesetzt.[59]

Dieser Grundsatz galt jedoch nur bei Verfügungen von Todes wegen. Rechtsgeschäfte unter Lebenden wurden anders behandelt und galten bei Hinzufügung einer sittenwidrigen Bedingung als zur Gänze nichtig.[60]

Die den *Sabininanern* widerstreitende Rechtsschule der *Prokulianer* behandelte demgegenüber beide Arten von Rechtsgeschäften gleich und erklärte so-

---

56 Ausführlich zur Entwicklung des Grundsatzes „*pro non scripta habere*" *Hermann,* Pro non scripta, S. 21 ff.; *Bund,* Die Fiktion "pro non scripto habetur" als Beispiel fiktionsbewirkter interpretatio, in: FG Lübtow (1970), S. 353 ff.

57 Die Entscheidung und weiterführende Gedanken sind nachzulesen bei *Badouvakis,* Fremdbestimmung, S. 23, 33 und *Meincke,* Scheidungsklausel, in: FS Kaser (1976), S. 438 ff.

58 *Windscheid,* Pandekten, Bd. 1, § 94 (S. 490) m.w.N.

59 *Badouvakis,* Fremdbestimmung, S. 26; *Hermann,* Pro non scripta, S. 22; *Savigny,* System, Bd. 3, S. 194.

60 *Lande,* Teilunwirksamkeit, S. 29 f.

wohl letztwillige Zuwendungen als auch Zuwendungen unter Lebenden für insgesamt nichtig, wenn ihnen eine sittenwidrige Bedingung hinzugefügt wurde.[61]

Ungeklärt ist, warum die – sich damals durchsetzende – Lehre der *Sabinianer* zwischen Rechtsgeschäften unter Lebenden und solchen von Todes wegen in der Rechtsfolge differenzierte.

Savigny vermutet den Grund in den Motiven der beteiligten Parteien. So folgert er für Rechtsgeschäfte unter Lebenden: *„Verspricht einer hundert für die Begehung eines Verbrechens, und wollten wir aus dem Vertrag nur diese Bedingung hinwegnehmen, so würden wir den ganzen Vertrag völlig willkürlich und gegen die unzweifelhafte Absicht in eine reine Schenkung verwandeln."*[62] Die Teilnichtigkeit ist demnach nicht mit dem Willen der Parteien vereinbar.

„Bei Testamenten finden wir von diesem Willen das Gegentheil. Wer ein Testament macht, hat die unzweifelhafte Absicht, über sein Vermögen zu verfügen, und jede Erbeinsetzung, jedes Legat, fällt in diese allgemeine Absicht freigebiger Austheilung des Vermögens."[63] Entsprechend soll vermutet werden, dass der Erklärende das „Schlechte" zwar durchsetzen wollte, aber den eingesetzten Erben ohnehin eingesetzt hätte, so dass die unsittliche Bedingung einfach gestrichen werden kann.[64, 65]

Badouvakis sieht den Grund der *Sabininianer* im Prinzip des *favor testamenti* verankert, welches darauf abzielte, den Testamentsinhalt zu erhalten und dem (ursprünglichen) Willen des Erblassers möglichst zum Erfolg zu verhelfen. Auch der Grundsatz des *favor heredis* soll ausschlaggebend für die Unterscheidung gewesen sein, denn der eigentliche Erbe erlitt regelmäßig Nachteile wenn die Verfügung *in toto* nichtig erklärt wurde. Aufgrund der hohen Wertschätzung der Familie soll im Zweifel zugunsten des Erben entschieden werden.[66, 67]

---

61 Ob *Prokulianer* und *Sabinianer* sich wirklich konträr gegenüberstanden ist nicht sicher, vgl. hierzu *Lande,* Teilunwirksamkeit, S. 31.

62 *Savigny,* System, Bd. 3, S. 197.

63 *Savigny,* System, Bd. 3, S. 197.

64 So vermutet auch *Lübtow,* Erbrecht, 1. Halbband, S. 351; *Meischeider,* letztwillige Verfügungen, S. 119.

65 Vgl. zu dieser Annahme die Ausführungen auf S. 116.

66 *Badouvakis,* Fremdbestimmung, S. 26 f.

67 Heutzutage wird der Unterschied zwischen der letztwillig bedingten Zuwendung und der bedingten Zuwendung unter Lebenden meist in der fehlenden Korrekturmöglichkeit der letztwilligen Verfügung gesehen; *Rodermund,* Vergangenheits- und Gegenwartsbedingungen, S. 96; *Schlitt,* Pflichtteilsberechtigte, S. 68.
Im Falle der Gesamtnichtigkeit *„ist die Bahn für neue Willensbetätigung frei"* (*Lange,* Schuldrecht, S. 17.), was aber dem Erblasser nach seinem Tod wenig helfen mag. Die Teilnichtigkeit ist also die einzige Möglichkeit den wahren bzw. vielmehr den ursprüng-

Klar ist jedenfalls nur, dass die den Römern folgende gemeinrechtliche Lehre sich dieser Rechtsauffassung anschloss und die unsittliche Bedingung in Verfügungen von Todes wegen als ungeschrieben erachtete.[68] Auch die verschiedenen Rechtsordnungen im 19. Jahrhundert in Deutschland und den angrenzenden Staaten sowie die herrschende Literaturmeinung[69] übernahmen größtenteils die römische Auffassung.

So sah z.B. in Preußen I 12 § 63 ALR vor:

„Was nach den Gesetzen einer Willenserklärung als gültige Bedingung nicht beygefügt werden darf; das wird, wenn es in letztwilligen Verordnungen einem Erben oder Legatario gleichwohl auferlegt worden, für nicht beygefügt angesehen.“

§ 900 des Badischen Landrechts lautet: *“Bey jeder Verordnung unter Lebenden, oder auf den Todesfall werden die unmöglichen Bedingungen, so wie diejenigen, welche den Gesezen und den guten Sitten zuwider sind, für nicht geschrieben geachtet.“*

Ganz ähnlich auch Art. 900 (franz.) Code Civil und § 2129 Sächsisches BGB. Dem stehen das österreichische ABGB, § 698, und die Kodifikationen aus Hessen (1845), Art. 60, und Bayern (1861), Art. 52, gegenüber, welche jedenfalls keinen Unterschied zwischen Rechtsgeschäften unter Lebenden und solchen von Todes wegen machen.[70]

In Hinblick auf ein gemeinsames Bürgerliches Gesetzbuch differenzierte auch der Erbrechtsentwurf von *Mommsen* (1874) zwischen letztwilligen Verfü-

---

lichen Willen des Erblassers zu erhalten – oder zumindest ein Teil des Willens (vgl. *Savigny,* System, Bd. 3, S. 199). Zu diesem Argument siehe Fn. 415.

Auch *Flume, Allg. Teil BGB*, Bd. 2, § 38 4 d (S. 695 f.) differenziert zwischen den Rechtsgeschäftsarten, sieht dies aber als Folge einer sachgerechten Anwendung; zustimmend *Keuk,* FamRZ 1972, 9, 15.

Unterschiede zwischen Rechtsgeschäften unter Lebenden und solchen von Todes wegen sind zweifelsohne vorhanden. Allein diese Tatsache begründet aber für sich allein genommen noch nicht die Annahme unterschiedlicher Rechtsfolgen (Gesamt- oder auch Teilnichtigkeit), sondern lediglich den Anspruch auf eigenständige Beurteilung. Dass bei Rechtsgeschäften unter Lebenden regelmäßig Gesamtnichtigkeit eintritt, bedeutet also nicht dass diese Rechtsfolgen nichts anders bei Verfügungen in Betracht kommt, sondern dass hier eigenständig die Rechtsfolgen untersucht werden müssen.

68 *Lübtow,* Erbrecht, 1. Halbband, S. 351; ausführlich hierzu *Hermann,* Pro non scripta, S. 37 ff.

69 *Arndts,* Pandekten, § 72 (S. 106 f.); *Dernburg,* Pandekten, Bd. 3, S. 157; *Keller,* Pandekten, Bd. 1, S. 126.

70 Eine vollumfängliche Auflistung der Kodifikationen ist bei Mot. TE v. 1879, S. 95 f. (S. 211 f.) – vgl. Fn. 74 zu finden.

gungen und Verträgen. Bei ersteren sollte eine unerlaubte Bedingung zur Teilnichtigkeit führen.[71, 72]

Die maßgebliche Ausarbeitung des Entwurfes des BGB oblag jedoch der vom Bundesrat am 2. Juli 1874 eingesetzten Gesetzgebungskommission. Diese setzte als Redaktor für das 5. und letzte Buch (Erbrecht) den Ministerialrat *Gottfried von Schmitt* ein.[73]

Den ersten Teilentwurf samt 1234 Seiten Motiven präsentierte *von Schmitt* der Kommission am 30. Oktober 1879.[74] Weil diese sich aber erst sieben Jahre später dem Erbrecht widmete, überarbeitete *von Schmitt* seinen Entwurf erneut, welcher dann im Mai 1886 die Grundlage der ersten Kommissionsberatung wurde.[75]

Den Motiven zu seinem Entwurf ist zu entnehmen, dass *v. Schmitt* sich dem österreichischen Recht anschloss und nicht zwischen Rechtsgeschäften unter Lebenden und solchen von Todes wegen differenzierte.

„Der bekannte Streit der älteren römischen Juristen ist zu Gunsten der Aufrechterhaltung letztwilliger Zuwendungen, abweichend von der Regel, entschieden worden. Kaum mit Recht! Es ist nicht abzusehen, warum, wenn dem Vertragswillen durch eine unerlaubte Bedingung die rechtliche Wirksamkeit – gewiß mit Grund – entzogen wird, nicht das Gleiche vom testamentarischen Verfügungswillen gelten soll. Hier wie dort hat der Verfügende einen unerlaubten Zweck mit erlaubten Mitteln angestrebt. Zu vermuthen, daß er die Mittel auch ohne den Zweck gewährt hätte, ist mindestens willkürlich.“[76, 77]

71 *„Eine Bedingung, welche darauf gerichtet ist, daß derjenige, welcher in Folge der Erfüllung derselben ein Recht verlieren, beziehungsweise zu einer Leistung verpflichtet werden soll, eine den Gesetzen oder den guten Sitten widerstreitende Handlung nicht begehen, oder eine durch die Gesetze oder durch die guten Sitten gebotene Handlung nicht unterlassen werde, ist als nicht beigefügt zu betrachten.*
Dasselbe gilt von der Bedingung, daß derjenige, dem die Erfüllung derselben einen Vortheil bringen soll, eine den Gesetzen oder den guten Sitten widerstreitende Handlung begehen oder eine durch die Gesetze oder durch die guten Sitten gebotene Handlung unterlassen werde.“ *Mommsen,* Entwurf eines deutschen Reichsgesetzes über das Erbrecht nebst Motiven, § 102.

72 Ausführlich zu dem Erbrechtsentwurf von *Mommsen*: *Andres,* Der Erbrechtsentwurf von Friedrich Mommsen, und insbesondere zu sittenwidrigen Bedingungen S. 205 f.

73 Ausführlich zu dem Erbrechtsentwurf von *Schmitt*: *Karow,* Sittenwidrigkeit, S. 17 ff. und insbesondere zu sittenwidrigen Bedingungen S. 25 ff.

74 Teilentwurf und Motive sind enthalten in *Schmitt,* Erbrecht (1981-1984), = Mot. TE v. 1879; Seitenzahlen in Klammer beziehen sich auf den Neudruck aus dem Jahre 1984.

75 Teilentwurf und Motive sind enthalten in *Schmitt,* Erbrecht (1981-1984), = Mot. TE v. 1886; Seitenzahlen in Klammer beziehen sich auf den Neudruck aus dem Jahre 1984.

76 Mot. TE v. 1879, S. 96 (S. 212); vgl. Fn. 74.

Die im Mai 1886 tagende Gesetzgebungskommission schloss sich diesbezüglich dem Erbrechtsentwurf von *v. Schmitt* an: *„Hiernach verdient es den Vorzug, die gleichen Grundsätze wie für ein Rechtsgeschäft unter Lebenden anzuwenden [...].“*[78, 79]

Das neu geschaffene Bürgerliche Gesetzbuch brach mit der antiken und bis dato ganz herrschenden Rechtsauffassung und behandelte Rechtsgeschäfte unter Lebenden und solche von Todes wegen gleich.

Weil bisher sittenwidrige Bedingungen in Verfügungen lediglich zur Teilnichtigkeit geführt hatten, liegt der Schluss nahe, dass nunmehr – mit Bruch dieser Auffassung – Gesamtnichtigkeit eintreten sollte.[80] Diese Schlussfolgerung ist freilich keineswegs zwingend:

Die Gesetzgebungskommission ging in ihren Ausführungen vielfach auf den möglichen Willen des Erblassers ein und folgerte u.a., dass Teilnichtigkeit dann möglich wäre, *„wenn anzunehmen wäre, es lägen genügende Anhaltspunkte vor, aus welchen sich ergebe, daß der Erblasser die Zuwendung ohne den nichtigen Theil gewollt habe.“*[81] Auch an anderer Stelle wird der Wille des Erblassers erwähnt und zur Begründung herangezogen: *„[...] steht fest, daß der Erblasser die Zuwendung nicht unbedingt machen wollte [...].“*[82]

Im Widerspruch hierzu steht die abschließende Erwähnung, dass der Grundsatz, den Willen des Erblassers zur Geltung zu bringen, hier keine Anwendung erlangen soll.[83]

---

77 Keineswegs wollte aber *v. Schmitt*, dass jede sittenwidrige testamentarische Bedingung zur Gesamtnichtigkeit führt. Er differenzierte nach den verschiedenen Bedingungsarten, da aber die Gesetzgebungskommission seinem Entwurf in dieser Hinsicht nicht folgte griff *v. Schmitt* zu späterer Zeit dennoch auf die Unterscheidung zwischen Rechtsgeschäften unter Lebenden und solchen von Todes wegen zurück; hierzu später auf S. 72 ff.

78 Mot. V 20 = *Hahn/Mugdan,* Materialien BGB, Bd. 5, S. 11 und Mot. I 267 = *Hahn/Mugdan,* Materialien BGB, Bd. 1, S. 500.

79 Dennoch war die Gesetzgebungskommission bzgl. unerlaubter Bedingungen im entscheidenden Punkt uneins mit *v. Schmitt*; hierzu später auf S. 72 ff.

80 U.a. *Kellenter,* Bedingte Verfügungen, S. 178; *Meincke,* Scheidungsklausel, in: FS Kaser (1976), S. 453; *Schrenck-Notzing,* Unerlaubte Bedingungen, S. 89 behaupten der Gesetzgeber entschied sich für die Nichtigkeit von Bedingung und Verfügung.

81 Mot. V 20 = *Hahn/Mugdan,* Materialien BGB, Bd. 5, S. 11.

82 Mot. V 19 = *Hahn/Mugdan,* Materialien BGB, Bd. 5, S. 10.

83 *„Der Grundsatz, daß der Wille des Erblassers zur Geltung zu bringen sei, kann nur angerufen werden, wenn es darauf ankommt, dem wirklichen Willen gerecht zu werden, nicht aber, wenn wie hier, erst festzustellen ist, welches der Wille gewesen sei.“* Mot. V 20 = *Hahn/Mugdan,* Materialien BGB, Bd. 5, S. 11.

Genauso wenig aber soll die Rücksichtnahme auf den Bedachten entscheiden.[84]

Unzweifelhaft wollte der Gesetzgeber die Gleichstellung von Rechtsgeschäften unter Lebenden und solchen von Todes wegen. Hieraus folgt der Verweis auf den allgemeinen Teil des BGB. Diesem aber sind – wie sich nachfolgend zeigen wird – durchaus Methoden der Aufrechterhaltung zu entnehmen.

Systematisch lässt sich dieser Ansatz wie folgt begründen: Der Gesetzgeber ordnete an, letztwillige bedingte Zuwendungen *„[...] lediglich gemäß §§ 105, 106 zu würdigen"*[85] (den heutigen §§ 134, 138 BGB). In den Motiven der ersten Kommission stehen diese Paragraphen bzw. deren Vorläufer unter der Überschrift „Unerlaubte Rechtsgeschäfte". Diesem Kapitel folgt der Teil über die „Ungültigkeit der Rechtsgeschäfte", der die Konsequenzen der Nichtigkeit behandelt. Bestandteil sind u.a. die heutigen § 139 BGB und § 140 BGB. Wendet man diese unter systematischen Gesichtspunkten auf sittenwidrige Bedingungen in Verfügungen von Todes wegen an, so ist eine (Teil-) Aufrechterhaltung denkbar.[86]

Als zwingend ist demzufolge die Gesamtnichtigkeit nicht zu verstehen. *„Vielmehr muß nach ihm jede mit unsittlicher Bedingung verknüpfte letztwillige Verfügung auf ihre Gültigkeit nach § 138 geprüft werden. Verstößt sie ihrem gesamten Inhalte nach gegen die guten Sitten, ist sie nichtig."*[87]

Durch die in vielen Punkten verwirrenden und wenig aussagekräftigen Ausführungen des historischen Gesetzgebers wurde die Behandlung sittenwidrig bedingter Verfügungen dem Einfallsreichtum der Literatur und Rechtsprechung überlassen. So verwundert es auch nicht, dass selbst eindeutige Anordnungen des Gesetzgebers unterlaufen werden.[88]

Anfang des 20. Jahrhunderts orientierte sich die Lehre zunächst noch stark an den Motiven des kurz zuvor geschaffenen BGBs. So betont die Literatur die Gleichstellung von Rechtsgeschäften unter Lebenden und solchen von Todes

---

84 *„Die Rücksichtnahme auf den Bedachten kann nicht entscheiden; denn es ist nicht zu übersehen, daß diesem andere Betheiligte gegenüberstehen, welche die gleiche Rücksichtnahme aus ihr Interesse in Anspruch nehmen dürfen."* Mot. V 20 = *Hahn/Mugdan,* Materialien BGB, Bd. 5, S. 11.

85 Mot. V 20 = *Hahn/Mugdan,* Materialien BGB, Bd. 5, S. 11.

86 Der historische Gesetzgeber schließt aber die Anwendung von § 139 BGB aus; hierzu später auf S. 72 ff.

87 *Schmitz,* Beschränkung, S. 48.

88 So will z.B. *Flume*, Allg. Teil BGB, Bd. 2, § 38 4 d (S. 695 f.) Zuwendungen von Todes wegen anders behandeln als Geschäfte unter Lebenden und begründet den offensichtlichen Widerspruch zu den gesetzgeberischen Motiven, *„da das Gesetz selbst die andersartige Entscheidung nicht ausschließt."*.

wegen.[89] Weiterhin stellt sie aber auch fest, dass *„eine Rettung des wegen der unerlaubten bzw. unsittlichen Bedingungen nichtigen Geschäfts durch seine Aufrechterhaltung als unbedingtes [...] möglich [ist]...“*[90]

Die Rechtsprechung hielt demgegenüber zunächst an der römischen Tradition fest und erklärte noch im Jahre 1913 die Bedingung (Enterbung bei Religionswechsel) gemäß § 138 BGB für nichtig, das Testament im Übrigen aber für wirksam – ohne auf eine dahinter stehende Methodik einzugehen.[91]

Der Nationalsozialismus brachte einige Änderungen im Erbrecht, insbesondere stand der Erblasser nunmehr in der Verantwortung gegenüber seiner Familie und auch seiner Volksgemeinschaft und Sippe.[92] Die gewandelten sittlichen Maßstäbe führten zu einer Neuschaffung im Erbrecht – und zwar in Form des Gesetzes über die Errichtung von Testamenten und Erbverträgen vom 31. Juli 1938.[93] Der nunmehr alte § 138 BGB wurde an die besondere Sachlage bei erbrechtlichen Verfügungen angepasst und in neuer Form in das Testamentsgesetz eingefügt.

§ 48 Abs. 2 TestG lautete wie folgt:[94] *Eine Verfügung von Todes wegen ist nichtig, soweit sie in einer gesundem Volksempfinden gröblich widersprechenden Weise gegen die Rücksichten verstößt, die ein verantwortungsbewusster Erblasser gegen Familie und Volksgemeinschaft zu nehmen hat.*

Abgesehen davon, dass dem Richter das Verdikt der Sittenwidrigkeit mehr oder minder frei in der Hand lag,[95] ermöglichte die Norm auch eine individuelle Rechtsfolgenanpassung. Durch die Wortwahl *„soweit“* verankerte der Gesetzgeber eine positivrechtliche Normierung der Teilnichtigkeit.[96] Der Richter konnte nun unabhängig vom Willen des Erblassers Gesamt- oder auch Teilnichtigkeit aussprechen, solange nur der Leitgedanke des TestG gewahrt wurde.[97]

Nach Kriegsende wurde § 48 Abs. 2 TestG wegen des nationalsozialistisch belasteten Gedankengutes mit Wirkung ab dem 5. November 1946 aufgehoben

---

89 *Lang,* Teilweise Nichtigkeit, S. 35.

90 *Staudinger*[10]*/Riezler,* Vor. § 158 Rn. 19 f.

91 RG, Urteil v. 18.09.1913 = SeuffArch, 91; vgl. hierzu auch *Karow,* Sittenwidrigkeit, S. 72 f.

92 Vgl. hierzu *Karow,* Sittenwidrigkeit, S. 57 f.

93 Gesetz über die Errichtung von Testamenten und Erbverträgen, RGBl I S. 973 ff.

94 Zur Entstehung des § 48 TestG: *Karow,* Sittenwidrigkeit, S. 57 ff.

95 *Gernhuber,* FamRZ 1960, 326, 328 beschreibt die Wirkung von § 48 II TestG mit: *„Umfassender und drückender wurde der Griff nach der Testierfreiheit“.*

96 *Husmann,* NJW 1971, 404, 409.

97 Ausführlich zu § 48 TestG auch insbesondere in Hinsicht auf die Rechtsfolgen *Hermann,* Pro non scripta, 107 ff.; *Jungmichel,* Unzulässige Beschränkung, S. 59 ff.

und mit ihm die außerordentlich flexible – willkürliche – Limitierung der Nichtigkeit.[98]

Kurz nach Abschaffung des § 48 TestG und der damit einhergehenden Wiederherstellung des ursprünglichen Rechtszustandes hatte der BGH einen Rechtsstreit zu entscheiden, der eine – man könnte meinen 1700 Jahre alte – zweifelhafte letztwillige Bedingung betraf.[99]

Wie auch beim oben erwähnten Fall im alten Rom wurde ein Abkömmling unter der Bedingung als Erbe eingesetzt, dass er sich von seinem Ehepartner scheiden lasse. Der Erblasser legte seinem ältesten Sohn diese Bedingung auf, *„da dieselbe [Ehefrau; Anm. des Verf.] ihm während seiner Gefangenschaft nicht die Treue gehalten hat."*[100] Der Sohn entsprach dem Wunsch des Vaters und ließ sich scheiden. Eine der Töchter des Erblassers erhob Klage auf Feststellung der Nichtigkeit des Testaments und unterlag vor dem BGH. Dieser kam – im Gegensatz zu den Vorinstanzen und den römischen Kaisern – zu der Überzeugung, dass die fragwürdige Klausel nicht sittenwidrig ist und somit das Testament vollständig aufrechterhalten bleibt.

Das Resultat ist bei den alten Römern wie nach dem BGH ein und dasselbe: der/die Bedachte soll die Zuwendung erhalten. Einmal in Folge der Teilnichtigkeit und das andere mal aufgrund der verneinten Sittenwidrigkeit.[101]

Ganz ähnlich verhalten sich hierzu die in der Einführung vorgestellten jüngeren Fälle *Leiningen* und *Hohenzollern*, denn auch dort wurde einmal die Heiratsbedingung für sittenwidrig erklärt und das andere mal nicht. Aber im Gegensatz zu den beiden älteren Fällen sollen die Bedachten von der Zuwendung jeweils nichts erhalten.

II. Gegenwärtige Auffassung

In Folge der historisch verwurzelten Divergenzen bzgl. der Behandlung sittenwidriger letztwilliger Bedingung haben sich in Literatur und Rechtsprechung höchst unterschiedliche Konzepte entwickelt, um einer Lösung näher zu kommen. Es werden hierbei die gängigen Methoden des Zivilrechts mit dem Ziel eingesetzt (teil)nichtige Geschäfte entweder aufrechtzuerhalten oder in ihrer Gänze für sittenwidrig zu erklären: Auslegung, Umdeutung, Teilnichtigkeit oder auch eine Interessenabwägung.

---

98 Aufgehoben durch Art. I a Kotrollratsgesetz Nr. 37 v. 30.10.1946 (KRABl. S. 220).

99 BGH, Urteil v. 28.1.1956 = JZ 1956, 279 ff.

100 BGH, Urteil v. 28.1.1956 = JZ 1956, 279, 130.

101 Ein anschaulicher Vergleich der beiden Rechtsprechungen ist nachzulesen bei *Meincke*, Scheidungsklausel, in: FS Kaser (1976), S. 437 ff.

Jedoch untersucht kaum eine Abhandlung die Gemeinsamkeiten und Unterschiede der verschiedenen juristischen Herangehensweisen, sondern einzig das Ergebnis der jeweiligen Methode steht im Mittelpunkt der Betrachtung und nach ihm wird differenziert. So befasst sich z.B. *Badouvakis* in ihrer Dissertation über letztwillige Potestativbedingungen zunächst mit den Vertretern der Gesamtnichtigkeit, dann mit jenen der Teilnichtigkeit und anschließend erarbeitet sie eine eigene Stellungnahme.[102]

Auf den ersten Blick mag dieser Aufbau sinnvoll erscheinen, steht doch das Ergebnis sowohl für die Gerichte als auch für den Erbprätendenten im Vordergrund. Dessen ungeachtet bedarf es aber einiger Vorsicht, verführt doch diese Darstellung der Problematik zu einem allein ergebnisorientierten Herangehen ohne dogmatisch stringentes Fundament. Als Beispiel sollen die Ausführungen *Kellenters* dienen:

Kellenter selbst sieht immer die Teilnichtigkeit im Tenor stehen.[103] Entspricht dies – zufällig – auch dem Willen des Erblassers so soll die Methode in § 139 BGB (für auflösende Bedingungen) oder in der Auslegung bzw. Umdeutung (für aufschiebende Bedingungen) zu finden sein.

Ist überhaupt kein Wille feststellbar, so greift § 2085 BGB (analog) bzw. § 2084 BGB mit anschließender Umdeutung gem. § 140 BGB.

Steht der Wille des Erblassers aber einer Teilnichtigkeit entgegen, soll eine Interessenabwägung zum Zuge kommen, um der Durchsetzung des Erblasserwillens Einhalt zu gebieten.[104]

Kellenter bedient sich demnach aller denkbaren juristischen Methoden, um zu dem gewünschten Ergebnis zu kommen. Nicht der Wille des Erblassers, oder eine Interessenabwägung entscheiden über den Ausgang, sondern das zuvor definierte Ergebnis. Diese Herangehensweise kann keinen praktikablen Weg darstellen. So wäre es doch besser und ehrlicher von vornherein die Abwägung entscheiden zu lassen. Eine fadenscheinige Glorifizierung des Erblasserwillens erscheint geradezu als Hohn, wenn doch bei widerstrebenden Willen dennoch die „Keule“ der Abwägung droht.[105] Die zivilrechtliche Dogmatik wird benutzt, ge-

---

102 *Badouvakis,* Fremdbestimmung, S. 191 ff.; so auch *Kellenter,* Bedingte Verfügungen, S. 172 f.

103 *Kellenter,* Bedingte Verfügungen, S. 174 ff.

104 *Kellenter,* Bedingte Verfügungen, S. 181; ähnlich auch *Everts,* in: Hausmann/Hohloch, Kap. 10 Rn. 81 f.; welcher sich gegen die Beachtung des Erblasserwillens entscheidet und auf eine Abwägung der Grundfreiheiten abstellt, jedoch direkt im Anschluss eine Unterscheidung zwischen auflösender und aufschiebender Bedingung vornimmt, um dann doch dem Erblasserwillen zu entsprechen.

105 Vgl. hierzu auch die Ausführungen auf S. 120 f.

gegeneinander ausgespielt und verworfen, um zu einem vorab gesetzten Ziel zu gelangen.

Aus diesem Grund bedarf es für vorliegende Abhandlung einer Verschiebung des Blickwinkels. Es findet keine Separierung anhand des Ergebnisses statt, sondern eine Systematisierung nach dogmatischen Gesichtspunkten. Jede Methode liefert bei unterschiedlichen Parametern auch differente Ergebnisse. Es wäre ein Trugschluss vom „richtigen" (gewünschten) Ergebnis auf die Methode schließen zu wollen, denn es bedarf der Verifizierung der Methode. Das „richtige" Ergebnis ist dann die zwangsläufige Rechtsfolge.

1. Literatur

Die Literatur findet keine gemeinsame Linie für die Behandlung sittenwidriger letztwilliger Bedingungen. Diskutiert werden alle bereits angedeuteten Methoden.

Bei genauerer Betrachtung lassen sich aber die Ansichten in zwei verschiedene Gruppen unterteilen, und zwar nicht in „Gesamtnichtigkeit" und „Teilnichtigkeit", sondern in jene, die in der Methodik auseinander gehen:

Das eine Lager wird vom Großteil der Literatur[106] gebildet und stellt bei der Problemlösung auf den **hypothetischen Willen**[107] des Erblassers ab. Diese Lehre fragt: *„Wie hätte der Erblasser über die Rechtsfolgen entschieden?"*

Durch Auslegung, Umdeutung, Zweifelsregelungen und Ähnliches wird versucht, dem Willen des Erblassers zur bestmöglichen Geltung zu verhelfen.

---

106 AnwK-BGB²/*Beck,* § 2074 Rn. 27; *Binz,* Verwirkungsklausel, S. 60 f.; *Palandt*⁷⁰/*Weidlich,* § 2074 Rn. 5, § 2075 Rn. 3; *Gilbert,* Unmoralische Angebote, S. 112; *Haegele,* JurBüro 1969, 1, 6; *Hilgers,* MittRhNotK 1962, 381, 383; *Krampe,* Konversion, S. 170 ff.; *Lande,* Teilunwirksamkeit, S. 46; *Lang,* Teilweise Nichtigkeit, S. 34 f.; jurisPK-BGB⁴/*Lenz,* § 2074 Rn. 33; *Bamberger/Roth*²/*Litzenburger,* § 2074 Rn. 26; *Litzenburger,* ZEV 2008, 369, 370; *Soergel*¹³/*Loritz,* § 2074 Rn. 32 f.; PWW⁴/*Löhnig,* § 2075 Rn. 9; FAK-Erbrecht²/*Löhnig,* § 2075 Rn. 6 f.; KK-Erbrecht/*Löhnig,* § 2075 Rn. 9; *Lübtow,* Erbrecht, 1. Halbband, S. 352; *Müller,* Verwirkungsklauseln, S. 191 ff., 195; *Natter,* Teilweise Nichtigkeit, S. 20 (im Widerspruch hierzu: *Natter,* DRiZ 1946, 163, 166 f.); *Staudinger*¹³/*Otte,* § 2074 Rn. 65 f., § 2084 Rn. 10, § 2085 Rn. 13 f.; *Otte,* JA 1985, 192, 200; *Paal,* JZ 2005, 436, 442; *Rodermund,* Vergangenheits- und Gegenwartsbedingungen, S. 100; *Schlitt,* Pflichtteilsberechtigte, S. 70; *Schlitt,* Testamentsklauseln, Bd. 9, S. 75; Erman¹²/*Schmidt,* § 2074 Rn. 2; *Schrenck-Notzing,* Unerlaubte Bedingungen, S. 88 ff., 94; *Staudinger*¹¹/*Seybold,* Gem. zu §§ 2074-2076 Rn. 6; *Jauernig*¹³/*Stürner,* § 2076 Rn. 4.

107 Teilweise auch als irrealer oder mutmaßlicher Wille bezeichnet. Ausführlich zur Terminologie auf S. 108 f.

Die Gegenansicht[108] legt der Lösung eine **schutzzweckbezogene Reduktion** der Nichtigkeitsfolgen zu Grunde. Abgewogen wird zwischen den Interessen des „Beeinträchtigten" auf der einen Seite und denen des Erblassers auf der anderen Seite. Die Argumentation erfolgt rein aus der Perspektive des gewünschten Ergebnisses, größtenteils befreit von Dogmatik, mit dem guten Ansatz, dem „Beeinträchtigten" zu helfen und einen Ausgleich herzustellen.

Diese beiden grundverschiedenen Konzepte bilden den Kern nachfolgender Untersuchung. Mittel und Wege der Befürworter und Gegner werden aufgezeigt und diskutiert, so dass schlussendlich das tragfähigste Konzept erhalten bleibt.

Es könnte nun eingewendet werden, dass solch ein Aufbau nur eine Umformulierung der Separierung von Gesamt- oder Teilnichtigkeit ist. Im Regelfall wird auch bei Bevorzugung des Erblasser-Willens die Gesamtnichtigkeit herangezogen und diejenigen, welche die Abwägung vorziehen, empfinden die Interessen des Bedachten/Beeinträchtigten als schützenswerter und gelangen damit meist zur Teilnichtigkeit. Mag dies auch oft so sein, so greift eine Pauschalisierung dennoch zu kurz. Bei gründlicher und unvoreingenommener Untersuchung des Willens kann eben auch Gegensätzliches eintreten und gleiches gilt für die Abwägung.

Das nachstehende Schaubild zeigt im Zentrum das zugrunde liegende Kernkonzept (hypothetischer Wille bzw. schutzzweckbezogene Reduktion). Die Verästelungen ober- und unterhalb zeigen die begehbaren Wege und damit auch die unterschiedlichen Ansichten. Dabei führt der Weg immer von oben nach unten. Am Ende steht jedenfalls das eindeutige und nicht kompromissfähige Ergebnis: Gesamt- oder Teilnichtigkeit.

Das Schaubild kann natürlich nicht jede Nuance der vorhandenen Ansichten erfassen, gibt aber einen sehr guten Überblick über die einzelnen Probleme und Entscheidungsstellen. Die folgende Untersuchung basiert ebenfalls auf diesem Aufbau und übernimmt größtenteils die Struktur, so dass das Schaubild in jeder Hinsicht eine Art Leitfaden darstellt.

---

108 *Baumann,* Verwirkungsklauseln,, S. 102; *Soergel*[11]*/Damrau,* § 2075 Rn. 3; AK-BGB/*Finger,* § 2074 Rn. 15; dt. Erbrechtskommentar[2]/*Gemmer,* § 2074 Rn. 15; *Kellenter,* Bedingte Verfügungen, S. 176 ff.; MünchKomm[5]/*Leipold,* § 2074 Rn. 27 f.; *Leipold,* Erbrecht, Rn. 449; *Lindacher,* AcP 175 (1975), 257, 259 f.; *Meincke,* Scheidungsklausel, in: FS Kaser (1976), S. 458 f.; *Meincke,* DEuFamR 1999, 75, 83; *Michalski,* BGB-Erbrecht, Rn. 451 (S. 150); *Natter,* DRiZ 1946, 163, 166 f.; *Otto,* Personale Freiheit, S. 120 f.; *Damrau/Seiler/Rudolf,* § 2074 Rn. 25; *Schlüter,* Grenzen der Testierfreiheit – Grenzen einer „Herrschaft aus dem Grabe", in: FG der Zivilrechtslehrer (1999), S. 589 f.; MünchKomm[5]/*Westermann,* § 158 Rn. 46; *Soergel*[13]*/Wolf,* § 158 Rn. 32.

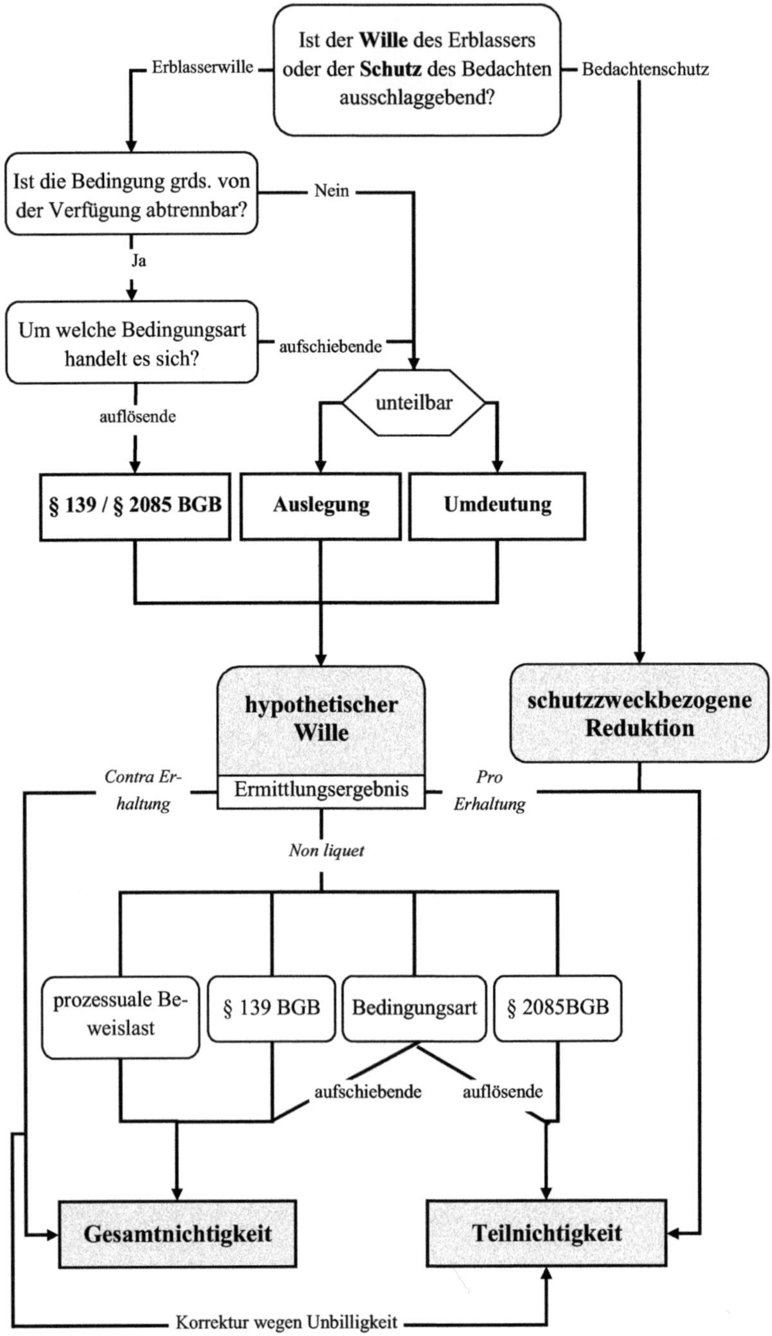
Ist der Wille des Erblassers oder der Schutz des Bedachten ausschlaggebend?
Erblasserwille
Bedachtenschutz
Ist die Bedingung grds. von der Verfügung abtrennbar?
Nein
Ja
Um welche Bedingungsart handelt es sich?
aufschiebende
auflösende
unteilbar
§ 139 / § 2085 BGB
Auslegung
Umdeutung
hypothetischer Wille
Ermittlungsergebnis
schutzzweckbezogene Reduktion
Contra Erhaltung
Pro Erhaltung
Non liquet
prozessuale Beweislast
§ 139 BGB
Bedingungsart
§ 2085BGB
aufschiebende
auflösende
Gesamtnichtigkeit
Teilnichtigkeit
Korrektur wegen Unbilligkeit

Folgender Beispielsweg soll die Anwendung verdeutlichen: Es wird angenommen, dass die sittenwidrige Bedingung – der ersten Gabelung entsprechend – von der Gesamtverfügung nicht abtrennbar ist. Dies führt uns zur Auslegung oder Umdeutung, beide Methoden führen jedenfalls zum hypothetischen Willen, womit das erste Zwischenziel erreicht ist. Der hypothetische Wille entscheidet nun über die Rechtsfolge. Im Falle eines *non-liquet* sind verschiedene Zweifelsregelungen denkbar, die wiederum zu unterschiedlichen Rechtsfolgen führen.

Das Schaubild wird an entsprechenden Stellen nochmals gezeigt werden, jedoch nur mit spezifischem Ausschnitt, dafür aber mit Quelltext versehen, welcher die jeweiligen Meinungsvertreter aufzeigt.

2. Rechtsprechung

Die Rechtsprechung hat zu dem strittigen Thema der Rechtsfolgen sittenwidriger Bedingungen bisher nur wenig beigetragen.[109] Dies liegt zum einem daran, dass eine Stellungnahme der Gerichte immer nur dann erforderlich wird, wenn zuvor die in Frage stehende Bedingung für sittenwidrig und damit nichtig erklärt wurde – und solche Fälle sind selten.[110] Zum anderen wohl auch daran, dass die Judikatur gerne methodischen Streitfragen aus dem Weg geht, wenn sie nicht für die Rechtsfindung zwingend notwendig sind.

Die Rechtsprechung hat, bezogen auf sittenwidrige Bedingungen, bisher nicht alle in der Literatur diskutierten Möglichkeiten in Erwägung gezogen. Sie beschränkt sich auf eine Lösung, die dem hypothetischen Willens des Erblassers zur Geltung verhelfen, wobei verschiedene zivilrechtliche Methoden zur Ermittlung herangezogen werden. Eine ausführliche Auseinandersetzung mit der Frage, welcher dieser Methoden Vorrang zu gewähren ist, hat bisher nicht stattgefunden, da die Methoden auch meist zum selben Ergebnis führen und damit ein Streit unerheblich ist. Die von der Literatur entwickelte schutzzweckbezogene Reduktion wurde von der Rechtsprechung zur Bestimmung der Rechtsfolgen von sittenwidrigen Bedingungen bisher nicht herangezogen.

Gänzlich ohne Erblasserwillen kam demgegenüber die Rechtsprechung im 19. Jahrhundert aus, um die Rechtsfolgen von sittenwidrigen Bedingungen zu bestimmen. Die mit dieser Frage befassten Gerichte erklärten sittenwidrige Be-

109 Vgl. auch *Schrenck-Notzing,* Unerlaubte Bedingungen, S. 89.

110 Eine ausführliche Analyse der Rechtsprechung bezogen auf die Sittenwidrigkeit von Testamenten ist zu finden bei *Herzog,* Sittenwidrige Rechtsgeschäfte, S. 66 ff.; *Karow,* Sittenwidrigkeit, S. 65 ff.; *Schmitt,* Sittenwidrigkeit von Testamenten, insbesondere S. 11 ff. für bedingte Verfügungen. Siehe auch *Gilbert,* Unmoralische Angebote, S. 53 ff.

dingungen im Lichte der damals herrschenden Lehre und der römischen Tradition für nicht beigefügt.[111, 112]

Seit der Schaffung des BGB sieht sich die Judikatur dem Zwang ausgesetzt, vornehmlich dem Willen des Erblassers gerecht zu werden.[113]

Eine entsprechende Entscheidung erging in den 1980er Jahren.[114] Der Erblasser hatte die Zuwendung von der Bedingung abhängig gemacht, dass die Bedachten vor Einäscherung des Erblassers ihm die Pulsadern zu öffnen hätten. Das befasste Landgericht erklärte die Bedingung für sittenwidrig, das übrige Testament aber für wirksam – *„Die Unwirksamkeit dieses Teiles der testamentarischen Bedingung führe indes nicht zur Unwirksamkeit der übrigen testamentarischen Verfügung. Denn es sei anzunehmen, dass der Erblasser sie ohne den unwirksamen Bedingungsteil ebenfalls getroffen haben würde.“*[115]

Das Gericht folgerte zwar ebenfalls Teilnichtigkeit und damit, dass die Bedingung als nicht geschrieben gelte, aber ganz im Gegensatz zu der älteren Rechtsprechung basiert dieses Urteil nicht auf den Grundsätzen der römischen Lehre, sondern auf einer **Auslegung** anhand des hypothetischen Willens des Erblassers.

1988 hatten die Gerichte über die Rechtsfolgen einer Bedingung zu entscheiden, die die Einsetzung der Ersatzerben von dessen Heirat mit einer Person

---

111 In einem Urteil des RG v. 24.04.1888 = RGZ, 279 ging es um ein Vermächtnis, das die Erblasserin zugunsten ihrer vier Enkelkinder nur für den Fall ausgesetzt hatte, dass alle vier den katholischen Glauben beibehielten. Die Bedingung wurde für sittenwidrig und nicht beigefügt befunden.
Das OLG Rostock erklärte in einem Beschluss vom 08.12.1890, Seuff. Arch 49, Nr. 4, S. 1165 ff. eine Bedingung für sittenwidrig, bei der der Erblasser seiner Haushälterin sein Wohnhaus vermachte, jedoch nur dann, wenn sie ehelos bleiben würde. Auch hier wurde die Bedingung als ungeschrieben erachtet.
In einem Urteil des BayOblG v. 29.10.1894 = SeuffArch, 171 wurde eine Bedingung für sittenwidrig und nicht beigefügt erklärt, zufolge der der Neffe des Erblassers in den katholischen Priesterstand eintreten soll.

112 Vgl. zu der römischen Rechtsauffassung S. 25 ff.

113 Vgl. hierzu oben S. 29.

114 Im oben angesprochenen Fall mit der Scheidungsklausel (vgl. S. 32) kamen die Vorinstanzen bereits 1955 zu dem Ergebnis, dass die Bedingung sittenwidrig sei: „*das Testament sei nichtig, soweit es die Verfügungen hinsichtlich der beiden Söhne des Erblasseres betreffe*“. Die Gründe bzw. die Methodik wurden jedoch nicht übermittelt. Anders aber wohl der OGH (Oberste Gerichtshof der britischen Zone), der in einem anderen Fall Teilnichtigkeit aussprach; OGH v. 28.6.1950 (vgl. auch *Karow,* Sittenwidrigkeit, Fn. 398).

115 Nachzulesen als Zusammenfassung der nächsten Instanz (Beschluss v. 10.12.1985 BReg. 1 Z 59/85) BeckRS 2009, 27969. Beschluss auch abgedruckt in BayOblG, Urteil v. 10.12.1985 = FamRZ 1986, 606.

katholischen Glaubens abhängig machte. Das *Notariat Mannheim* erklärte die Bedingung für sittenwidrig und schlussfolgerte kurz und knapp: *„Da anzunehmen ist, daß bei Kenntnis der Nichtigkeit das Testament ohne diese Klausel errichtet worden wäre, ist jedoch gemäß* ***§ 139 BGB*** *das Testament im übrigen als wirksam zu erachten."*[116]

Hierauf folgten dann bereits die Entscheidungen in den Fällen *Hohenzollern* und *Leiningen.* Im ersteren von beiden kommt das OLG Stuttgart zu dem Schluss, dass die *„Unbeachtlichkeit der Erbunfähigkeitsklausel [...] jedoch nicht zur Folge [hat], daß die Anordnung der Nacherbschaft nunmehr ohne diese Einschränkung aufrechterhalten werden muß. Vielmehr bedurfte es [...] einer Anpassung an die geänderte Rechtslage. Diese im Wege der* ***Auslegung*** *bzw. der* ***ergänzenden Auslegung*** *zu vollziehende Anpassung ist der Tatsacheninstanz vorbehalten [...]."*[117] Das LG Hechingen als Tatsacheninstanz war überzeugt davon, dass der Erblasser Gesamtnichtigkeit wollte und machte somit den Weg frei für den nunmehr testamentarisch erbenden Enkel.[118]

Anders kommt im Fall *Leiningen* die Tatsacheninstanz zu dem Ergebnis, dass die Bedingung nach § 138 BGB nichtig ist, folgert aber in Hinblick auf die Auslegungsregel des **§ 2085 BGB** nur Teilnichtigkeit.[119]

In Rückblick auf die letzten zwei Jahrhunderte Rechtsprechung lässt sich mit Bestimmtheit nur sagen, dass mit Schaffung des BGB die sittenwidrige Bedingung nicht mehr schlicht für ungeschrieben erklärt wurde. Die Gerichte versuchen sich vielmehr an Methoden, die den Willen des Erblassers berücksichtigen, sind aber in ihrer Wahl uneins.

III. Rechtsvergleichend

Die gegenwärtige, wie historische Uneinigkeit über die Folgen von sittenwidrigen Bedingungen zeigt sich auch im internationalen Vergleich. Grob können die Rechtsordnungen bzgl. der vorliegenden Problemstellung in drei verschiedene Typen untergliedert werden.

Der erste Typus folgt römischrechtlicher Auffassung und unterscheidet zwischen Rechtsgeschäften unter Lebenden und solchen von Todes wegen. Bei letztwilligen Verfügungen gilt die unerlaubte Bedingung als nicht geschrieben. Als Beispiele aus dem romanistischen Rechtskreis gelten insbesondere der fran-

116 Notariat V Mannheim, Urteil v. 14.6.1988 = BWNotZ 1989, 16.

117 OLG Stuttgart, Urteil v. 19.08.1997 = FamRZ 1998, 260, 262.

118 LG Hechingen, Urteil v. 27.9.2005 = FamRZ 2006, 1408, 1411 f.

119 AG Obernburg Beschluss v. 31.07.1992, Az. VI 135/39 (nicht veröffentlicht).

zösische Code Civil[120,121] und der italienische Codice Civile[122]. Im französischen Recht wird aber in der Praxis von der Teilnichtigkeit abgewichen, wenn die sittenwidrige Bedingung der einzige Bestimmungsgrund für die Zuwendung gewesen ist. In diesem Fall findet Art. 1172 CC mit der Folge der Gesamtnichtigkeit Anwendung. [123]

Das österreichische ABGB ist dem zweiten Typus zuzuordnen, welcher nicht zwischen Rechtsgeschäften unter Lebenden und solchen von Todes wegen differenziert, aber dennoch einen Unterschied hinsichtlich der Bedingungsart macht. So führen unerlaubte aufschiebende Bedingungen zur Gesamtnichtigkeit, hingegen auflösende Bedingungen lediglich zur Teilnichtigkeit.[124, 125] Ausgenommen ist aber die Bedingung des Eheverbots, diese wird ohne weitere Differenzierung als nicht beigefügt angesehen (Teilnichtigkeit).[126]

---

120 Art 900 Code Civil: „In jeder Verfügung unter Lebenden oder durch Testament werden die unmöglichen Bedingungen, sowie diejenigen, welche den Gesetzen oder den Sitten zuwider sind, als nicht geschrieben betrachtet."
Art. 1172 Code Civil: „Jede Bedingung ist ungültig, die eine unmögliche Sache zum Zwecke hat, oder den guten Sitten zuwider, oder durch das Gesetz verboten ist; und sie macht den Vertrag, der davon abhängt, ungültig.".

121 Nur Schenkungen werden, was unerlaubte Bedingungen angeht, wie letztwillige Verfügungen behandelt, da sie nur als Vorläufer der letztwilligen Verfügungen erscheinen; *von Zachariä Lingenthal,* Handbuch des französischen Civilrechts, 8. Aufl., S. 362.

122 Art. 634 Codice Civile: „Unmögliche Bedingungen und solche, die gegen zwingende Bestimmungen, die Grundwertungen der Rechtsordnung oder die guten Sitten verstoßen, gelten als den testamentarischen Verfügungen nicht beigesetzt, unbeschadet der Bestimmung des Artikels 626."
Art. 1354 Codice Civile: „Ein Vertrag, dem eine aufschiebende oder auflösende Bedingung beigesetzt wird, die zwingenden Vorschriften, den Grundwertungen der Rechtsordnung oder den guten Sitten widerspricht, ist nichtig.".

123 *Hermann,* Pro non scripta, S. 100; *Schlegelberger,* Rechtsvergleichendes Handwörterbuch für das Zivil- und Handelsrecht des In- und Auslandes, Bd. 2, S. 407; *Lange/Kuchinke,* Erbrecht, § 27 VI 3 Fn. 84 (S. 559); *von Zachariä Lingenthal,* Handbuch des französischen Civilrechts, 8. Aufl., S. 364 Fn. 1.

124 § 698 ABGB: „Die Anordnung, wodurch jemandem unter einer aufschiebenden unmöglichen Bedingung ein Recht erteilt wird, ist ungültig, obschon die Erfüllung der Bedingung erst in der Folge unmöglich, und die Unmöglichkeit dem Erblasser bekannt geworden wäre. Eine auflösende unmögliche Bedingung wird als nicht beigesetzt angesehen. Alles dieses gilt auch von den unerlaubten Bedingungen.".

125 Zu dieser Differenzierung im nationalen Recht, siehe S. 62 ff.

126 § 700 ABGB: „Die Bedingung, daß der Erbe oder der Legatar sich, selbst nach erreichter Volljährigkeit, nicht verehelichen solle, ist als nicht beigesetzt anzusehen. Nur eine verwitwete Person muß, wenn sie ein oder mehrere Kinder hat, die Bedingung erfüllen. Die Bedingung, daß der Erbe oder Legatar eine bestimmte Person nicht heirate, kann gültig auferlegt werden.".

Der anglo-amerikanische Rechtskreis wendet das gleiche Prinzip an, so dass eine unerlaubte *condition subsequent* als nicht beigesetzt angesehen wird, jedoch eine gleiche *condition precedent* Gesamtnichtigkeit nach sich zieht.[127]

Der letzte Typus unterscheidet – zumindest dem Gesetzeswortlaut nach – weder hinsichtlich der Rechtsgeschäftsart noch hinsichtlich der Art der Bedingung. Hierzu gehört unser deutsches BGB und das schweizerische ZGB.[128, 129] Dennoch sind die beiden Rechtsordnungen bzgl. der Rechtsfolgenproblematik keinesfalls ähnlich, so dass eine Parallelwertung möglich wäre. Das ZGB erklärt in Art. 157 OR ausdrücklich das Rechtsgeschäft für ungültig, wenn eine sittenwidrige Bedingung beigefügt wurde. Für Verfügungen von Todes wegen wird diese Regelung in § 482 Abs. 2 ZGB nochmals wiederholt. Das BGB hingegen schweigt über die Rechtsfolgen einer unerlaubten Bedingung. Es besteht lediglich die Generalklausel des § 138 BGB, die aber keinen Bezug auf bedingte Rechtsgeschäfte nimmt. Gemeinsam ist nur das Fehlen einer im Gesetzeswortlaut manifestierten Differenzierung zwischen Rechtsgeschäfts- oder Bedingungsart.

Insgesamt ist für die Rechtsfolgenproblematik von sittenwidrigen Bedingungen ein Blick über die deutschen Grenzen nur wenig hilfreich. Alle verwandten Rechtssysteme enthalten ausdrückliche und vor allem sehr unterschiedliche Bestimmungen über die Rechtsfolgen einer unerlaubten Bedingung. Nur der deutsche Gesetzgeber schweigt diesbezüglich und nimmt ausschließlich negativ Stellung, indem er die zugrunde liegenden Prinzipien der nachbarlichen Kodifikationen für unser BGB ausschließt.[130] Die Lösung ergibt sich deshalb aus den eigenen Grundprinzipien und Wertungen, die dem BGB und der deutschen Rechtsprechung und Literatur zu entnehmen sind.

---

127 *Schlegelberger,* Rechtsvergleichendes Handwörterbuch für das Zivil- und Handelsrecht des In- und Auslandes, Bd. 2, S. 407 f.

128 § 482 Abs. 2 ZGB: „Unsittliche oder rechtswidrige Auflagen und Bedingungen machen die Verfügung ungültig.“.

OR Art. 157: „Wird eine Bedingung in der Absicht beigefügt, eine widerrechtliche oder unsittliche Handlung oder Unterlassung zu befördern, so ist der bedingte Anspruch nichtig.“.

129 Vgl. hierzu auch *Oftinger,* ZBJV 1935, 153 S. 153 f.

130 Siehe hierzu bereits auf S. 28 f. und S. 72 ff.

F. Teilnichtigkeit durch favor testamenti

Jenseits einer Interessenjurisprudenz mit dem Fokus auf den Erblasser, den Bedachten oder den gesetzlichen Erben ist möglicherweise die Teilnichtigkeit der Verfügung bereits mittels eines bekannten erbrechtlichen Prinzips erreichbar – dem *favor testamenti.*[131]

Der *favor testamenti* war bei den Römern Ausdruck der Bevorzugung der testamentarischen Anordnung als solcher. Es ging um die Erhaltung der Verfügung, um einer Zersplitterung des Familienvermögens vorzubeugen.[132]

Mit Hilfe dieses Prinzips konnten sittenwidrige Bedingungen ausgegrenzt und die Restverfügung unbedingt aufrechterhalten werden.[133] Der *favor testamenti* war aber losgelöst von dem Erblasserwillen oder dem Schutz des Bedachten, sondern hatte einzig die Aufrechterhaltung des Testamentes und die Vermeidung der Intestaterbfolge im Sinn. Begünstigt wurde die testamentarische Erbfolge und nicht das Pflichtgefühl gegenüber dem Erblasser.[134]

Der Wille des Erblassers und der *favor testamenti* konnten dabei durchaus im Konflikt stehen,[135] denn der *favor testamenti* war ausschließlich sozialpolitisch motiviert und nicht im Willen des Erblassers verwurzelt.[136] Es war also durchaus denkbar, dass der Erblasserwille unzweifelhaft Gesamtnichtigkeit der Verfügung vorziehen würde, mit Hilfe des *favor testamenti* aber Teilnichtigkeit eintrat. Das Ergebnis entsprach natürlich den Interessen des Bedachten. Intention war das jedoch nicht, beabsichtigt war einzig die Bevorzugung des Erwerbs aus Testamenten.

Mit der Aufrechterhaltung der Verfügung durch einen *favor testamenti* wird deshalb ein unabhängiges Kapitel abseits der im folgenden diskutierten Lösungsmöglichkeiten geschrieben.

Auch heute noch ist der *favor testamenti* ein anerkanntes Leitprinzip, hat aber eine signifikante Umwandlung erfahren. Wiederzufinden ist der Gedanke in § 2084 BGB in Gestalt der „wohlwollenden Auslegung“:

„Lässt der Inhalt einer letztwilligen Verfügung verschiedene Auslegungen zu, so ist im Zweifel diejenige Auslegung vorzuziehen, bei welcher die Verfügung Erfolg haben kann.“

---

131 Zu dem Grundsatz favor testamenti *Lande,* Teilunwirksamkeit, S. 26 ff.

132 *Badouvakis,* Fremdbestimmung, S. 38, 110.

133 *Badouvakis,* Fremdbestimmung, S. 22 ff., 26.

134 *Lande,* Teilunwirksamkeit, S. 29.

135 Vgl. hierzu auch *Bund,* Die Fiktion "pro non scripto habetur" als Beispiel fiktionsbewirkter interpretatio, in: FG Lübtow (1970), S. 364; *Badouvakis,* Fremdbestimmung, S. 38.

136 *Wieling,* Testamentsauslegung im römischen Recht, S. 82.

Maßgebend für ein Ergebnis aus § 2084 BGB ist der wirkliche oder mutmaßliche Wille des Erblassers. Es wird lediglich derjenigen Auslegung der Vorzug gegeben, die zur Wirksamkeit der Verfügung führt. Dem ursprünglichen Gedanken des *favor testamenti* entspricht die bezweckte Aufrechterhaltung der Erbeinsetzung. Dies gilt jedoch nur dann, wenn sie im Einklang mit dem Willen des Erblassers möglich ist. Eine Aufrechterhaltung gegen den Willen des Erblassers ist mit § 2084 BGB nicht zu vereinbaren.

Der Unterschied zum ursprünglichen *favor testamenti* erklärt sich durch eine Verschiebung des maßgebenden Blickwinkels: Bei den Römern wurde die Testamentsauslegung durch eine strenge Wortlauttreue und Leitprinzipien – wie z.B. den *favor testamenti* – beherrscht.[137] Der Wille des Erblassers spielte für die Auslegung praktisch keine Bedeutung.

Im gegenwärtigen System rückt der Wille des Erblassers in den Mittelpunkt der Auslegung, so dass die Leitprinzipien sich ebenfalls an diesem orientieren müssen. Mittlerweile wird unter dem *favor testamenti* sogar die unmittelbare Begünstigung des Erblasserwillens verstanden: „*[...] dem Erblasserwillen soll nach Möglichkeit zur Verwirklichung verholfen werden. Das ist der sog. favor testamenti.*"[138]

Der Terminus ist über die Jahrhunderte der gleiche geblieben, geändert hat sich im Wandel der Zeit aber der Inhalt des *favor testamenti.*[139] Die bei den Römern mögliche Aufrechterhaltung der Verfügung mittels des *favor testamenti* und gegen den Willen des Erblassers ist heute nicht mehr möglich und würde im Widerspruch zum gegenwärtigen Verständnis des *favor testamenti* stehen.

Helfen könnte allein eine römischrechtliche Interpretationsweise, die aber zwangsläufig mit den gegenwärtigen Prinzipien – insbesondere dem Willen des Erblassers als tragendes Element – kollidieren würde.

---

137 *Wieling,* Testamentsauslegung im römischen Recht, S. 248 f.

138 *Kipp/Coing,* Erbrecht, § 21 I 3 (S. 137).

139 *Lande,* Teilunwirksamkeit, S. 26.

Kapitel 2: Teilnichtigkeit und Erblasserwille

Der Wille des Erblassers ist im deutschen Erbrecht das unabdingbare Fundament.[140] Es liegt daher nahe, auch auf der Rechtsfolgenseite zu fragen: Was hätte der Erblasser gewollt, wenn er gewusst hätte, dass er sittenwidrig testiert hat?

Das voluntative Element ist dahingehend zu untersuchen, ob der Erblasser bei vorausschauender Kenntnis gewollt hätte, dass

- die Verfügung auch ohne sittenwidrige Bedingung aufrechterhalten wird (**Teilnichtigkeit**)
- oder die Verfügung mit der Bedingung steht und fällt und daher **Gesamtnichtigkeit** eintreten soll.

Es gibt viele Methoden zur Beantwortung dieser Frage. Vor allem finden §§ 139, 2085 BGB, die Auslegung und Umdeutung Erwähnung. All diesen Methoden ist die Anknüpfung an den (hypothetischen) Willen des Erblassers gemein. Welche davon schlussendlich das tragfähigste Konzept vorzuweisen hat und wie dann der der hypothetische Wille ermittelt werden soll, ist Bestandteil dieses Kapitels.

A. Normierte Teilnichtigkeit; §§ 139 und 2085 BGB

Unter dem Stichwort „Teilnichtigkeit“ oder „Gesamtnichtigkeit“ führt praktisch jedes Lehrbuch zum Allgemeinen Teil des BGB zu § 139 BGB. In erbrechtlichen Schriften hingegen erfolgt der Verweis auf § 2085 BGB. Das ist nicht überraschend, denn sowohl § 139 BGB als auch § 2085 BGB dienen der „normierten Teilnichtigkeit“. Beide Vorschriften regeln jenen Fall, in dem ein Unwirksamkeitsgrund lediglich einen Teil eines Rechtsgeschäftes berührt. Für die hier behandelte sittenwidrige Bedingung – als potentiellen Teil eines Rechtsgeschäftes – ist die Anwendung dieser Normen der bevorzugte und erste Schritt.[141]

I. Grundlagen zu §§ 2085 und 139 BGB

Die Grundfunktion der beiden Normen liegt in der Zuweisung einer bestimmten Rechtsfolge (Gesamt- oder Teilnichtigkeit), dies jedoch nur dann, wenn kein

140 Statt aller *Hermann,* Pro non scripta, S. 169.

141 So auch *Hager,* Auslegung, S. 107, welcher dem Wortlaut nach § 139 BGB die *„sedes materiae für die Frage der Teil- oder Totalnichtigkeit“* nennt.

eindeutiger Wille ermittelbar ist (*non-liquet* Situation). Beide Normen setzen damit zwingend die ergebnislose Auslegung voraus.[142]

In diesem Fall der Ungewissheit enthalten beide Vorschriften Regeln über die Beweis- und Darlegungslast. Unabhängig davon, ob sie nun als Beweislastregeln[143], widerlegbare Nichtigkeitsvermutungen[144] oder Auslegungsregeln[145] bezeichnet werden, besteht jedenfalls Einigkeit, dass die normierte Rechtsfolge nur bei einem *non-liquet* eintritt – in jedem anderen Fall geht der ermittelte Wille vor.[146]

Innerhalb der Systematik des BGB gliedert sich § 139 BGB in den allgemeinen Teil ein und § 2085 BGB – als spezielle Norm – in die erbrechtlichen Vorschriften. Die Normen unterscheiden sich jedoch nicht nur in ihrer systematischen Stellung, sondern auch in ihrem Anwendungsbereich:

Der Wortlaut von § 139 BGB spricht allgemein vom teilbaren *„Rechtsgeschäft"*[147], § 2085 BGB hingegen von dem weit engeren Begriff der testamentarischen *„Verfügung"*.

Auf den ersten Blick mag dieser Unterschied in vorliegender Untersuchung keinen nennenswerten Rang einnehmen, denn es handelt sich um eine Bedingung in einer letztwilligen Verfügung.

Dem ist aber nicht so, denn § 2085 BGB geht von **mehreren** letztwilligen Verfügungen aus, wobei Gesamt- oder Teilnichtigkeit im Verhältnis zueinander eintreten soll. Nicht gesprochen wird von **einer** Verfügung, die – ihr innewohnend – eine unwirksame Bedingung enthält. Da eine Bedingung aber keine eigenständige Verfügung ist, kommt trotz prädestinierter systematischer Stellung – wenn überhaupt – nur eine analoge Anwendung von § 2085 BGB oder der Rückgriff auf die allgemeine Vorschrift des § 139 BGB in Betracht.[148]

---

142 *Larenz/Wolf,* Allg. Teil BGB, § 45 4 (Rn. 22); *Staudinger*[13]*/Otte,* § 2085 Rn. 2.

143 *Staudinger*[13]*/Otte,* § 2085 Rn. 2.

144 *Larenz/Wolf,* Allg. Teil BGB, § 45 Rn. 1 ; *Enneccerus/Nipperdey,* Allg. Teil BGB, Halbbd. 2, § 202 IV e (S. 1219); *Staudinger*[13]*/Roth,* § 139 Rn. 2.

145 *Brasch,* Konversion, S. 74; *Bork,* Allg. Teil BGB, Rn. 1209; *Palandt*[70]*/Weidlich,* § 2085 Rn. 1; *Lang,* Teilweise Nichtigkeit, S. 53; *Soergel*[13]*/Loritz,* § 2085 Rn. 1; *Oepen,* Zur Dogmatik des § 139 BGB, S. 29; *Erman*[12]*/Palm,* § 139 Rn. 1, 11; 564; *Siller,* AcP 1934, 144, 151; BGH, Urteil v. 19.11.1982 = NJW 1983, 563.

146 Ob dem hypothetischen Willen auch zur Durchsetzung verholfen wird, ist eine andere Frage; vgl. hierzu S. 118 ff.

147 § 139 BGB ist damit auf das ganze Vertragswerk (einzelne Bedingungen usw.) anwendbar; vgl. zum Begriff *Palandt*[70]*/Ellenberger,* Überbl v § 104 Rn. 2; jede letztwillige Verfügung ist auch ein Rechtsgeschäft i.d.S., vgl. *Kipp/Coing,* Erbrecht, § 16 II Nr. 2; *Staudinger*[13]*/Otte,* Vor. §§ 2064 ff. Rn. 2 f.

148 Statt aller *Hermann,* Pro non scripta, S. 137.

Im Ergebnis wesentlich entscheidender ist jedoch die unterschiedliche Rechtsfolge dieser beiden Normen:

In § 139 BGB heißt es: *„[...] so ist das ganze Rechtsgeschäft nichtig, **wenn nicht anzunehmen ist**, dass es auch ohne den nichtigen Teil vorgenommen sein würde.“*

In § 2085 BGB heißt es dagegen: *„[...] die Unwirksamkeit der übrigen Verfügung nur zur Folge, **wenn anzunehmen ist**, dass der Erblasser diese ohne die unwirksame Verfügung nicht getroffen haben würde.“*

§ 139 BGB stellt somit die Vermutung[149] auf, dass bei der Nichtigkeit eines Teils im Zweifel das gesamte Rechtsgeschäft nichtig ist. Nur bei positiver Feststellung eines anderen Willens ist Teilnichtigkeit anzunehmen.

Bei § 2085 BGB hingegen schadet nur die positive Feststellung eines auf Gesamtnichtigkeit gerichteten Willens, denn im Zweifel ist nicht Gesamtnichtigkeit, sondern Teilnichtigkeit anzunehmen. Entsprechend ist die Rechtsfolge bei einem *non-liquet*:

nach § 139 BGB:	Gesamtnichtigkeit
nach § 2085 BGB:	Teilnichtigkeit.

Hermann fasst dies wie folgt zusammen: *„das non liquet der Aufklärbarkeit des („wirklichen“ Partei- bzw. Erblasser-) Willens verhindert die Restgeltung bei § 139 und begründet sie bei § 2085 BGB.“*[150]

Weiterhin besteht ein – geringfügiger – terminologischer Unterschied: § 139 BGB setzt als Rechtsfolge „*Nichtigkeit*“ fest, § 2085 BGB hingegen „*Unwirksamkeit*“. Beide Begriffe werden jedoch synonym verwendet, da sowohl § 139 BGB als auch § 2085 BGB davon ausgehen, dass das Rechtsgeschäft (Verfügung) keine Wirkung hervorbringt.[151]

Zusammenfassend kann festgestellt werden, dass beide Normen auf den hypothetischen Willen abstellen. Nur wenn dieser nicht ermittelbar ist, wird eine – jeweils gegensätzliche – Rechtsfolge festgesetzt. Die Entscheidung, ob nun § 139 BGB oder § 2085 BGB (analog) vorzuziehen ist, ist eine sehr wichtige, aber eine sekundäre, da sie sich nur für den Fall des *non-liquet* stellt.[152, 153]

---

149 Entgegen *Hager,* Auslegung, S. 152, welcher behauptet, dass es keine widerlegbaren Rechtsvermutungen gibt.

150 *Hermann,* Pro non scripta, S. 137.

151 Vgl. *Brox/Walker,* Erbrecht, S. 256; *Palandt*[70]*/Ellenberger,* Überbl v § 104 Rn. 29; *Fischer,* Konversion unwirksamer Rechtsgeschäfte, in: FS Wach (1913), S. 193; *Flume,* Allg. Teil BGB, Bd. 2, § 30.2; ausführlich hierzu *Lande,* Teilunwirksamkeit, S. 13 ff.

152 So auch *Hermann,* Pro non scripta, S. 126.

II. Die Voraussetzungen

§ 139 BGB und § 2085 (analog) BGB setzen ein einheitliches Rechtsgeschäft voraus, welches einen unwirksamen abtrennbaren Teil enthält. Drei Tatbestandsvoraussetzungen ergeben sich hieraus, die kumulativ vorliegen müssen:

- einheitliches und
- teilnichtiges Rechtsgeschäft,
- Teilbarkeit desselben.

Wenn alle drei Voraussetzungen vorliegen, so ordnet § 139 BGB / § 2085 (analog) BGB nicht unmittelbar eine verbindliche Rechtsfolge für das Rechtsgeschäft an, sondern gibt zunächst die Untersuchung des Erblasserwillen auf. Diese Rechtsfolgen- bzw. Anwendungsebene dient der Erkenntnis, inwieweit der Erblasser selbst Gesamt- oder Teilnichtigkeit eintreten lassen würde. Erst wenn diese Ermittlung kein tragfähiges Ergebnis bringt, tritt die vorgeschriebene Rechtsfolge des § 139 BGB / § 2085 (analog) BGB ein.

1. Einheitliches Rechtsgeschäft

Erste Voraussetzung für die Teilnichtigkeit ist notwendigerweise ein Ganzes, das sich aus einzelnen Teilen zusammensetzt. Liegen hingegen mehrere selbständige Rechtsgeschäfte vor, so ist die Anwendung von § 139 / § 2085 (analog) BGB ausgeschlossen.

Gesprochen wird von dem sog. einheitlichen Rechtsgeschäft und für § 139 BGB folgt dies aus der Formulierung: *„Teil **eines** Rechtsgeschäftes“*. Wann eine solche Einheit anzunehmen ist, kann aber im Einzelfall schwierig zu bestimmen sein. Unterschieden werden dabei *„streng einheitliche“* und *„zusammengesetzte“* Rechtsgeschäfte. Einheitlichkeit im strengen Sinne liegt bei der Zusammenfassung in einem Vertragswerk vor.[154] Die Einheitlichkeit bemisst sich dann allein nach dem objektiven Sinnzusammenhang.

Die einzelne letztwillige Verfügung ist unbestritten ein einheitliches Rechtsgeschäft; hieran ändert auch die angehängte Bedingung nichts. Für § 2085 BGB gilt dasselbe. So müssen *„in **einem** Testament“* mehrere Verfügungen – bzw. bei der ggf. analogen Anwendung eine Verfügung und eine Bedingung – enthalten sein, was aber unserer Ausgangssituation entspricht.[155]

---

153 Die Entscheidung, ob § 139 BGB oder § 2085 BGB (analog) der Vorzug zu geben ist, wird an späterer Stelle entschieden; vgl. hierzu S. 123 ff.

154 *Soergel*[13]*/Hefermehl,* § 139 Rn. 16.

155 Statt aller *Staudinger*[13]*/Otte,* § 2085 Rn. 17.

2. Teilnichtigkeit

Weiterhin verlangt § 139 / § 2085 (analog) BGB, dass nicht das gesamte Rechtsgeschäft (Verfügung) von der Nichtigkeit erfasst sein darf, sondern nur ein Teil (Bedingung). Der Grund für die Nichtigkeit spielt dabei grundsätzlich keine Rolle.[156] Jedoch birgt die Nichtigkeit aufgrund von Sittenwidrigkeit ein spezielles Problem:

André nimmt an, dass die Sittenwidrigkeit unweigerlich zur Gesamtnichtigkeit führt, ohne dass es auf die Anwendung von § 139 BGB ankommt.[157] Der Grund soll darin liegen, dass selbst eine abtrennbare und sittenwidrige Bedingung das ganze Rechtsgeschäft infiziere.[158]

Demgegenüber ist heute anerkannt, dass sich die Sittenwidrigkeit auch nur auf einen abgrenzbaren Teil des Rechtsgeschäftes beziehen kann und demnach nicht unweigerlich Gesamtnichtigkeit eintreten muss.[159] Voraussetzung ist natürlich, dass das Rechtsgeschäft in seiner reduzierten Fassung nicht gegen die guten Sitten verstößt. Ob ein solch abgrenzbarer Teil vorliegt, ist jedoch Prüfungsbestandteil des eigenständigen Tatbestandsmerkmals der Teilbarkeit und nicht der Teilnichtigkeit.[160] Für das Tatbestandsmerkmal der Teilnichtigkeit reicht es aus, dass der Nichtigkeitsgrund augenscheinlich nur einen Teil des Geschäftes erfasst, wie es u.a. bei einer einzelnen sittenwidrigen Bedingung der Fall ist. Inwieweit dieser Teil nun auch abgrenzbar und damit abteilbar ist, wird nachstehend erörtert.

---

156 *Staudinger*[13]*/Roth,* § 139 Rn. 31.

157 *André,* Einfache, zusammengesetzte, verbundene Rechtsgeschäfte, in: FG Enneccerus (1913), S. 39; **a.A.** *Lappe,* Teilnichtigkeit, S. 39 f.

158 Vgl. hierzu die Ausführungen auf S. 92.

159 *Soergel*[13]*/Hefermehl,* § 139 Rn. 31 ff.; allgemein zu dieser Problematik: *Hager,* Auslegung, S. 88 ff., 149 f.; kritisch auch *Krampe,* AcP 194 (1994), 1, 26 f.

160 Genau genommen beinhaltet die Frage der Teilnichtigkeit auch die Frage der Teilbarkeit. Nur wenn ein abtrennbarer Teil (Teilbarkeit) vorliegt, kann sich auch die Nichtigkeit lediglich auf diesen Teil des Rechtsgeschäftes beziehen (Teilnichtigkeit). Andernfalls könnte man sonst für die Teilnichtigkeit nicht wissen, ob überhaupt ein „Teil" vorliegt, wenn nicht bereits zuvor die Teilbarkeit geprüft wurde. Es hat sich aber bewährt, zunächst nur zu untersuchen, ob augenscheinlich ein Teil des Rechtsgeschäftes nichtig ist (so z.B. bei einem Formmangel, fehlender Zustimmung eines Dritten usw.; vgl. *Soergel*[13]*/Hefermehl,* § 139 Rn. 4 f.) und anschließend die Abtrennbarkeit dieses Teils vom ganzen Rechtsgeschäft zu untersuchen (Teilbarkeit); vgl. auch *Soergel*[13]*/Hefermehl,* § 138 Rn. 46, 49.

3. Teilbarkeit

Die Teilbarkeit ist hier schlussendlich der entscheidende und stark umstrittene Prüfungspunkt. Gestritten wird u.a. um dessen Existenzberechtigung,[161] sowie um die konkrete Behandlung einer rechtsgeschäftlichen Bedingung.

Die überwiegende Ansicht sieht letztwillige Verfügung und Bedingung als eine untrennbare Einheit an, so dass mangels Teilbarkeit § 139 BGB oder § 2085 BGB (analog) tatbestandlich ausscheiden.[162] In diesem Fall muss ein neuer Weg gesucht werden, um dem hypothetischen Willen zur Durchsetzung zu verhelfen.[163]

Die Frage nach der Teilbarkeit bzw. Trennbarkeit geht dahin, ob die unwirksame Bedingung von der restlichen Verfügung abtrennbar ist, so dass die Verfügung auch ohne die Bedingung weiterhin Bestand haben kann.

Für § 139 BGB ergibt sich das Tatbestandsmerkmal bereits aus dem Wortlaut: *„Ist ein **Teil** eines Rechtsgeschäftes nichtig“.*

§ 2085 BGB hingegen dient – bei direkter Anwendung – der Aufrechterhaltung *„einer von mehreren“* Verfügungen. Zwangsläufig wird vorausgesetzt, dass die Verfügungen voneinander trennbar sind. Bei der analogen Anwendung des § 2085 BGB kann aber nichts anders gelten, denn nur wenn Teilbarkeit gegeben ist, ist auch die Vergleichbarkeit – als Voraussetzung für eine Analogie – gegeben.[164]

---

161 (Gegen die Notwendigkeit der Teilbarkeit) *Pawlowski,* Rechtsgeschäftliche Folgen, S. 175; **a.A.** statt vieler MünchKomm[5]/*Leipold,* § 2085 Rn. 10; hierzu ausführlich auf S. 54 f.

162 Vgl. nachstehendes Schaubild.

163 Der neue Weg wird zumeist über die Auslegung oder die Umdeutung gesucht, hierzu weiter unten auf S. 80 ff.

164 *Soergel*[11]*/Damrau,* § 2085 Rn. 4; MünchKomm[5]/*Leipold,* § 2085 Rn. 8; *Bamberger/Roth*[2]*/Litzenburger,* § 2085 Rn. 6; *Litzenburger,* ZEV 2008, 369, 371; *Soergel*[13]*/Loritz,* § 2085 Rn. 10; *Staudinger*[13]*/Otte,* § 2085 Rn. 10, 12; Erman[12]/*Schmidt,* § 2085 Rn. 4; BGH, Urteil v. 14.2.1962 = NJW 1962, 912.

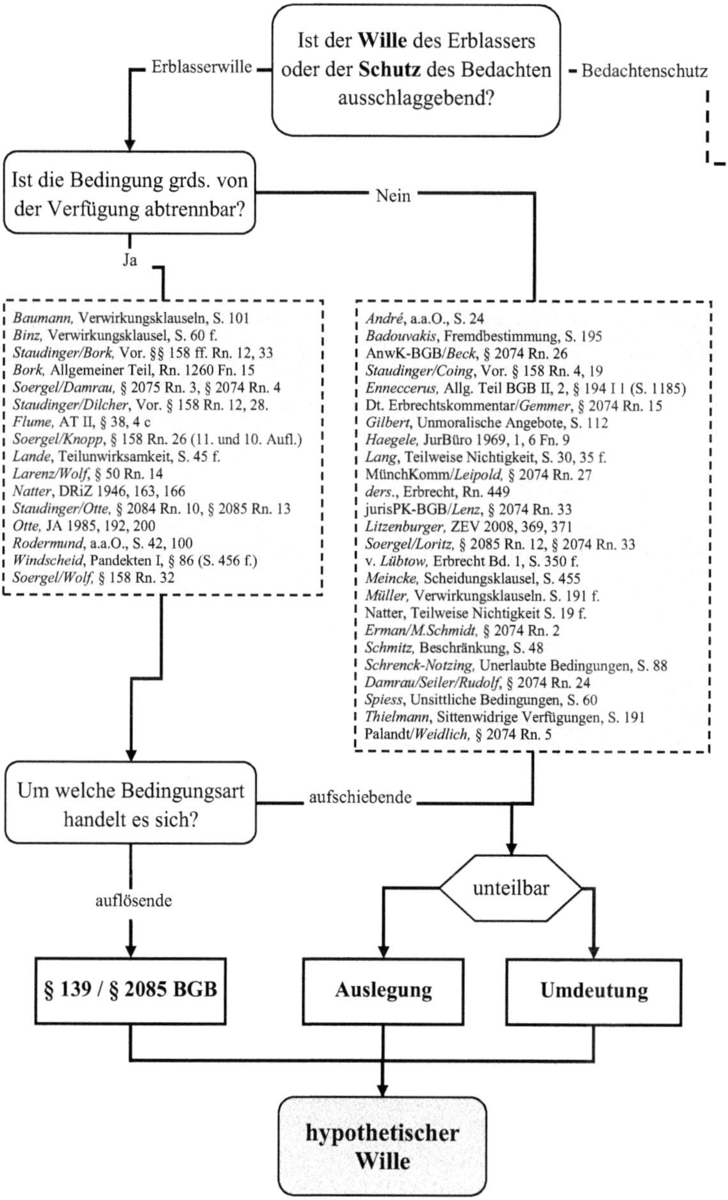
Ist der Wille des Erblassers oder der Schutz des Bedachten ausschlaggebend?
Erblasserwille
Bedachtenschutz
Ist die Bedingung grds. von der Verfügung abtrennbar?
Nein
Ja
Baumann, Verwirkungsklauseln, S. 101
Binz, Verwirkungsklausel, S. 60 f.
Staudinger/Bork, Vor. §§ 158 ff. Rn. 12, 33
Bork, Allgemeiner Teil, Rn. 1260 Fn. 15
Soergel/Damrau, § 2075 Rn. 3, § 2074 Rn. 4
Staudinger/Dilcher, Vor. § 158 Rn. 12, 28.
Flume, AT II, § 38, 4 c
Soergel/Knopp, § 158 Rn. 26 (11. und 10. Aufl.)
Lande, Teilunwirksamkeit, S. 45 f.
Larenz/Wolf, § 50 Rn. 14
Natter, DRiZ 1946, 163, 166
Staudinger/Otte, § 2084 Rn. 10, § 2085 Rn. 13
Otte, JA 1985, 192, 200
Rodermund, a.a.O., S. 42, 100
Windscheid, Pandekten I, § 86 (S. 456 f.)
Soergel/Wolf, § 158 Rn. 32
André, a.a.O., S. 24
Badouvakis, Fremdbestimmung, S. 195
AnwK-BGB/Beck, § 2074 Rn. 26
Staudinger/Coing, Vor. § 158 Rn. 4, 19
Enneccerus, Allg. Teil BGB II, 2, § 194 I 1 (S. 1185)
Dt. Erbrechtskommentar/Gemmer, § 2074 Rn. 15
Gilbert, Unmoralische Angebote, S. 112
Haegele, JurBüro 1969, 1, 6 Fn. 9
Lang, Teilweise Nichtigkeit, S. 30, 35 f.
MünchKomm/Leipold, § 2074 Rn. 27
ders., Erbrecht, Rn. 449
jurisPK-BGB/Lenz, § 2074 Rn. 33
Litzenburger, ZEV 2008, 369, 371
Soergel/Loritz, § 2085 Rn. 12, § 2074 Rn. 33
v. Lübtow, Erbrecht Bd. 1, S. 350 f.
Meincke, Scheidungsklausel, S. 455
Müller, Verwirkungsklauseln. S. 191 f.
Natter, Teilweise Nichtigkeit S. 19 f.
Erman/M.Schmidt, § 2074 Rn. 2
Schmitz, Beschränkung, S. 48
Schrenck-Notzing, Unerlaubte Bedingungen, S. 88
Damrau/Seiler/Rudolf, § 2074 Rn. 24
Spiess, Unsittliche Bedingungen, S. 60
Thielmann, Sittenwidrige Verfügungen, S. 191
Palandt/Weidlich, § 2074 Rn. 5
Um welche Bedingungsart handelt es sich?
aufschiebende
auflösende
unteilbar
§ 139 / § 2085 BGB
Auslegung
Umdeutung
hypothetischer Wille

a) Objektiv oder subjektiv

Die Teilbarkeit eines einheitlichen Rechtsgeschäftes kann zum einem nach objektiven Gesichtspunkten beurteilt werden, zum anderen nach subjektiven.[165]

Bei der rein subjektiven Betrachtung wird auf den (hypothetischen) Willen des Erblassers abgestellt und gefragt: *„Hätte der Erblasser gewollt, dass Bedingung und Verfügung (k)eine Einheit sind?“*

Die objektive Betrachtung hingegen ermittelt die Teilbarkeit anhand von gesetzlichen und wirtschaftlichen Wertungen.

Ob nun subjektive oder objektive Kriterien herangezogen werden sollen, ist umstritten; die Argumente für und wider sind jedoch zumeist wenig stichhaltig. So wird z.B. häufig die Feststellung für ausreichend erachtet, dass z.B. *„auf die subjektiven Vorstellungen der Parteien hinsichtlich der Teilbarkeit [...] keine Rücksicht genommen zu werden [braucht].“*[166] Im Schrifttum ist kein einziges Werk ersichtlich, welches eine plausible Lösung für diese Frage bereithält und die Rechtsprechung befasst sich nicht näher damit.

Dabei hat diese Frage insbesondere für unsere Untersuchung entscheidende Bedeutung, denn nach überwiegender Ansicht sind letztwillige Verfügung und Bedingung unteilbar miteinander verbunden.[167] Die Grundlage dieser Ansicht muss – obwohl selten explizit so bezeichnet – die objektive (Un)Teilbarkeit bilden. Im Falle einer subjektiven Teilbarkeit wäre ein solches Ergebnis wohl kaum so pauschal und eindeutig, sondern jeweils im Einzelfall zu bestimmen.

Ein Argument gegen die subjektive Betrachtungsweise ergibt sich direkt aus dem Wortlaut. § 139 BGB lautet in seiner vollen Gänze: *„Ist ein Teil eines Rechtsgeschäfts nichtig, so ist das ganze Rechtsgeschäft nichtig, wenn nicht anzunehmen ist, dass es auch ohne den nichtigen Teil vorgenommen sein würde.“*

Der erste Halbsatz bildet mit der Formulierung *„Ist ein Teil eines Rechtsgeschäftes nichtig“* den Tatbestand. Dieser hat vom Gesetzgeber keinerlei subjektiven Einschlag erhalten, ganz im Gegensatz zur Regelung der Rechtsfolge im letzten Halbsatz von § 139 BGB, die durch die Formulierung *„vorgenommen*

---

165 Nicht zu verwechseln mit der objektiven, subjektiven und quantitativen Teilbarkeit. Hierzu später auf S. 57 ff.

166 *Esch,* Teilnichtige Rechtsgeschäfte, S. 54; ähnlich auch: *Jungmichel,* Unzulässige Beschränkung, S. 145; *Lappe,* Teilnichtigkeit, S. 11 f.; *Naendrup,* Teilnichtigkeit, S. 43; *Nolden,* Restgültigkeit, 42; *Richter,* Teilnichtige Rechtsgeschäft, S. 21; *Siller,* AcP 1934, 144, 150; *Scholz,* § 139 BGB, S. 44; **a.A.** (für subjektive Betrachtung) *Hermann,* Pro non scripta, S. 12; *Speckmann,* JZ 1970, 401, 402; *Litzenburger,* ZEV 2008, 369, 371 welcher von Unteilbarkeit ausgeht, weil der Erblasser die Verfügung *„nicht als unbedingte gewollt hat“*; ähnlich auch MünchKomm[5]/*Leipold,* § 2074 Rn. 27, der aber zusätzlich noch auf den *„Inhalt der Erklärung“* abstellt.

167 Vgl. Fn. 162; näher auch auf S. 57.

sein würde" unzweifelhaft – zumindest auch – auf den Willen der Parteien abstellt. Der Wortlaut bietet allerdings nur ein Indiz, so dass diese Interpretation nicht zwingend ist.

Einen weiteren Ansatz bietet der Vergleich zu einer bereits formulierten Frage: „*Wie hätte der Erblasser über die Rechtsfolgen entschieden?*"[168]

Diese Frage ist zentrales Prüfungselement innerhalb des hypothetischen Willens und stellt sich damit erst auf Rechtsfolgenseite, wenn bereits zuvor das Tatbestandsmerkmal der Teilbarkeit bejaht wurde.[169]

Sowohl obige Frage bzgl. der Teilbarkeit, als auch jene auf der Rechtsfolgenebene zielen auf den hypothetischen Willen ab. Erstere von beiden darauf, ob der Erblasser Teilbarkeit gewollt hätte, letztere von beiden darauf, ob ein Teil des nun geteilten Rechtsgeschäfts auch weiterhin Bestand haben soll.

Unterstellt, die Antwort auf die erste Frage lautet, dass „*der Erblasser gewollt hätte, dass Bedingung und Verfügung keine Einheit sind*" (Teilbarkeit), so ist es doch ausgeschlossen, dass die Antwort auf die zweite Frage lauten könnte: „*Obwohl der Erblasser Teilbarkeit wollte, ist nach seinem Willen das teilbare Rechtsgeschäft in der Gänze nichtig.*"

Mit dem auf Teilbarkeit gerichteten Willen ist regelmäßig eine eindeutige Äußerung auch bzgl. der Aufrechterhaltung verbunden, alles andere wäre widersprüchlich.

Hat der Erblasser Teilbarkeit gewollt, dann wollte er auch, dass das – aus seiner Sicht – teilbare Rechtsgeschäft aufrechterhalten wird. Deshalb muss im umgekehrten Fall die gewollte Unteilbarkeit auch zur gewollten Nichtaufrechterhaltung führen. Das Tatbestandsmerkmal der Teilbarkeit ist bei subjektiver Charakterisierung folglich nichts anderes als der hypothetische Wille auf der Rechtsfolgenseite.[170] So sprechen insbesondere frühere Werke überhaupt nicht von Teilbarkeit und hypothetischem Willen, sondern von objektiver Teilbarkeit (objektiver Wesentlichkeit) und subjektiver Teilbarkeit (subjektiver Wesentlichkeit).[171] Die subjektive Teilbarkeit entspricht dabei der heutigen Klassifizierung vom hypothetischen Willen (auf der Rechtsfolgenseite).

Geht man von dieser Prämisse aus, so hat eine subjektive Beurteilung der Teilbarkeit (auf Tatbestandsebene) auszuscheiden.[172] Diese würde zwangsläufig zu einer unnötigen Doppelprüfung des hypothetischen Willens führen.

---

168 Vgl. S. 34.

169 Vgl. die Ausführungen auf S. 48.

170 Ähnlich auch: *Herzog,* Quantitive Teilnichtigkeit, S. 66; *Lappe,* Teilnichtigkeit, S. 34.

171 *Herzog,* Quantitive Teilnichtigkeit, S. 66; *Nolden,* Restgültigkeit, S. 34 ff., 42; *Richter,* Teilnichtige Rechtsgeschäft, S. 22.

172 Richtig erkannt von *Lappe,* Teilnichtigkeit, S. 34; *Richter,* Teilnichtige Rechtsgeschäft, S. 22; vgl. auch *Herzog,* Quantitive Teilnichtigkeit, S. 66.

In der Konsequenz verbleiben damit einige wenige Konstellationen: Zunächst könnte man daran denken, dass zwar die Teilbarkeit subjektiv ermittelt wird, der hypothetische Wille auf Rechtsfolgenebene aber ausschließlich nach objektiven Kriterien bestimmt wird.[173] Dem ist aber der Wortsinn entgegenzuhalten. Der hypothetische Wille ist sinnnotwendig zumindest teilweise subjektiv geprägt.[174] Demgegenüber ist die Teilbarkeit eines Rechtsgeschäftes nicht zwingend an subjektive Merkmale gebunden.

Weiterhin wäre es denkbar, die Prüfung der Teilbarkeit und die des hypothetischen Willens in einer einzigen Prüfung zu vereinen. So erfolgen beide anhand von subjektiven Kriterien und dennoch wird die Doppelprüfung vermieden. Da aber beide Prüfungspunkte die gleichen Elemente beinhalten, wäre es möglich, anstelle einer Doppelprüfung, einen der beiden Prüfungsschritte ganz wegzulassen.[175] Im konkreten Aufbau würde dann ausschließlich der hypothetische Wille gerichtet auf Teilbarkeit/Aufrechterhaltung geprüft werden (subjektive Teilbarkeit).

Darüber hinaus wäre es denkbar, die Teilbarkeit nach objektiven Kriterien zu ermitteln und den hypothetischen Willen – wie der Name schon sagt – nach subjektiven. So hätten beide Prüfungspunkte ihre eigene Berechtigung und würden sich nicht überlagern.

aa) Teilbarkeit, ein obsoletes Tatbestandsmerkmal

Die Außerachtlassung der objektiven Teilbarkeit – bzw. die Vereinigung beider subjektiven Prüfungsschritte – vertreten nur wenige Literaturstimmen. Zu ihnen gehört *Pawlowski*, nach dessen Ansicht im „*Normalfall*" die Prüfung der objektiven Teilbarkeit als „*überflüssig, ja widersprüchlich*" anzusehen ist. Durch die nachfolgende Ermittlung des hypothetischen Willens sei „*das Interesse der Parteien an dem wirtschaftlichen Gleichgewicht der Leistungen genügend berücksichtigt.*"[176]

---

173 Denkbar wäre auch, dass alle Prüfungspunkte rein objektiv beurteilt werden. Ein derartiges Vorhaben wird aber in Literatur und Rechtsprechung nicht vertreten. Am ehesten tendiert *Nolden*, Restgültigkeit, S. 20 ff., 42 in diese Richtung, welcher meint „*daß bei der Frage, ob Totalnichtigkeit oder Restgültigkeit, auch der Wille der Parteien zu beachten ist. Nur darf die Rücksichtnahme auf den Parteiwillen nicht übertrieben werden.*".

174 Vgl. hierzu auch die Ausführungen auf S. 110 ff.

175 So im Ergebnis *Pawlowski*, Rechtsgeschäftliche Folgen, S. 175.

176 *Pawlowski*, Rechtsgeschäftliche Folgen, S. 175; zustimmend *Oepen*, Zur Dogmatik des § 139 BGB, S. 39; wohl auch *Speckmann*, JZ 1970, 401, 402 welcher für die Teilbarkeit „*ausschließlich auf die Interessen des Erblassers*" abstellt.

Pawlowski[177] ist mit seiner Ansicht über die Unwesentlichkeit des Tatbestandsmerkmals „Teilbarkeit" überwiegend auf Ablehnung gestoßen.[178] Bislang gibt es allerdings keine begründeten Einwände, da nur pauschal festgestellt wird, dass: *„ [Pawlowski; Anm. des Verfassers]...zu Unrecht gegen eine gesonderte Prüfung der Teilbarkeit [argumentiert]...*"[179]

Der Grund liegt wohl darin, dass die Anwendung von § 139 BGB (und auch von § 2085 BGB (analog)) nicht ausschließlich vom Willen des Erklärenden abhängig gemacht werden soll. So könnte mit *Pawlowskis* Meinung die Rechtsordnung keinerlei Einfluss auf das entstehende Ergebnis ausüben. Nur wenn wenigstens einer der beiden Prüfungspunkte – zumindest auch – mit objektiven Kriterien ausgefüllt wird, wäre die Rechtsordnung an der Ergebnisfindung nach wie vor beteiligt.

Die vorherrschende Meinung fordert daher sowohl objektive, als auch subjektive Merkmale. Hiernach wird die Teilbarkeit nach objektiven Kriterien ermittelt und der spätere hypothetische Wille – weitestgehend[180] – subjektiv.

Den gesetzgeberischen Motiven ist nur wenig über das Verhältnis zwischen objektiven und subjektiven Merkmalen zu entnehmen. Für die herrschende Meinung und damit für eine objektive Beurteilung der Teilbarkeit spricht aber folgender Satz in den Motiven zum BGB: *„[Teilnichtigkeit ist gegeben], sofern diese einen getrennten Bestand* ***an sich*** *und nach dem Willen des Betheiligten haben [...].*"[181]

Wenn es einen *„getrennten Bestand"* (Teilbarkeit) aufgrund vom Beteiligtenwillen gibt (subjektiv), dann muss folglich die Teilbarkeit *„an sich"* objektiv ermittelt werden. Dieser Ausschnitt aus den Motiven zum BGB bestätigt damit auch obige Annahme, dass der hypothetische Wille auf Anwendungsebene nichts anderes als die Teilbarkeit in subjektiver Form darstellt.

Ob nun die Teilbarkeit ausschließlich anhand von objektiven Kriterien ermittelt werden soll, wurde zwar vom Gesetzgeber angedeutet, ist aber nicht restlos zu klären. In der Gesamtschau ist es eine reine Wertungsfrage, inwieweit die Rechtsordnung die Anwendbarkeit von § 139 BGB und § 2085 BGB (analog) beeinflussen soll.

---

177 *Pawlowski,* Rechtsgeschäftliche Folgen, S. 175.

178 *Soergel*[13]*/Hefermehl,* § 139 Rn. 23; MünchKomm[5]/*Busche,* § 139 Rn. 24 Fn. 94; *Esch,* Teilnichtige Rechtsgeschäfte, S. 53 Fn. 14; **a.A.** *Oepen,* Zur Dogmatik des § 139 BGB, S. 39.

179 MünchKomm[5]/*Busche,* § 139 Rn. 24 Fn. 94; ähnlich auch: *Staudinger*[13]*/Roth,* § 139 Rn. 60.

180 Siehe hierzu die Ausführungen auf S. 110 ff.

181 Mot. I 222 = *Hahn/Mugdan,* Materialien BGB, Bd. 1, S. 475.

Sowohl bei den Voraussetzungen als auch bei der Anwendung dieser Vorschriften können objektive Gesichtspunkte eine Rolle spielen, was aber unweigerlich die Verwirklichung des Erblasserwillens einschränkt. Diese ganz zentrale Fragestellung (Verhältnis von objektivem Recht zum Erblasserwillen; vgl. Untertitel der vorliegenden Schrift) wird auch in der nachfolgenden Untersuchung immer wiederkehren.

Nicht zuletzt sprechen aber bei dieser Problemstellung die gesetzgeberischen Motive für die herrschende Meinung und somit für die Ermittlung der Teilbarkeit nach objektiven Kriterien – mit der Begründung von *Nolden* formuliert: *„Durch diese Grundeinstellung zum § 139 BGB soll einem übertriebenen, das Rechtsleben hemmenden Subjektivismus die Spitze abgebrochen werden."*[182]

bb) Grenzen der Restgültigkeit

Die Frage, inwieweit objektive oder subjektive Kriterien für die Teilbarkeit eine Rolle spielen, ist nun weitgehend geklärt; eine andere Frage ist aber, in welchem Verhältnis objektive Teilbarkeit und subjektiver hypothetischer Wille zueinander stehen.

Zur Erläuterung kann die Ansicht von *Hermann*[183] dienen. Dieser untersucht – angeblich – die Teilbarkeit nach subjektiven Kriterien, um dann – nach positiver Feststellung derselbigen – zu fragen *„ob dieser Teil dann ein Rechtsgeschäft darstellt, das in dieser Form selbständig bestehen kann, ohne dass sich der Gesamtcharakter der Verfügung ändert [...]."*[184]

Im Ergebnis ist dies keine subjektive Untersuchung der Teilbarkeit, sondern nur die Anwendung der Norm in umgedrehter Reihenfolge. Anstatt die Teilbarkeit nach objektiven Kriterien zu untersuchen und anschließend den hypothetischen Willen hinsichtlich der Aufrechterhaltung zu erforschen, wird zunächst der Wille erforscht und nachfolgend – objektiv – die Teilbarkeit.

Die hergebrachte Rechtsauffassung hingegen prüft an erster Stelle die Teilbarkeit und erst an zweiter die subjektive Komponente. Auf den ersten Blick scheint die Reihenfolge unerheblich zu sein, jedoch wird durch deren Festlegung die Grenze der Restgültigkeit gezogen. So bildet beim hergebrachten Aufbau die Teilbarkeit (objektiv) die Grenze des hypothetischen Willens.[185] Nur was objektiv teilbar ist, kann anschließend vom Erblasser – mit seinem hypothetischen Willen – aufrechterhalten werden. Die Rechtsordnung legt verbindlich den Ge-

182 *Nolden,* Restgültigkeit, S. 42 a.E.

183 *Hermann,* Pro non scripta, S. 12 f.

184 *Hermann,* Pro non scripta, S. 13.

185 Vgl. *Lappe,* Teilnichtigkeit, S. 11; *Naendrup,* Teilnichtigkeit, S. 43; *Nolden,* Restgültigkeit, S. 33 f.

staltungsraum des (hypothetischen) Erblasserwillens fest und nur in diesem abgesteckten Areal findet der Wille Gehör.

Bei umgedrehter Prüfungsreihenfolge hingegen wird die Grenze der Restgültigkeit durch den (hypothetischen) Willen des Erblassers gezogen, die objektive Teilbarkeit wäre dann eine sekundäre Frage.[186]

Damit stellt sich wiederum die fundamentale Frage, inwieweit die Rechtsordnung (objektives Recht) der Privatautonomie (in unserem Fall dem Erblasserwillen) ihre Grenzen aufzwingen kann. Der Wortlaut von § 139 BGB ist diesbezüglich eindeutig: *„Ist ein Teil [Teilbarkeit] eines Rechtsgeschäftes nichtig, [...] wenn nicht anzunehmen ist, dass es auch ohne den nichtigen Teil vorgenommen sein würde [hypothetischer Wille].“* Abgesehen davon, dass die Teilbarkeit in der Satzstellung vor dem hypothetischen Willen steht, setzt der erste Teil der Norm eine bestimmte Rechtsfolge fest (u.a. unter den Voraussetzungen der Teilbarkeit) und befasst sich erst im Anschluss mit der Ausnahme, ermittelt durch die subjektive Komponente. Folglich kommt der hypothetische Wille nur zum Tragen, wenn vorrangig die Teilbarkeit geklärt ist.

Nichts anderes gilt für § 2085 BGB, welcher in seiner Syntax identisch mit § 139 BGB ist. Demzufolge muss selbst im Erbrecht – wo der Erblasserwille eine überragende Stellung innehat – zunächst ein Filter der Rechtsordnung (Teilbarkeit) vorgeschoben werden, dessen Ergebnis dann wiederum vom hypothetischen Willen aufgenommen wird.

Zusammenfassung:

Die Teilbarkeit ist ein wesentliches Tatbestandsmerkmal des § 139 BGB und damit auch des § 2085 BGB (analog). Die Ermittlung erfolgt ausschließlich anhand von objektiven Gesichtspunkten, eine subjektive Sichtweise würde die Rechtsfolge in den Tatbestand verlagern. Der Wortlaut der Vorschriften legt es nahe, dass die Teilbarkeit vor dem hypothetischen Willen geprüft wird und somit das objektive Recht die Grenzen der Restgültigkeit festlegt. Das gefundene Ergebnis stimmt damit weitestgehend mit der herrschenden Rechtsauffassung überein, liefert aber im Unterschied dazu eine plausible Begründung.

b) Teilbarkeitskriterien

Nach der gängigen Terminologie lassen sich die objektive, subjektive und quantitative Teilbarkeit voneinander unterscheiden.[187] Wie bereits angedeutet,[188] darf

186 *Hermann,* Pro non scripta, S. 13.

187 Besser bezeichnet als objektive -, subjektive- und quantitative *Teilnichtigkeit*; hierzu *Nolden,* Restgültigkeit, S. 37.

188 Vgl. Fn. 165.

diese Abgrenzung nicht mit der zuvor erörterten Betrachtungsweise verwechselt werden. Die objektive Teilbarkeit hat – abgesehen von der Terminologie – nichts mit der Teilbarkeit nach objektiver Betrachtungsweise gemein.

Die subjektive Teilbarkeit ist dann gegeben, wenn mehrere Personen am Rechtsgeschäft beteiligt sind und dieses im Verhältnis zu einer der Personen nichtig ist.[189]

Quantitative Teilbarkeit liegt insbesondere dann vor, wenn die Menge der Leistung (Entgelt, Dauer der Bindung etc.) das zulässige Maß übersteigt, der Vertrag jedoch wirksam wäre, wenn die Parteien die Leistung in zulässiger Weise bestimmt hätten.[190]

Der objektiven Teilbarkeit liegt das klassische Verständnis zu Grunde, dass wenn einzelne Bestimmungen eines Rechtsgeschäftes nichtig sind, der verbleibende Rest wirksam sein soll.[191] Eine Bedingung innerhalb einer letztwilligen Verfügung nur unter dem Gesichtspunkt einer objektiven Teilbarkeit beurteilt werden, so dass auf die einzelnen Besonderheiten von subjektiver und quantitativer Teilbarkeit nicht weiter eingegangen werden muss.[192] Die Kriterien, wie nun aber die (objektive) Teilbarkeit bestimmt wird, sind nach wie vor unklar. Sicher ist nur, dass nach dem zuvor Gesagten ausschließlich objektive Kriterien zur Ermittlung herangezogen werden dürfen.

Sinn und Zweck des Teilbarkeitskriteriums ist es, den Teil zu isolieren, welcher – nach Abtrennung des nichtigen Teiles – als selbständiges Rechtsgeschäft bestehen kann.[193] Hieraus ergeben sich drei denkbare Konstellationen:

- Jede Bestimmung innerhalb des Rechtsgeschäftes könnte für sich genommen ein selbständiges Rechtsgeschäft darstellen.[194]
- Nur eine der Bestimmungen könnte ein selbständiges Rechtsgeschäft ergeben.
- Die Bestimmungen sind derart voneinander abhängig, dass bereits aus objektiven Gesichtspunkten keines selbständig bestehen kann.

---

189 *Soergel*[13]*/Hefermehl,* § 139 Rn. 27; *Staudinger*[13]*/Roth,* § 139 Rn. 65.

190 Die quantitative Teilbarkeit ist höchst umstritten; hierzu: *Soergel*[13]*/Hefermehl,* § 139 Rn. 29 f.; *Staudinger*[13]*/Roth,* § 139 Rn. 68 f.

191 *Richter,* Teilnichtige Rechtsgeschäft, S. 29.

192 Ausführlich hierzu: *Lang,* Teilweise Nichtigkeit, S. 18 ff.; *Nolden,* Restgültigkeit, S. 35 ff.; *Richter,* Teilnichtige Rechtsgeschäft, S. 28 ff.

193 *Palandt*[70]*/Ellenberger,* § 139 Rn. 10; *Soergel*[13]*/Hefermehl,* § 139 Rn. 23; *Flume,* Allg. Teil BGB, Bd. 2, § 32 2 c (S. 573); *Lang,* Teilweise Nichtigkeit, S. 23 m.w.N.; *Nolden,* Restgültigkeit, S. 36; BGH NJW 1962, 912, 913; RGZ 146, 234, 236.

194 Trotzdem muss das Rechtsgeschäft ein einheitliches darstellen und keine Zusammenfassung von selbständigen Rechtsgeschäften; vgl. *Fischer,* Konversion unwirksamer Rechtsgeschäfte, in: FS Wach (1913), S. 186.

Die erste Konstellation ist im vorliegenden Fall ausgeschlossen. Die sittenwidrige Bedingung und die Verfügung bilden das Rechtsgeschäft als Ganzes. Die Bedingung kann jedoch niemals selbst ohne die Verfügung existieren, so dass lediglich die zweite oder dritte Konstellation denkbar sind.

Für die Beurteilung, wann ein „selbständiger Rest“ vorliegt, haben sich bisher keine klaren Kriterien entwickelt. *Hefermehl* sieht dieses Problem im unklaren Wortlaut des Gesetzes begründet: *„Die Schwierigkeit liegt darin, dass § 139 den Begriff der Teilbarkeit voraussetzt, jedoch nicht näher bestimmt.“*[195]

Das allein hindert Literatur und Rechtsprechung üblicherweise nicht daran, eigene Beurteilungskriterien aufzustellen. Allerdings werden hier meist nur Fallbeispiele aufgezählt, bei denen eine Teilbarkeit anzunehmen ist.[196] Da aber die Teilbarkeit von Bedingung und letztwilliger Verfügung stark umstritten ist, hilft die fallorientierte Begründung nicht weiter.

Ergänzend wird versucht, über die Wesentlichkeit der Bestandteile eines Rechtsgeschäfts den „selbständigen Rest“ abstrakt zu bestimmen.[197]

Roth gibt dabei die *„grobe Faustformel“* an die Hand, *„dass eine Teilbarkeit dann möglich ist, wenn der Nichtigkeitsgrund einen* ***unwesentlichen*** *Bestandteil des Rechtsgeschäfts betrifft,“* [198] oder auch, dass *„kein wesentlicher Bestandteil des Rechtsgeschäfts ausgeschieden werden darf.“*[199]

Werden beide Thesen zusammengeführt, so erhält man für die Bestimmung der Teilbarkeit folgenden Ansatz: Teilbarkeit ist dann gegeben, wenn der wesentliche Bestandteil des Rechtsgeschäftes erhalten bleibt und die Nichtigkeit nur den unwesentlichen Teil betrifft.

Ersetzt man die Formulierung „un-/wesentlicher Bestandteil“ durch „un-/selbständig“, dann erhält man eben jene Aussage, die sich bereits in der Selbständigkeit von Rechtsgeschäften verbirgt: Ein selbständiges Rechtsgeschäft

---

195 *Soergel*[13]*/Hefermehl,* § 139 Rn. 23.

196 MünchKomm[5]/*Busche,* § 139 Rn. 24; *Palandt*[70]*/Ellenberger,* § 139 Rn. 10 f.; *Soergel*[13]*/Hefermehl,* § 139 Rn. 26; *Lang,* Teilweise Nichtigkeit, S. 22 f.

197 Für § 2085 BGB (analog) soll die Teilbarkeit gegeben sein, wenn *„der Zusammenhang zwischen den einzelnen Bestandteilen der Verfügung nicht rechtlich zwingend geboten ist.“* Vgl. *Palandt*[70]*/Weidlich,* § 2085 Rn. 5 welcher auf das BGH Urteil vom 16.9.1959 = NJW 1959, 2113, 2114 verweist. Der BGH differenziert in der Entscheidung aber ausdrücklich nicht zwischen § 139 BGB und § 2085 BGB (analog), so dass für die Teilbarkeit nach § 2085 BGB (analog) wohl die gleichen Kriterien gelten, wie auch für § 139 BGB.

198 *Staudinger*[13]*/Roth,* § 139 Rn. 60; vgl. auch RGRK[12]*/Krüger-Nieland/Zöller,* § 139 Rn. 3, 27.

199 *Esch,* Teilnichtige Rechtsgeschäfte, S. 54; vgl. auch *Lappe,* Teilnichtigkeit, S. 16; *Enneccerus/Nipperdey,* Allg. Teil BGB, Halbbd. 2, § 202 1 b (S. 1218); *Nolden,* Restgültigkeit, S. 35; *Richter,* Teilnichtige Rechtsgeschäft, S. 28.

muss erhalten bleiben. Die „Wesentlichkeit der Bestandteile“ ist also nur eine Umformulierung der Theorie vom „selbständigen Rechtsgeschäft“. Selbständigkeit korreliert zwangläufig mit der Wesentlichkeit, differenziert aber nicht weiter.

Weiterführend werden die wesentlichen Bestandteile wie folgt definiert: *„[...] wesentliche Bestandteile eines Rechtsgeschäfts sind alle die Merkmale, die für die Kennzeichnung des rechtlichen Charakters des Rechtsgeschäfts unentbehrlich sind.“*[200] Ob nun selbständig, wesentlich oder unentbehrlich – ein wirkungsvolles Instrumentarium ist damit noch nicht entwickelt.

Entscheidend ist allerdings nicht nur die Selbständigkeit. Unzweifelhaft kann eine Verfügung prinzipiell auch ohne Bedingung existieren. Das Rechtsgeschäft muss sich jedoch derart zerlegen lassen, dass sich der zurückbleibende Teil nur quantitativ, nicht aber qualitativ von dem ursprünglichen Ganzen unterscheidet.[201]

Die entscheidende Frage muss also lauten: Ist die letztwillige Verfügung von der Bedingung abtrennbar, so dass auch nach Abtrennung die Verfügung als selbständige, qualitativ gleichwertige bestehen kann?

c) Teilbarkeit von Bedingung und letztwilliger Verfügung

Mit diesen Vorgaben soll nun untersucht werden, ob die letztwillige Verfügung von der sittenwidrigen Bedingung abtrennbar ist. Die weit überwiegende Ansicht verneint dies.[202] *Henle* formuliert diesen Standpunkt sehr bildhaft: *„Die*

---

200 *Richter,* Teilnichtige Rechtsgeschäft, S. 28.

201 Vgl. *Speckmann,* JZ 1970, 401, 402.

202 *André,* Einfache, zusammengesetzte, verbundene Rechtsgeschäfte, in: FG Enneccerus (1913), S. 24; *Badouvakis,* Fremdbestimmung, S. 195; AnwK-BGB²/*Beck,* § 2074 Rn. 27; *Staudinger¹¹/Coing,* Vor. § 158 Rn. 4, 19; *Palandt⁷⁰/Weidlich,* § 2074 Rn. 5; *Enneccerus/Nipperdey,* Allg. Teil BGB, Halbbd. 2, § 194 I 1 (S. 1185); dt. Erbrechtskommentar²/*Gemmer,* § 2074 Rn. 15; *Gilbert,* Unmoralische Angebote, S. 112; *Haegele,* JurBüro 1969, 1, 1, 6 Fn. 9; *Lang,* Teilweise Nichtigkeit, S. 30, 35 f.; MünchKomm⁵/*Leipold,* § 2074 Rn. 27; *Leipold,* Erbrecht, Rn. 449; jurisPK-BGB⁴/*Lenz,* § 2074 Rn. 33; *Litzenburger,* ZEV 2008, 369, 369, 371; *Soergel¹³/Loritz,* § 2085 Rn. 12, § 2074 Rn. 33; *Lübtow,* Erbrecht, 1. Halbband, S. 350 f.; *Meincke,* Scheidungsklausel, in: FS Kaser (1976), S. 455; *Müller,* Verwirkungsklauseln, S. 191 f.; *Natter,* Teilweise Nichtigkeit, S. 19 f.; Erman¹²/*Schmidt,* § 2074 Rn. 2; *Schmitz,* Beschränkung, S. 48; *Schrenck-Notzing,* Unerlaubte Bedingungen, S. 88; *Damrau/Seiler/Rudolf,* § 2074 Rn. 24; *Spiess,* Unsittliche Bedingungen, S. 60; *Thielmann,* Sittenwidrige Verfügungen, S. 191; **a.A** (für Teilbarkeit) *Baumann,* Verwirkungsklauseln, S. 101; *Binz,* Verwirkungsklausel, S. 60 f.; *Staudinger¹³/Bork,* Rn. Vor. § 158 Rn. 12, 33; *Soergel¹¹/Damrau,* § 2075 Rn. 3, § 2074 Rn. 4; *Staudinger¹²/Dilcher,* Vor. § 158 Rn. 12, 28; *Palandt⁷⁰/Ellenberger,* Einf v § 158 Rn. 11; *Flume,* Allg. Teil BGB, Bd. 2, § 38, 4 c; *Soer-*

Bedingung ist nicht ein lösbarer Teil des Geschäftsinhalts, sondern ist ein Sauerteig, der den ganzen Geschäftsinhalt durchsäuert."[203]

Die Konsequenz dieser Ansicht ist, dass § 139 BGB / § 2085 BGB (analog) nicht anwendbar ist.

Bemerkenswert ist, dass *Schlitt*[204] und *Otte*[205] behaupten, diejenige Meinung sei herrschend bzw. im Vordringen, welche grundsätzlich von einer Teilbarkeit von Bedingung und Verfügung ausgeht. Bei genauer Betrachtung befürwortet zwar der überwiegende Teil im Schrifttum *Ottes* Standpunkt (grundsätzliche Teilbarkeit von Bedingung und Rechtsgeschäft) in Bezug auf Rechtsgeschäfte unter Lebenden,[206] im Erbrecht jedoch vertreten nur sehr wenige die Teilbarkeit von Bedingung und letztwilliger Verfügung.[207] Ein plausibler Grund für diese Differenzierung ist nicht ersichtlich.[208] Die Unterscheidung zwischen Rechtsgeschäften unter Lebenden und solchen von Todes wegen wird zwar vertreten, jedoch nur im Hinblick auf die Gesamtschau der Problematik und – mit einer Ausnahme[209] – nicht bezogen auf die Teilbarkeit.[210]

---

gel[11]*/Knopp,* § 158 Rn. 26; *Lande,* Teilunwirksamkeit, S. 45 f.; *Larenz/Wolf,* Allg. Teil BGB, § 50 Rn. 14; *Natter,* DRiZ 1946, 163, 163, 166; *Staudinger*[13]*/Otte,* § 2084 Rn. 10, § 2085 Rn. 13; *Otte,* JA 1985, 192, 192, 200; *Rodermund,* Vergangenheits- und Gegenwartsbedingungen, S. 42, 100; *Windscheid,* Pandekten, Bd. 1, § 86 (S. 456 f.); *Soergel*[13]*/Wolf,* § 158 Rn. 32.

203 *Henle,* Bürgerliches Recht, S. 276 f.

204 *Schlitt,* Pflichtteilsberechtigte, 69 Fn. 132; *Schlitt,* Testamentsklauseln, Bd. 9, S. 74 Fn. 191; *Schlitt* selbst nimmt aber nicht Stellung zur Teilbarkeit, sondern verweist lediglich auf die ergänzende Auslegung; vgl. S. 70 bzw. S. 75.

205 *Staudinger*[13]*/Otte,* § 2085 Rn. 13.

206 *Staudinger*[13]*/Bork,* Vor. §§ 158 ff. Rn. 12, 33; *Flume,* Allg. Teil BGB, Bd. 2, § 38 4 c; *Rodermund,* Vergangenheits- und Gegenwartsbedingungen, S. 43; **a.A.** *Staudinger*[11]*/Coing,* Vor. § 158 Rn. 4, § 158 Rn. 8; *Rosenthal,* Auflage und Resolutivbedingung, S. 19; wohl auch MünchKomm[5]*/Westermann,* § 158 Rn. 9, 46 welcher die Differenzierung zwischen auflösender und aufschiebender Bedingung bzgl. der Selbständigkeit ablehnt.

207 *Soergel*[11]*/Damrau,* § 2075 Rn. 4; *Staudinger*[13]*/Otte,* § 2084 Rn. 10, § 2085 Rn. 13; wohl auch *Rodermund,* Vergangenheits- und Gegenwartsbedingungen, S. 100.

208 Der historische Gesetzgeber führt hierzu aus: „*Die in der Theorie vertretene Auffassung, jede unter einer auflösenden Bedingung abgegebene Willenserklärung bestehe aus zwei selbständigen Theilen, [...] ist schon in den Mot. 1 § 250 [Allgemeiner Teil] als nicht gerechtfertigt erkannt worden. Das Wesen der auflösenden Bedingung ist aber hier [Erbrecht] kein anderes als bei Rechtsgeschäften unter Lebenden.*" Mot. V, 20 = *Hahn/Mugdan,* Materialien BGB, Bd. 5, S. 11; vgl. auch die Ausführungen auf S. 74 f.

209 *Schmitt,* Erbrecht (1981-1984), S. 674 f; vgl. hierzu auch die Ausführungen auf S. 74 f.

210 Vgl. hierzu auch S. 25 ff.

aa) Der Unterschied in der Bedingungsart

Zunächst soll der Ansatz von *Otte* und anderen Befürwortern der grundsätzlichen Teilbarkeit – und somit der Anwendbarkeit von § 139 BGB/§ 2085 BGB (analog) – näher erörtert werden. Auch die Befürworter dieser Ansicht lassen keine uneingeschränkte Teilbarkeit zwischen sittenwidriger Bedingung und letztwilliger Verfügung zu, sondern differenzieren nach der Art der Bedingung.

Bei einer auflösenden Bedingung soll die letztwillige Verfügung von der Bedingung abteilbar sein, hingegen sei bei einer aufschiebenden Bedingung keine Teilbarkeit anzunehmen.[211] Anders formuliert: Nur für die auflösende Bedingung kann sich nach dieser Ansicht überhaupt die Frage der Teilbarkeit stellen. Die aufschiebende Bedingung lässt sich hingegen von der mit ihr verknüpften Verfügung nicht trennen; für sie ist damit der Weg über § 139 BGB / § 2085 BGB (analog) versperrt.

Bereits das Gesetz unterscheidet zwischen auflösender (Resolutivbedingung) und aufschiebender Bedingung (Suspensivbedingung); vgl. § 158 BGB. Eine aufschiebende Bedingung liegt vor, wenn die Rechtsfolge zunächst nicht, sondern erst mit Eintritt der Bedingung entsteht (§ 158 Abs. 1 BGB).[212]

Hingegen treten bei einem auflösend bedingten Rechtsgeschäft die Rechtsfolgen sofort ein, fallen aber ex nunc mit Eintritt der Bedingung wieder weg (§ 158 Abs. 2 BGB).[213]

---

211 *Soergel*[11]*/Damrau,* § 2075 Rn. 4; *Staudinger*[13]*/Otte,* § 2084 Rn. 10, § 2085 Rn. 13; wohl auch *Rodermund,* Vergangenheits- und Gegenwartsbedingungen, S. 100.

212 Aus diesem Grund will *Adickes* die aufschiebende Bedingung besser als Entstehungsbedingung bezeichnen; vgl. *Adickes,* Bedingungen, S. 36; zustimmend *Staudinger*[11]*/ Coing,* § 158 Rn. 2.

213 Im römischen Recht waren Erbeinsetzungen unter auflösenden Bedingungen nicht wirksam. Der Erbe hat nach dem Grundsatz „*semel heres semper heres*" die Erbschaft erhalten. Vgl. *Meischeider,* letztwillige Verfügungen, S. 100; *Leonhard,* BGB, S. 396. Der Urvater des BGB hielt es deswegen für notwendig einen klarstellenden Satz in das Gesetzeswerk mit aufzunehmen. So lautete § 9 des ersten Erbrechtsentwurfes: „*Jede letztwillige Anordnung kann durch aufschiebende, wie durch auflösende Bedingungen, durch Anfangs – oder End-Termin beschränkt werden*" vgl. Mot. TE v. 1879 S. 2, enthalten in *Schmitt,* Erbrecht (1981-1984),. *Von Schmitt* begründete den ausdrücklichen Hinweis auf die Zulässigkeit von aufschiebender und auflösender Bedingung bei letztwilligen Anordnungen: „*weil dieses Prinzip, insbesondere gegenüber dem gemeinen Recht, eine Neuerung von der größten Tragweite enthält.*" Vgl. Mot. TE v. 1886, S. 19, enthalten in *Schmitt,* Erbrecht (1981-1984).

Die 1. Kommission ist den Vorschlägen *von Schmitts* noch gefolgt (vgl. Mot. I, 249 = *Hahn/Mugdan,* Materialien BGB, Bd. 1, S. 490; Mot. V, 16 f = *Hahn/Mugdan,* Materialien BGB, Bd. 5, S. 9. Die entsprechende Vorschrift des ersten Entwurfes (§ 1760) lautete: „*Einer letztwilligen Verfügung kann eine Bedingung oder eine Zeitbestimmung*

Weil es aber – anders als bei Rechtsgeschäften unter Lebenden – keine Rechtsnachfolge ohne Rechtsträger gibt,[214] muss dies unweigerlich dazu führen, dass die Erbschaft zunächst/anschließend einer anderen Person anfällt.

Bei der aufschiebenden Bedingung ist der eigentlich Bedachte zunächst nicht Erbe, folglich muss jemand anderes vorläufiger Erbe sein.[215] Entsprechendes gilt umgekehrt bei der auflösenden Bedingung.[216]

Es folgt also unweigerlich eine konstruktive Vor-/Nacherbenfolge (mit umgekehrten Vorzeichen je nach Bedingungsart), ohne dass der Erblasser dies anordnen müsste. Beispiel: *„Mein Freund Anton wird nur Erbe, wenn er sein Studium in 10 Semestern schafft."*

In diesem Beispiel ist der Bedachte (Anton) aufschiebend bedingter Nacherbe, hingegen sind die unbenannten gesetzlichen Erben auflösend bedingte Vorerben.[217] Eine entsprechende auflösende Bedingung dreht lediglich die „Vorzeichen" um, so dass Anton auflösend bedingter Vorerbe wäre und die „anderen" aufschiebend bedingte Nacherben.

Demzufolge ist im Erbrecht jede aufschiebende Bedingung zugleich auch eine auflösende Bedingung. Die Terminologie wechselt lediglich mit der Sichtweise. Aus Sicht Antons handelt es sich um eine aufschiebende Bedingung, hingegen werden die gesetzlichen Erben von einer auflösenden Bedingung beeinträchtigt. Die prägende Perspektive verleiht der Bedingung ihre Zuordnung. So handelt es sich im obigen Beispiel unbestritten um eine aufschiebende Bedingung. Entscheidend wäre demnach die Perspektive des Bedachten. In den meisten Fällen ist die prägende Sichtweise unproblematisch festzustellen; allerdings lässt sich bereits an dieser Stelle zweifeln, ob eine Rechtsfolgendifferenzierung nach Art der Bedingung statthaft ist. Ein auflösend bedingtes Rechtsgeschäft

---

beigefügt werden". Die 2. Kommission hingegen erkannte den Satz zwar für richtig, strich ihn aber als überflüssig; vgl. Protokolle der Kommission für die zweite Lesung des Entwurfs des Bürgerlichen Gesetzbuchs, V, S. 11 = Prot. V S. 11.

214 Zur Vermeidung von Herrenlosigkeit; vgl. auch *Hausmann*, in: Hausmann/Hohloch, Kap. 1 Rn. 30; MünchKomm[5]/*Leipold,* § 1942 Rn. 2, § 2074 Rn. 13.

215 Mangels abweichender Bestimmungen des Erblassers sind in dem Fall die gesetzlichen Erben als Vorerben eingesetzt (§ 2105 BGB).

216 Mangels anderer Bestimmung wiederum die gesetzlichen Erben (§ 2104 BGB).

217 Die gängige Terminologie von aufschiebend/auflösend bedingter Nacherbenstellung und entsprechender Vorerbenstellung ist jedoch an sich falsch. Die Nacherbenstellung beinhaltet bereits, dass ein Ereignis (oder Zeitpunkt) eintritt (vgl. § 2106 Abs. 1 BGB), folglich ist jede Nacherbenstellung von vornherein eine bedingte, ebenso die Vorerbenstellung. Die Bezeichnung als aufschiebend bedingte Nacherbenstellung ist eine unnötige Verdoppelung; vgl. hierzu *Wilhelm,* NJW 1990, 2857 ff., insbesondere S. 2860 f. Um aber die Ausführungen nicht unnötig zu verkomplizieren, wird die gebräuchliche Terminologie zu Grunde gelegt.

soll teilbar sein, aus anderer Perspektive betrachtet allerdings wäre ein und dasselbe Rechtsgeschäft ein aufschiebend bedingtes und damit unteilbar.

Eine Differenzierung nach der Bedingungsart bedeutet im Ergebnis nichts anderes als eine Differenzierung nach der Sichtweise. Warum diese Einfluss auf die Teilbarkeit eines Rechtsgeschäfts haben soll, ist nicht ersichtlich.[218]

bb) Ermittlung der Bedingungsart

Nicht nur die Perspektive für die Bedingungsart muss ermittelt werden, sondern auch die Bedingungsart selbst. So ist einem Rechtsgeschäft nicht immer zu entnehmen, ob eine aufschiebende oder auflösende Bedingung gesetzt wurde (aus Sicht der prägenden Perspektive). Diese Schwierigkeit zu überwinden gilt es insbesondere bei einseitigen letztwilligen Verfügungen, da dort der Erklärende nicht mehr befragt werden kann.

Deswegen soll vorrangig mittels Auslegung die Bedingungsart ermittelt werden.[219] Zentrale Frage ist dabei, ob der Rechtserfolg erst mit Verwirklichung der Bedingung eintreten soll (aufschiebende Bedingung) oder ob er sofort eintreten und nur mit Vereitelung der Bedingung wieder wegfallen soll (auflösende Bedingung).[220]

Unklar ist jedoch die weitere Vorgehensweise, wenn die Auslegung zu keinem eindeutigen Ergebnis führt. Helfen kann eventuell der grammatikalische Aufbau der Bedingung. So soll unterschieden werden, *„ob 'nicht' zu 'wenn' gehört oder zum Prädikat; im ersteren Falle sei eine Resolutiv- im letzteren eine Suspensivbedingung anzunehmen."*[221] Beispiel:

- negative Suspensivbedingung (aufschiebende):
  „Mein Sohn wird Erbe, wenn er nicht heiratet."
- positive Resolutivbedingung (auflösende):
  „Mein Sohn wird nicht Erbe, wenn er heiratet."[222]

218 So auch *Schrenck-Notzing,* Unerlaubte Bedingungen, S. 90.

219 *Staudinger*[13]*/Bork,* § 158 Rn. 5; *Palandt*[70]*/Ellenberger,* Einf v § 158 Rn. 1; *Enneccerus/Nipperdey,* Allg. Teil BGB, Halbbd. 2, § 194 III 3 (S. 1189); *Soergel*[13]*/Wolf,* § 158 Rn. 4; Mot. I, 251 = *Hahn/Mugdan,* Materialien BGB, Bd. 1, S. 492.

220 Vgl. u.a. *Henle,* Bürgerliches Recht, S. 291.

221 *Kohler,* Die Resolutivbedingung, S. 3; *Unger,* Österreichische Privatrecht, Bd. 2, S. 65 Anm. 29.

222 Eine auflösende Bedingung setzt voraus, dass in dem Fall der Sohn als Erbe zunächst eingesetzt wird und erst bei Bedingungseintritt wieder die Erbenstellung verliert; entsprechend müsste es richtig heißen:
1. „Mein Sohn wird Erbe"
2. „Mein Sohn wird nicht Erbe, wenn er heiratet."

Die Satzbeziehungen sind im Deutschen jedoch nicht immer leicht feststellbar. Das hat zur Folge, dass von einem durchschnittlichen Erblasser keine exakte grammatikalische Verwendung vorausgesetzt werden kann. Der grammatikalische Aufbau dient somit allenfalls als Hinweis bei der Wortlautauslegung, jedoch keinesfalls als Zweifelsregelung.[223]

Eine tatsächliche Zweifelsregelung stellt *Enneccerus* auf – hiernach soll im Zweifel eine aufschiebende Bedingung vorliegen, *„denn bei der Resolutivbedingung wird das Geschäft während des Schwebezustandes einstweilen schon wirksam, und eine solche einstweilige Wirksamkeit darf [im Gegensatz zur aufschiebenden Bedingung; Anm. des Verfassers] nur angenommen werden, wenn erkennbar ist, daß sie beabsichtigt war."*[224] Demgegenüber wurde im gemeinen Recht genau andersherum im Zweifel eine auflösende Bedingung angenommen.[225]

Das BGB hingegen stellt bewusst – abgesehen von Ausnahmen – keine allgemeine Zweifelsregelung auf.[226] Für das Erbrecht ist eine solche Ausnahmevorschrift der § 2075 BGB. Dieser besagt, dass letztwillige Zuwendungen, welche unter einer unbefristeten Potestativbedingung stehen, im Zweifel[227] als auflösend bedingte gelten sollen.

So wäre obiges Beispiel (*„Mein Sohn wird Erbe, wenn er nicht heiratet."*) im Zweifel eine auflösende Bedingung. Würde diese Bedingung als aufschiebend behandelt, so käme der Bedachte zu Lebzeiten nie in den Genuss der Erbschaft, da bis zu seinem eigenem Tode die Bedingung noch ausfallen/eintreten könnte.

Falls aber keine Potestativbedingung vorliegt oder aber die Erfüllung auf einen bestimmten Zeitraum beschränkt ist, so findet § 2075 BGB keine Anwen-

---

223 Ähnlich auch *Kohler,* Die Resolutivbedingung, S. 3.

224 *Enneccerus/Nipperdey,* Allg. Teil BGB, Halbbd. 2, § 194 III 3 (S. 1189); zustimmend: *Soergel*[13]*/Wolf,* § 158 Rn. 4; *Soergel*[11]*/Knopp,* § 158 Rn. 2; mit ähnlicher Begründung: *Leonhard,* BGB, S. 397 Anm. 4; **a.A.** *Staudinger*[13]*/Bork,* § 158 Rn. 4; *Staudinger*[11]*/ Coing,* § 158 Rn. 3.

225 Nachweise bei *Thibaut,* Civilistische Abhandlungen, S. 378.

226 Mot. I 251 = *Hahn/Mugdan,* Materialien BGB, Bd. 1, S.492.

227 Nach h.M. handelt es sich um eine Zweifelsregelung: MünchKomm[5]/*Leipold,* § 2075 Rn. 1; *Soergel*[13]*/Loritz,* § 2075 Rn. 1; *Staudinger*[13]*/Otte,* § 2075 Rn. 1; **a.A.** wohl *Kipp/Coing,* Erbrecht, § 23 III; Erman[12]/*Schmidt,* § 2075 Rn. 1; *Tuhr,* Allg. Teil BGB, 2, 2.Hälfte, S. 275. Die Motive (Mot. V 29 = *Hahn/Mugdan,* Materialien BGB, Bd. 5,S. 15) sind insoweit eindeutig, als sie von *„Zweifelsfall"*, *„in der Regel"* und *„Auslegungsregel"* sprechen; jedoch wird in einem anderen Satz – widersprüchlich – von *„umzudeuten"* gesprochen, so dass wohl hieraus die Gegenmeinung ihre Begründung ableitet. Dem Willen des Erblassers ist aber zu folgen, so dass nicht gegen seinen Willen eine aufschiebende Bedingung in eine auflösende umgedeutet werden kann.

dung und das Problem des Zweifels besteht nach wie vor. Die Auslegung muss demzufolge zu einem eindeutigen Ergebnis gelangen, auch wenn dieses auf unsicherer Grundlage steht. Auch aus diesem Grunde könnte man die Differenzierung zwischen auflösender und aufschiebender Bedingung bezüglich der Teilbarkeit ablehnen, denn wenn eine so weitreichende Entscheidung auf keiner fundierten Willensermittlung basiert, dann sollte doch zumindest die entscheidende Rechtsfolgenproblematik nicht davon abhängig sein.[228]

cc) Aufschiebende Bedingung und Untrennbarkeit

Bevor nun auf die strittige auflösende Bedingung eingegangen wird, soll die unstrittige Behandlung der aufschiebenden Bedingung erörtert werden.[229]

Die Untrennbarkeit von aufschiebender Bedingung und letztwilliger Verfügung ergibt sich aus den unterschiedlichen Voraussetzungen von unbedingten und aufschiebend bedingten Rechtsgeschäften.[230]

Das aufschiebend bedingte Rechtsgeschäft ist im Typus des Tatbestandes und der Rechtsfolge verschieden vom unbedingten Rechtsgeschäft. *Flume* spricht von einem *„Mehr"* zum unbedingten Rechtsgeschäft.[231] Neben den „normalen" Tatbestandsmerkmalen, welche auch das unbedingte Rechtsgeschäft voraussetzt (z.B. im Erbrecht: Testierfähigkeit, eigenhändige Niederschrift und Unterschrift), kommt für das aufschiebend bedingte Rechtsgeschäft noch der Bedingungseintritt als weiteres Tatbestandsmerkmal hinzu.

Demzufolge muss auch der auf ein aufschiebend bedingtes Rechtsgeschäft gerichtete Wille ein Tatbestandsmerkmal mehr umfassen. Die Konsequenz hieraus ist, dass jener Wille eine andere Qualität hat, als der auf ein unbedingtes Rechtsgeschäft gerichtete.

Aus der Wesensverschiedenheit folgt die Untrennbarkeit. Wird vom aufschiebend bedingten Rechtsgeschäft die Bedingung abgetrennt, so wäre der tragende Wille elementar beschnitten. Es bliebe dann kein unbedingtes Rechtsgeschäft als Folge übrig, sondern ein verstümmeltes aufschiebend bedingtes.

---

228 So auch *Badouvakis,* Fremdbestimmung, S. 195; ähnlich auch *Litzenburger,* ZEV 2008, 369, 370, welcher anstatt die Bedingungsart zu erforschen, gleich den Willen zur Fortgeltung der Zuwendung untersuchen will. Der gängige Weg *„erweist sich [...] als Umweg."*.

229 Das Ergebnis für die aufschiebende Bedingung ist so unstrittig, dass eine Begründung von der Literatur nie gegeben wird.

230 Vgl. auch *Jahr,* AcP 168 (1968), 9, 20 ff.

231 *Flume*, Allg. Teil BGB, Bd. 2, § 38 4 c (S. 692).

dd) Auflösende Bedingung und Untrennbarkeit

Demgegenüber sieht zumindest ein Teil der Literatur die auflösende Bedingung in einem anderen Licht und nimmt unter gewissen Umständen eine Teilbarkeit an. Unter diesen Befürwortern der Teilbarkeit lassen sich gegenwärtig noch einmal zwei verschiedene Argumentationsansätze voneinander unterschieden.

Nach einer Ansicht wollte bei einer auflösenden Bedingung der Erblasser zunächst einmal den Rechtserfolg (auch wenn der Erfolg später wieder wegfallen soll), so dass daraus eine Teilbarkeit resultiert, *„ohne dass dem Willen des Erklärenden Gewalt angetan würde“*[232]. Bei einer aufschiebenden Bedingung wollte hingegen der Erklärenden von vornherein nur den Rechtserfolg im Falle des Bedingungseintritts.

Diese Ansicht argumentiert mit dem Willen des Erblassers und damit, dass die Abtrennung des „nicht-wollen-bei-Bedingungseintritt“ ebenfalls von seinem Willen getragen wird.

Die andere Ansicht meint, dass die aufschiebende Bedingung *„ein integrierender Teil der Willenserklärung sei, während die auflösende Bedingung als Gegenstand einer neben der Hauptwillenserklärung bestehenden Nebenwillenserklärung verstanden wurde“* und nach wie vor wird.[233] Diese Ansicht argumentiert mit dem Wesen der Bedingung, mit ihren Tatbestandsmerkmalen und Rechtsfolgen.

(1) Teilbarkeit durch rechtsgeschäftliche Bestandteilsanalyse

Zunächst wenden wir uns der zweiten Ansicht zu, welche vordergründig dogmatisch argumentiert.

Für die neuere Lehre war wohl *Flume* der Vorreiter – mit wenigen Sätzen stellt er klar, dass die h.M. des 19. Jahrhunderts dieser Ansicht war und dies für das gegenwärtige Recht weiter gelten müsse.[234] Die Literatur schloss sich dem größtenteils an, ohne näher darauf einzugehen.[235]

---

232 *Staudinger*[13]*/Otte*, § 2085 Rn. 14; vgl. auch *Staudinger*[13]*/Bork*, Vor. §§ 158 ff. Rn. 12; *Everts*, in: Hausmann/Hohloch, Kap. 10 Rn. 83.

233 *Flume*, Allg. Teil BGB, Bd. 2, § 38 4 c; *Larenz/Wolf*, Allg. Teil BGB, § 50 Rn. 14.

234 *Flume*, Allg. Teil BGB, Bd. 2, § 38 4 c (S. 691); bereits in der ersten Auflage (1965) hat *Flume* wortgleich gegenwärtigen Standpunkt vertreten. *Flume* war zwar nicht der Erste, welcher nach Einführung des BGB eine Teilbarkeitsdifferenzierung der Bedingungsarten propagierte (vgl. z.B. *Natter*, DRiZ 1946, 163, 166), jedoch hat seine Meinung repräsentative Kraft bis heute bewahrt und darüber hinaus die damalige Literaturansicht grundlegend verändert. Bestes Beispiel hierfür ist die chronologische Entwicklung des Staudinger-Kommentars: Noch in der 10. Aufl. (1936) wurden unerlaubte und unsittliche Bedingungen wie folgt behandelt: *„sei sie [die Bedingung] eine aufschiebende oder*

Um die Bedeutung der Worte *Flumes* zu klären, bedarf es der Aufarbeitung eines bereits fast vergessenen historischen Streits. Es geht um die Rechtsnatur der Bedingung und insbesondere um das Wesen und die Wirkung der auflösenden Bedingung. Seit jeher bereitet die auflösende Bedingung in ihrer dogmatischen Einordnung Probleme. Dies beruht darauf, dass die Rechtsfolge, bei Bedingungseintritt, in der Wiederherstellung des ursprünglichen rechtlichen Zustandes besteht.

Ein Blick in die Vergangenheit zeigt uns, dass das römische Recht die auflösende Bedingung gar nicht als eingeständige Rechtsfigur anerkannt hat.[236] Anhand dieser römischen Quellen begründete *Thibaut* seine dogmatische Einordnung der auflösenden Bedingung und bereitete damit den Weg für die herrschende Rechtslehre des 19. Jahrhunderts.[237] Nach deren Ansicht und den historischen Quellen besteht das auflösend bedingte Rechtsgeschäft aus zwei nebeneinander stehenden Willenserklärungen: einer unbedingten Hauptwillenserklärung und einer aufschiebend bedingten Nebenwillenserklärung, welche auf die Wiederaufhebung (Wegfall) der Wirkungen der Hauptwillenserklärung gerichtet ist.[238]

Zur anschaulichen Erläuterung soll bereits obiges bekanntes Beispiel dienen:

- **aufschiebend** bedingte letztwillige Verfügung:
  „Mein Sohn wird Erbe, wenn er nicht heiratet."

---

eine auflösende, einen wesentlichen und untrennbaren Bestandteil der Willenserklärung bildet (aber nicht etwa einen „Teil des Rechtsgeschäftes" im Sinne des § 139; [...] bei letztwilligen Verfügungen sind unerlaubte und unsittliche Bedingungen nach BGB. nicht anders zu behandeln."; *Staudinger*[10]*/Riezler,* Vor. §§ 158 ff., Rn. 19. Auch in der 11. Aufl. (1957) wurde selbige Ansicht vertreten; *Staudinger*[11]*/Coing,* Vor. §§ 158 ff., Rn. 19. Als dann 1965 die erste Auflage von Flumes Allgemeiner Teil des Bürgerlichen Rechts veröffentlicht wurde hat sich die nächste Auflage des Staudinger-Kommentars insoweit geändert: Die 12. Aufl. (1980) übernimmt Flumes Ansicht und zitiert ihn entsprechend: „*Gegenüber der gesetzlichen Gleichstellung beider Arten in § 158 betont jedoch Flume (§ 38, 2 a) mit Recht deren Unterschiedlichkeit...*"; *Staudinger*[12]*/Dilcher,* Vor. §§ 158 ff., Rn. 12, 28, 37.

235 *Staudinger*[12]*/Dilcher,* Vor. §§ 158 ff. Rn. 12, 28; *Jahr,* AcP 168 (1968), 9, 21; *Keuk,* FamRZ 1972, 9, 15 f.; *Larenz/Wolf,* Allg. Teil BGB, § 50 Rn. 14.

236 *Dernburg,* Pandekten, Bd. 1, S. 248 Anm. 8; *Jahr,* AcP 168 (1968), 9, 20; ausführlich hierzu *Flume,* Die Aufhebungsabreden beim Kauf, in: FS Kaser (1976), S. 309 ff.; kritisch zu dieser römischen Quelleninterpretation: *Wendt,* bedingten Rechtsgeschäft, S. 2 f.

237 *Arndts,* Pandekten, § 67 Anm. 2 (S. 96) u. § 70 (S. 100); *Dernburg,* Pandekten, Bd. 1, S. 248; *Kohler,* Die Resolutivbedingung, S. 2; *Windscheid,* Pandekten, Bd. 1, § 86 Anm. 6 (S. 455).

238 *Windscheid,* Pandekten, Bd. 1, § 86 Anm. 6 mit zahlreichen Nachweisen.

- **auflösend** bedingte letztwillige Verfügung:
  1. unbedingte Hauptwillenserklärung: *„Mein Sohn wird Erbe,"*
  2. aufschiebend bedingte Nebenwillenserklärung: *„mein Sohn wird nicht Erbe, wenn er heiratet."*

Demzufolge soll sowohl die aufschiebende als auch die auflösende Bedingung etwas hinausschieben: die aufschiebende Bedingung den Eintritt der Rechtsfolge, die auflösende Bedingung die Vernichtung der zunächst eingetretenen Rechtsfolge. *Thibaut* formulierte obige Aussage mit folgenden Worten: *„Wie diese nämlich das erste Hingeben verschiebt, so verschiebt jene das Zurückgeben. Die aufschiebende bringt also das Hauptgeschäft ins Schweben; die auflösende hingegen nicht das Hauptgeschäft, sondern die demselben angehängte Nebenabredung des Rückfalls."*[239]

Es gibt nach dieser Argumentation per se keine auflösende Bedingung, sondern jedes auflösend bedingte Rechtsgeschäft besteht aus zwei Tatbeständen: dem Tatbestand des unbedingten und dem Tatbestand des aufschiebend bedingten Rechtsgeschäftes, welches gegenüber dem unbedingten als *„Gegengeschäft"*[240] wirkt. Nur die Konstruktion aus beiden Tatbeständen bezeichnen wir als auflösende Bedingung.

Die Hauptwillenserklärung: *„Mein Sohn wird Erbe"* ist dabei ein vollständiges Rechtsgeschäft, es ist weder bedingt, noch sonst wie an die Nebenwillenserklärung gekoppelt. *„Sie berühren sich nur insofern, als sie auf denselben Gegenstand gerichtet sind."*[241] Untersucht man nun die Teilbarkeit der einzelnen Bestandteile, so zeichnet sich unter Zugrundelegung vorstehend erörterter Definition[242] folgendes Bild ab:

Das gesamte Rechtsgeschäft lässt sich quantitativ in zwei Teile trennen (Haupt- und Nebenwillenserklärung). Jedoch kann lediglich die Hauptwillenserklärung als vollständiges und unbedingtes Rechtsgeschäft nach der Trennung weiterhin existieren. Sie enthält alle erforderlichen Merkmale und ist weder bedingt noch anderweitig beschränkt.

Demgegenüber fällt die abgetrennte Nebenwillenserklärung – als aufschiebende Bedingung – ersatzlos weg. Sie ist wie eine originäre aufschiebend bedingte Willenserklärung zu behandeln, so dass sie mangels Teilbarkeit in ihrer Gänze unwirksam ist.[243]

---

239 *Thibaut,* Civilistische Abhandlungen, S. 361.

240 *Jahr,* AcP 168 (1968), 9, 23.

241 *Schmitt,* Erbrecht (1981-1984), S. 95.

242 Vgl. Nachweise in Fn. 193.

243 Für die aufschiebende Nebenwillenserklärung gelten somit die Ausführungen auf S. 66.

Übrig bleibt nach Subtraktion der Nebenwillenserklärung die Zuwendung: *„Mein Sohn wird Erbe“* – und zwar bedingungslos. Ein auflösend bedingtes Rechtsgeschäft ist demnach teilbar, so dass die Bedingung als abtrennbarer Bestandteil wegfällt und nur der Rest übrig und erhalten bleibt.

Gegenüber dieser Ansicht, *„welche die Einheitlichkeit des bedingten Rechtsgeschäftes bei der auflösenden Bedingung plötzlich und willkürlich zerreißt, [...]“*[244] sieht die **Gegenmeinung** in der auflösenden Bedingung keine abtrennbare Nebenwillenserklärung, sondern einen integrierenden[245] Bestandteil der ganzen rechtsgeschäftlichen Regelung.[246]

So soll weder die auflösende Bedingung noch die aufschiebende Bedingung etwas hinausschieben. *“Dagegen ist in beiden Fällen etwas in suspenso, im ersten Fall die Existenz, im zweiten Fall die Nichtexistenz des Rechtsgeschäftes.“*[247] Folglich wäre die auflösende Bedingung gar keine Kombination aus unbedingter Hauptwillenserklärung und aufschiebend bedingter Nebenwillenserklärung, sondern eine einheitliche Willenserklärung, welche den Wegfall der Rechtsfolge in der Schwebe hält.

In selbige Richtung geht auch der erste Argumentationsansatz von *Windscheid*[248]: *„So wenig, wie die Formel für die aufschiebende Bedingung ist: 1) ich will 2) wenn - , sondern: ich will, wenn - , so wenig ist die Formel für die auflösende: 1) ich will 2) ich will aber nicht, wenn -, sondern: ich will, wenn nicht -.“*[249] *Windscheid* bemerkt dabei selbst, dass „seine“ auflösende Bedingung den gleichen Wortlaut einer negativen Suspensivbedingung hat. Im Ergebnis hat er Recht, denn auch bei der auflösenden Bedingung will der Erklärende nur die Rechtsfolge, wenn die Bedingung (nicht) eintritt *(ich will, wenn nicht...).* Das Wesensmerkmal einer auflösenden Bedingung ist aber gerade, dass die Rechtsfolge zunächst eintreten soll, deswegen muss zwangsläufig die erste Feststellung heißen: 1) *ich will* und erst im nächsten Schritt: 2) *ich will doch nicht, wenn...*

---

244 *Henle,* Bürgerliches Recht, S. 289.

245 Besonders in älteren Schriften wird von „inhärierend“ gesprochen (*Unger,* Österreichische Privatrecht, Bd. 2, S. 65 Anm. 30), was jedoch gleichbedeutend mit anhaftend oder anhängend ist und somit die Unteilbarkeit von Bedingung und Rechtsgeschäft nur schwer verdeutlicht. Besser ist es, die Bedingung als integrierenden Bestandteil zu bezeichnen, denn hiermit wird die Notwendigkeit der Zugehörigkeit zum Ganzen besser ausgedrückt.

246 *Endemann,* BGB-Allg. Teil, Bd. 1, S. 326 Anm. 6 u. S. 327; *Henle,* Bürgerliches Recht, S. 289; *Lang,* Teilweise Nichtigkeit, S. 30; *Unger,* Österreichische Privatrecht, Bd. 2, S. 65 Anm. 30; *Wendt,* Pandekten, 136; *Windscheid,* Erfüllte Bedingung, S. 24.

247 *Unger,* Österreichische Privatrecht, Bd. 2, S. 65.

248 *Windscheid* änderte seine Meinung später und hat sich *Thibaut* angeschlossen; vgl. *Windscheid,* Pandekten, Bd. 1, S. 194 Anm. 6.

249 *Windscheid,* Erfüllte Bedingung, S. 24.

Die zweiteilige auf das römische Recht zurückgehende Konstruktion ist an sich schlüssig und erklärt das Wesen der auflösenden Bedingung in seiner Gänze; dennoch darf hieraus nicht der falsche Schluss gezogen werden, dass die zwei Tatbestände voneinander abtrennbar sind. Das mag zwar aus dogmatischen Gesichtspunkten, wie z.B. aufgrund der vollständigen und damit selbständigen Hauptwillenserklärung einleuchten, dennoch wird mit dieser Annahme der entscheidende Aspekt aus den Augen verloren.

Bereits auf S. 60 war die Definition der Teilbarkeit dahingehend ergänzt worden, dass das Rechtsgeschäft sich quantitativ teilen lassen muss, der übrig bleibende Rest sich aber qualitativ nicht von dem ursprünglichen Ganzen unterscheiden darf.

Genau dies ist aber das Problem, wenn man eine Teilbarkeit des auflösend bedingten Rechtsgeschäftes annimmt. Qualitativ bildet ein einziger bedingter Gedanke das Fundament eines auflösend bedingten Rechtsgeschäftes.

Trennt man nun die Konstruktion auf und extrahiert die aufschiebend bedingte Nebenwillenserklärung, so bleibt zwar quantitativ eine unbedingte Hauptwillenserklärung übrig, doch diese ist sinnnotwendig qualitativ etwas anderes als das ursprüngliche bedingte Rechtsgeschäft.[250]

Eine noch bessere Erklärung bietet die Untersuchung des rechtlichen Wollens.[251] Die Teilung der aufschiebenden Nebenwillenserklärung von der unbedingten Hauptwillenserklärung setzt voraus, dass der Wille des Erklärenden auch von Anfang an eine unbedingte Hauptwillenserklärung trägt. Bei der aufschiebenden Bedingung will unstrittig der Erklärende den Rechtserfolg mit Bedingungseintritt. Für eine auflösende Bedingung lässt sich aber nicht sagen, dass der Erklärende den Rechtserfolg ohne Vorbehalt zunächst unbedingt wollte.[252] Er *„hat eben von Anfang an nur den Willen gehabt, sich bedingt zu verpflichten, nicht aber hat er sich zunächst unbedingt verpflichten wollen und dann erst durch einen neuen Willensakt die Verpflichtung zu einer bloß bedingten gleich-*

250 So wohl auch *Lübtow,* Erbrecht, 1. Halbband, S. 352; *Thielmann,* Sittenwidrige Verfügungen, S. 191; **a.A.** *Larenz/Wolf,* Allg. Teil BGB, § 50 Rn. 14.

251 Auf S. 52 f. wurde es zwar abgelehnt, die Teilbarkeit nach subjektiven Kriterien zu ermitteln. Der Wille des Erklärenden soll erst auf der Rechtsfolgenseite zum Tragen kommen. Das ist auch nach wie vor richtig, denn die Teilbarkeit wird nicht vom Erklärenden entschieden. Jedoch kann durchaus vom Willen des Erklärenden abhängig gemacht werden, ob er ein unbedingtes Rechtsgeschäft von Anfang an wollte, oder aber ob auch ein auflösend bedingtes Rechtsgeschäft von der Bedingung abhängig sein und bleiben sollte. Das ist keine Frage der Teilbarkeit oder der Rechtsfolge, sonder eine Frage des Wesens der auflösenden Bedingung.

252 Vgl. auch *Litzenburger,* ZEV 2008, 369, 371; *Rosenthal,* Auflage und Resolutivbedingung, S. 20.

sam heruntergestimmt.“[253] Die aufschiebend bedingte Nebenabrede gehört untrennbar zur Hauptwillenserklärung dazu, wie auch die einzelnen Tatbestandsmerkmale innerhalb der jeweiligen Erklärung.

Es besteht demnach kein Widerspruch, wenn zum einen die zweiteilige Konstruktion der auflösenden Bedingung angenommen wird, jedoch die beiden Teile nicht voneinander trennbar sind. Bei der aufschiebenden Willenserklärung wird demnach ein Gedanke geäußert, hingegen bei der auflösenden Bedingung zwei Gedanken, die aber von vornherein untrennbar sind.[254]

Richtigerweise müsste man unter diesen Umständen die Einordnung des zweiten Gedankens als Nebenwillenserklärung überdenken. Eine Nebenbestimmung ist nur eine solche, die neben der Hauptbestimmung hergeht, ohne diese in ihrem Wesen zu berühren.[255] Nach dem zuvor Gesagten berührt aber die so genannte Nebenbestimmung das Rechtsgeschäft in seiner Gänze und zwar so stark, dass eine Abtrennung keinesfalls möglich ist. Ob es nun eine untrennbare Nebenwillenserklärung ist oder ein untrennbarer Annex zur Hauptwillenserklärung – die Konstruktion ist an sich schlüssig und die terminologische Einordnung nebensächlich.

Die Sichtweise des Gesetzgebers

Auch der Gesetzgeber hat die Problematik der möglichen Differenzierung zwischen auflösender und aufschiebender Bedingung erkannt und in den entsprechenden Protokollen und Motiven wiedergegeben.

Weil aber selbst unter den Vätern des BGB diese Problematik strittig war, bedurfte es einiger Zeit bis eine einheitliche Linie gefunden wurde. Für die Rechtsfolgen sittenwidriger bedingter letztwilliger Verfügungen sah zunächst der Erbrechtsentwurf von *Schmitt* eine eigene Norm vor, welche in § 12 Erbr.E Einzug hielt:[256] *„Der Wegfall einer Zuwendung gilt als nicht angeordnet, wenn derselbe von einer widersinnigen oder von einer Bedingung abhängig gemacht ist, welche den guten Sitten oder der öffentlichen Ordnung widerspricht. Für*

---

253 *Fitting,* AcP 39 (1856), 305, 307; mit ähnlicher Argumentation: *Radke,* Bedingungsrecht, S. 92, 101.

254 Vgl. *André,* Einfache, zusammengesetzte, verbundene Rechtsgeschäfte, in: FG Enneccerus (1913), S. 24; *Leonhard,* BGB, S. 399; derselben Ansicht ist wohl auch *Enneccerus,* welcher ebenfalls mit der h.M. des 19. Jhd. in der auflösenden Bedingung eine Konstruktion aus unbedingter Hauptwillenserklärung und aufschiebend bedingter Nebenwillenserklärung sieht (*Enneccerus/Nipperdey,* Allg. Teil BGB, Halbbd. 2, § 194 III (S. 1187) Fn. 14), aber dennoch in Bedingung und Rechtsgeschäft ein untrennbares Ganzes erblickt (§ 194 I 1 (S. 1185)).

255 Vgl. *Fitting,* AcP 39 (1856), 305, 308.

256 Zu dem Erbrechtsentwurf vgl. S. 28 f. und *Karow,* Sittenwidrigkeit, S. 17 ff.

Zuwendungen, welche von einer Bedingung solcher Art abhängig gemacht sind, gelten die für Rechtsgeschäfte unter Lebenden maßgebenden Vorschriften.“

Der Wortlaut lässt auf keine Differenzierung zwischen auflösender und aufschiebender Bedingung schließen – die Bedingungsarten werden noch nicht einmal genannt. *Von Schmitt* ging aber – zumindest bei seinem ersten Entwurf (1879) – davon aus, dass der Gesetzgeber im Allgemeinen Teil des BGB eine entsprechende Differenzierung vornimmt.[257] Durch den Verweis des § 12 Abs. 2 Erb.E auf den allgemeinen Teil sollte diese dann auch Einzug ins Erbrecht halten.

Von Schmitt war selbst von der Abtrennbarkeit der auflösenden Bedingung überzeugt und folgte damit der damals herrschenden Meinung.[258] Weil er aber der Kommission wohl insgeheim misstraute, fügte er noch folgenden Satz seinen Motiven bei: *„Dagegen sind, wenn im allgemeinen Theil der Grundsatz ‚negot sub cond. resolvitur' keine Annahme finden sollte, modifizierende Vorschriften für den Fall erforderlich, daß unzulässige, d.h. unerlaubte oder perplexe Bedingungen einer auflösenden Willenserklärung zugefügt sind,“* und das Misstrauen diesbezüglich war, wie sich später herausstellte, berechtigt.

Zwischen 1881 und 1886 befasste sich zunächst die Kommission mit den ersten vier Büchern des BGB, so dass *von Schmitt* deren Ergebnisse in seinen zweiten Entwurf noch einarbeiten konnte.

In der Beratung über das erste Buch des BGB ging die Kommission bereits auf die Rechtsnatur der auflösenden Bedingung ein, jedoch mit überraschendem Ausgang. Die Motive und Protokolle geben den Disput wieder, dabei werden die zwei streitenden Literaturansichten über die auflösende Bedingung kurz erläutert. Anschließend heißt es: *„Welche dieser Auffassungen rechtsphilosophisch den Vorzug verdient, darf dahin gestellt bleiben. Jedenfalls kann auch bei Annahme einer unbedingten Haupt- und einer bedingten Nebenwillenserklärung das Verhältnis dieser beiden Willenserklärungen zu einander nicht als das zweier trennbarer, verschiedenen Schicksalen unterliegender Rechtsgeschäfte betrachtet werden, und damit verliert die Meinungsverschiedenheit ihre praktische Bedeutung.“*[259] Weiterhin wird auf den grundsätzlichen Standpunkt des BGB hingewiesen, *„dass die auflösende Bedingung einen* ***wesentlichen und untrennbaren Bestandteil*** *des Gesamtinhalts der Willenserklärung bildet“*[260]. Ausdrücklich wurde dann noch im ersten Entwurf die aufschiebende unverständliche oder widersinnige Bedingung der entsprechenden auflösenden Bedin-

---

257 Der Entwurf zum Allgemeinen Teil enthielt auch eine derartige Bestimmung in § 151 Abs. 1.

258 Mot. TE v. 1879, S. 94 ff. (S. 210 ff.); vgl. Fn. 74.

259 Mot. I, 251 = *Hahn/Mugdan,* Materialien BGB, Bd. 1, S. 491.

260 Mot. I, 251 = *Hahn/Mugdan,* Materialien BGB, Bd. 1, S. 491.

gung gleichgestellt und die Untrennbarkeit noch mal mit Verweis auf obiges Zitat klargestellt.[261]

Diese Ausführungen veranlassten *von Schmitt*, in seinem zweiten Entwurf von 1886 erneut Stellung zu beziehen, insbesondere deswegen, da sein Verweis auf den Allgemeinen Teil nun in eine – aus seiner Sicht – falsche Richtung laufen würde. Er modifizierte aber nicht – wie im ersten Entwurf angekündigt – seine Norm, sondern ergänzte lediglich die abermals beigefügten Motive: *„Was aber die auflösende Bedingung betrifft, so hält der Erbr. E trotz der vorerwähnten Protokollbemerkung an der Zerlegung der bezüglichen letztwilligen Verfügung in zwei selbständige Geschäfte fest [...].“*[262] Von Schmitt beruft sich darauf, dass die Kommission obige Erklärung nur für Rechtsgeschäfte unter Lebenden abgegeben hat, jedoch Verfügungen von Todes wegen diesbezüglich einer anderen Handhabung bedürfen: *„Die letztwillige Anordnung mit Resolutivbedingung unterscheidet sich vom Rechtsgeschäft unter Lebenden wesentlich dadurch, dass dieselbe stets zwei Zuwendungen umfaßt, eine suspensiv unbedingte, die zunächst für den Beschwerten A. ins Leben tritt, und eine suspensiv bedingte für B., dem der Wegfall zu Gute kommen soll, welche für den A. als auflösende Bedingung wirkt. Beim Rechtsgeschäft unter Lebenden handelt es sich, da der Rückfall zu Gunsten des Zuwendenden selbst bedungen ist, nur um ein Zuwendungsgeschäft.“*[263]

An dieser Stelle bedarf es bereits einer eigenen Stellungnahme, denn die Kommission wird auf das Argument *von Schmitt's* nur unzureichend eingehen.[264] *Von Schmitt* hat insoweit Recht, als jede testamentarische auflösende Bedingung zugleich auch eine aufschiebende darstellt und damit genau genommen zwei Zuwendungen vorliegen (vgl. hierzu die Ausführungen auf S. 63). Ebenso ist zutreffend, dass dies ein Unterschied zu Rechtsgeschäften unter Lebenden darstellt. Keine Zustimmung verdient aber, dass diese an sich richtigen Feststellungen zur Begründung der Teilbarkeit eines auflösend bedingten Rechtsgeschäfts dienen können.

Es ist mitunter überhaupt kein Zusammenhang zwischen den zwei Zuwendungen und einer Teilbarkeit erkennbar. *Von Schmitt* versucht den Zusammenhang herzustellen, indem er formuliert, dass die auflösende Bedingung für den Bedachten eine *„suspensiv unbedingte“* und für den Nacherben eine *„suspensiv bedingte“* Zuwendung beinhaltet. Dies soll der zweiteiligen Konstruktion der damals herrschenden Meinung entsprechen, sprich: einer unbedingten (suspen-

261 Mot. I, 267 = *Hahn/Mugdan,* Materialien BGB, Bd. 1, S. 500.
262 Mot. TE v. 1886, S. 20 (S. 674); vgl. Fn.75.
263 Mot. TE v. 1886, S. 20 f. (S. 674 f.) ; vgl. Fn. 75.
264 Vgl. Mot., V 21 = *Hahn/Mugdan,* Materialien BGB, Bd. 5, S. 11.

siv unbedingten) Hauptwillenserklärung und einer (suspensiv) bedingten Nebenwillenserklärung, die voneinander trennbar sein sollen.[265]

Von Schmitt übersieht aber, dass jene *„suspensiv unbedingte"* Zuwendung eben resolutiv bedingt ist und damit die „zwei Zuwendungen" nicht mit der zweiteiligen Konstruktion von Haupt- und Nebenwillenserklärung gleichzusetzen sind. Unter den „zwei Zuwendungen" ist die erbrechtliche Besonderheit zu verstehen, dass eine so genannte auflösende Bedingung aus Sicht des Bedachten auflösend bedingt ist und sich ein und dieselbe Bedingung aus Sicht des Nacherben als von aufschiebender Natur **darstellt**. Es handelt sich lediglich um eine Änderung der Bedingungsart entsprechend der Perspektive.[266]

Die zweiteilige Konstruktion beinhaltet demgegenüber, dass diese eine auflösende Bedingung sich aus zwei Bestandteilen **zusammensetzt**. Einer unbedingten Haupt- und einer bedingten Nebenwillenserklärung. [267] Dabei ist das Konstrukt völlig losgelöst von der Rechtsnatur des Geschäftes (schuld-, erb- oder andersrechtlich).

Die (auflösend) bedingte Einsetzung des (Vor-) Erben ist keine unbedingte Hauptwillenserklärung, genauso wenig wie die aufschiebend bedingte Einsetzung des Nacherben eine bedingte Nebenwillenserklärung darstellt. Ein Zusammenhang besteht lediglich in der Zahl „zwei" und in dem Begriff der Bedingung. Aber selbst im Falle eines – wie auch immer gearteten – Zusammenhangs muss doch diese Argumentation auch für die aufschiebende Bedingung gelten. So, wie die auflösende Bedingung zwei Zuwendungen im Erbrecht „hervorbringt", so gilt dies auch umgekehrt für die aufschiebende Bedingung, denn für den Vorerben ist die Zuwendung auflösend bedingt.

Wenn dann beide Bedingungsarten im Erbrecht anders behandelt werden, so kann dieses Argument wohl kaum zur Differenzierung von auflösender und aufschiebender Bedingung dienen. Dennoch reichte *von Schmitt* seinen zweiten Entwurf bei der Kommission ein, welche sich dann im Mai 1886 erstmalig mit dem Erbrecht befasste. Zu dem besagten § 12 Erb.E nahm sie wie folgt Stellung: *„Dagegen hat der Entw. eine Reihe von Vorschriften [...] nicht aufgenommen. Dahin gehören besonders: [...]*

5. Vorschriften über unerlaubte (unsittliche und gesetzeswidrige) Bedingungen. [...]

Die Bedingung ist, wie dort [im Allgemeinen Teil; Anm. des Verfassers] dargelegt, ein wesentlicher und untrennbarer Bestandtheil des ganzen Rechtsgeschäftes. [...]

---

265 Vgl. hierzu die Ausführungen auf S. 68 f.

266 Vgl. die Ausführungen auf S. 63 f.

267 Vgl. hierzu die Ausführungen auf S. 68 f.

Aber auch in Ansehung einer auflösenden Bedingung muß, wenn durch die Bedingung die Anordnung einen Inhalt erhält, der gegen die guten Sitten oder die öff. Ordnung verstößt [...] gleiches gelten. [...] Die in der Theorie vertretene Auffassung, jede unter einer auflösenden Bedingung abgegebene Willenserklärung bestehe aus zwei selbständigen Theilen, einer unbedingten Hauptwillenserklärung und einer auf die Wiederaufhebung der Wirkungen jener gerichteten, aufschiebend bedingten Nebenwillenserklärung, ist schon in den Mot. 1 S. 250 als nicht gerechtfertigt erkannt worden. Das Wesen der auflösenden Bedingung ist aber hier kein anderes als bei Rechtsgeschäften unter Lebenden."[268]

Entsprechend wurde keine spezielle erbrechtliche Norm für sittenwidrige Bedingungen in den weiteren Entwurf aufgenommen. Gleichzeitig hat der Gesetzgeber auch mehrfach betont, dass die auflösende Bedingung nicht anders zu behandeln ist, als die aufschiebende. Eine Differenzierung wurde bewusst und ausdrücklich abgelehnt.

Zweifelsohne hat sich der grundsätzliche Standpunkt des BGB nicht verändert und unabhängig von der dogmatischen Einordnung der auflösenden Bedingung ist diese jedenfalls auch nach dem Willen des Gesetzgebers ein untrennbarer Bestandteil der Willenserklärung.

Flumes maßgebende Ansicht kann auch nicht mit einer überkommenen Rechtsauffassung begründet werden, denn der Standpunkt der grundsätzlichen Teilbarkeit wurde bis zur Schaffung des BGB herrschend vertreten. Die bewusste und eindeutige Entscheidung des Gesetzgebers gegen diese Ansicht muss respektiert werden.

(2) Teilbarkeit und das voluntative Element

Die Abtrennung der auflösenden Bedingung wird nicht nur mit der gerade widerlegten Auffassung zu begründen versucht, sondern auch mit dem hypothetischen Willen des Erklärenden. Dabei ist dieser Ansatz völlig losgelöst von dem eben erörterten zweiteiligen Konstrukt.

Bei einer auflösenden Bedingung tritt der Rechtserfolg zunächst ein und entfällt erst später – im Falle des Bedingungseintritts – wieder. *Otte* schließt daraus, dass der Erklärende den Rechtserfolg auch zunächst wollte. Und der anschließend gewollte Wegfall des Rechtserfolges – im Falle des Bedingungseintritts – *„lässt sich als abtrennbarer Teil der Verfügung ansehen, ohne dass dem Willen des Erklärenden Gewalt angetan würde."*[269] *Ottes* Aussage besteht damit aus zwei Teilen:

268 Mot. V, 17 ff. = *Hahn/Mugdan,* Materialien BGB, Bd. 5, S. 9 ff.

269 *Staudinger*[13]*/Otte,* § 2085 Rn. 14; *Otte,* JA 1985, 192, 200.

- Der Rechtserfolg war zunächst gewollt;
- und der später gewollte Wegfall ist ein abtrennbarer Teil.

Untersucht man nur jede einzelne Aussage für sich, so hat zumindest erstere Bestand. Bei einer auflösenden Bedingung tritt der Rechtserfolg zunächst ein; da dieses Resultat zwangsläufig von einem Willen getragen sein muss, ist erstere Feststellung insoweit richtig.[270]

Die zweite bedarf hingegen einer eingehenden Untersuchung. Nach *Otte* soll die Abtrennbarkeit des später gewollten Wegfalls des Rechtserfolges dem Ziel der Respektierung des Erblasserwillens dienen. Wenn *Otte* denjenigen Willen meint, welcher zunächst den Rechtserfolg gewollt hat, dann lässt sich aber schwerlich behaupten, dass die Abtrennung diesem keine Gewalt antue. Der Erblasser wollte, ebenso wie den zuerst eintretenden Rechtserfolg den Wegfall bei Bedingungseintritt. Nur weil der Erblasser den Rechtserfolg, zunächst wollte, lässt sich aber nicht mit Sicherheit sagen, dass seine Bedingung abtrennbar sein soll.

Auf S. 52 ff. wurde eingehend diskutiert, ob die Teilbarkeit nach subjektiven oder objektiven Kriterien ermittelt werden soll. Das eindeutige Ergebnis lautete, dass ausschließlich objektive Kriterien herangezogen werden dürfen, da sonst die Rechtsfolge in den Tatbestand vorverlagert wird. *Otte* hingegen misst der Teilbarkeit durch seine zweite Aussage unmissverständlich subjektiven Charakter bei, was per se schon auf Ablehnung stoßen muss. Darüber hinaus stellt er auch eine unwiderlegliche Vermutung auf und gibt damit dem Willen noch nicht einmal die Chance, zur Geltung zu kommen.

Bei einer auflösenden Bedingung besteht demnach die unwiderlegliche Vermutung, dass die Abtrennung nicht gegen den Erblasserwillen erfolgt. Bei der aufschiebenden Bedingung soll eine genau gegenteilige Vermutung richtig sein.

Dem ist entgegenzuhalten, dass es geradezu widersprüchlich ist, erst eine unwiderlegliche Willensvermutung bzgl. der Teilbarkeit aufzustellen und anschließend (auf Rechtsfolgenebene) einen entsprechenden hypothetischen Willen zu erforschen, der eventuell genau das Gegenteil besagt.[271] Die so ermittelte Teilbarkeit beruht nicht auf objektiven Kriterien, sondern auf vermeintlich subjektiven. Eine wirkliche subjektive Beurteilung findet nicht statt, da die unwiderlegliche Vermutung einer Auslegung vorbeugt. Im Ergebnis handelt es sich also um eine willkürliche Vermutung, die weder vom Willen noch von der Rechtsordnung gestützt wird.

---

270 Eine andere Frage ist, ob der Erblasser den Erfolg auch unbedingt wollte; vgl. hierzu die Ausführungen auf S. 71.

271 Wie bereits auf S. 52 ff. ausgeführt ist die Teilbarkeit auf Tatbestandsebene das Pendant zum hypothetischen Willen auf Rechtsfolgenebene.

Vermutlich kam durch diese Annahme auch ein Fehlverweis von *Otte* auf *Loritz* zustande: Im Rahmen der Teilbarkeit wird von *Otte* seine *„im Vordringen"* befindliche Ansicht u.a. mit *Loritz* belegt. Dieser wiederum stellt aber unmissverständlich klar: *„[...] die Bedingung [ist] kein trennbarer Teil der Verfügung [...]."*[272]

Loritz geht nicht von einer Teilbarkeit aus, sondern sucht – sowohl für aufschiebende als auch für auflösende Bedingungen – den Weg zum hypothetischen Willen mittels Auslegung. Wie kommt dann *Otte* dazu, seine Differenzierung zwischen auflösender und aufschiebender Bedingung mit *Loritz'* Ansicht zu untermauern?

Die Lösung liegt wohl in einer Fehlinterpretation von *Otte*, denn *Loritz* unterscheidet an anderer Stelle ebenfalls zwischen beiden Bedingungsarten, jedoch nicht hinsichtlich der Teilbarkeit, sondern im Falle eines *non-liquet* nach erfolgloser Auslegung:[273] *„Bei auflösenden Bedingungen hat der Erblasser immerhin gewollt, dass die Zuwendung dem Erben zunächst einmal zukommt."*[274] *„Hingegen wird man bei Unwirksamkeit einer aufschiebenden Bedingung* ***im Zweifel*** *davon auszugehen haben, dass es dem Erblasserwillen eher entspräche, wenn in diesem Fall die Verfügung insgesamt unwirksam ist [...]."*[275]

Die Argumentation entspricht exakt jener von *Otte,* jedoch lässt die Formulierung *„im Zweifel"* unschwer erkennen, dass es *Loritz* nicht um die Begründung der Teilbarkeit geht, sondern vielmehr um die Rechtsfolge einer ergebnislosen Auslegung. *Loritz* nutzt also die Differenzierung zwischen auflösender und aufschiebender Bedingung als Zweifelsregelung **nach** der Feststellung des *non liquet* und nicht wie *Otte* auf Tatbestandsebene und **vor** der Auslegung.[276]

Ein anderer Fürsprecher für eine ganz ähnliche Auffassung ist *Bork.* Dieser begründet die differenzierende Behandlung von aufschiebender und auflösender Bedingung nicht mit der (Un-)Trennbarkeit vom Rechtsgeschäft, sondern mit einer *„sachgerechten Anwendung des § 139 BGB"*[277]. Was unter einer sachgerechten Anwendung zu verstehen ist, wird jedoch nicht weiter präzisiert.

---

272 *Soergel*[13]*/Loritz,* § 2074 Rn. 33 u § 2085 Rn. 12.

273 Hierzu näher auf S. 127.

274 *Soergel*[13]*/Loritz,* § 2074 Rn. 33.

275 *Soergel*[13]*/Loritz,* § 2074 Rn. 34; zust. *Everts*, in: Hausmann/Hohloch, Kap. 10 Rn. 82 f.

276 Genau genommen handelt es sich um eine Vermutung innerhalb der Auslegung und nicht erst nach ergebnisloser Auslegung; vgl. auch Fn. 515. *Otte* hingegen differenziert bereits vor der Auslegung, so dass sich die Differenzierung auf ein voluntatives Element im Tatbestand bezieht; vgl. auch *Hermann,* Pro non scripta, S. 136 welcher aber bzgl. *Ottes* Standpunkt von einer Auslegungsregel auf Auslegungsebene spricht.

277 *Staudinger*[13]*/Bork,* Vor. §§ 158 ff. Rn. 12; *Bork,* Allg. Teil BGB, Rn. 1260 Fn. 15.

Vermutlich ist hierunter die Beurteilung der Teilbarkeit nach subjektiven Kriterien gemeint. So soll die Unteilbarkeit einer aufschiebenden Bedingung vom Rechtsgeschäft darauf zurückzuführen sein, dass *„ regelmäßig nicht anzunehmen ist, dass die Parteien das Rechtsgeschäft auch ohne den nichtigen Teil, also unbedingt* ***gewollt*** *hätten. "* [278]

Zur weiteren Untermauerung verweist *Bork* auf *Westermann.*[279] Dieser wiederum meint, dass im Einzelfall durchaus die Unwirksamkeit einer auflösenden Bedingung zur Teilnichtigkeit führt, hingegen bei einer aufschiebenden Bedingung zur Gesamtnichtigkeit. *„[Dies] hängt aber entscheidend von der Auslegung des Parteiwillens ab, von dem allein die Verknüpfung mehrer Teile eines zusammengesetzten Rechtsgeschäfts bestimmt werden kann. "* [280]

Demzufolge ermitteln *Westermann* und *Bork* die Teilbarkeit ebenfalls nach subjektiven Kriterien, lassen aber – im Gegensatz zu *Otte* – keine unwiderlegliche Vermutung zu, sondern nutzen die Auslegung um die Teilbarkeit festzustellen.[281] Nichts desto trotz ist wegen obiger Argumentation (S. 52 ff.) dieser Auffassung eine Absage zu erteilen, da die Teilbarkeit eben nicht vom Willen der Parteien bestimmt werden kann.

Zusammenfassung:

Die Bedingung innerhalb einer Verfügung von Todes wegen ist ein integrierender Bestandteil und keineswegs abtrennbar. Für die aufschiebende Bedingung ist dies unbestritten, jedoch muss selbiges auch für die auflösende Bedingung gelten. Das ergibt sich zum einem aus der erbrechtlichen Besonderheit, nach der jede aufschiebende Bedingung zugleich auch als auflösende erscheint. Eine Differenzierung knüpft folglich nicht an die Art der Bedingung an, sondern nur an die Perspektive, welche die Art bestimmt. Darüber hinaus ist die Bedingungsart nicht immer zweifelsfrei feststellbar und diese Unklarheit sollte die weitreichenden Konsequenzen nicht noch verstärken, indem man an das zweifelhafte Ergebnis auch noch die Teilbarkeit der Verfügung knüpft. Zum anderen – und wesentlich gewichtiger – führt die zweiteilige Konstruktion der auflösenden Be-

---

278 *Staudinger*[13]*/Bork,* Vor. §§ 158 ff. Rn. 12.

279 *Bork* verweist auch auf *Medicus*, welcher aber an angegebener Stelle keine Stellung zu der hier behandelten Problematik nimmt. Auch anderswo ist ein Zusammenhang nicht feststellbar.

280 MünchKomm[5]/*Westermann,* § 158 Rn. 9.

281 Warum dennoch *Bork* in der auflösenden Bedingung – gegensätzlich zur aufschiebenden – einen abtrennbaren Teil sieht, ist nicht ganz klar. Das Ziel der Auslegung wäre ja kein pauschales vorgefertigtes Ergebnis, sondern ein höchst individuelles. Demzufolge muss sich wohl auch *Bork* derselben Vermutung wie *Otte* bedienen.

dingung nicht zu deren qualitativer Teilbarkeit; ein auflösend bedingtes Rechtsgeschäft ist nun mal ein anderes als ein unbedingtes. Schlussendlich hat der Gesetzgeber klar Stellung bezogen und es ist kein Grund ersichtlich, warum diese Wertung unterlaufen werden soll.

Die Teilbarkeit ist wesentliches Tatbestandsmerkmal des § 139 BGB / § 2085 BGB (analog).[282] Entsprechend führt die Verneinung zur Unanwendbarkeit beider Normen. Der Weg über die „normierte Teilnichtigkeit" ist nicht weiter gangbar und ein neues Konzept ist gefordert.[283]

B. Auslegung und Umdeutung

Aus der Unanwendbarkeit von § 139 / § 2085 (analog) BGB folgt die Frage nach dem nun einzuschlagenden Weg. Das Instrumentarium des BGB zur Aufrechterhaltung von unwirksamen Rechtsgeschäften bietet noch die Auslegung und die Umdeutung an.

Ebenso wie die normierte Teilnichtigkeit (§ 139/§ 2085 BGB) hätte auch die Auslegung und die Umdeutung ein jeweils eigenes Unterkapitel verdient. Dennoch werden sie hier unter einem Dach abgehandelt. Der Grund liegt nur bedingt in ihren Gemeinsamkeiten. Viel eher legt ein Teil der Literatur überhaupt keinen Wert auf eine Unterscheidung. So meint *Otte* für die Behandlung der aufschiebenden Bedingung *„[kann] dahingestellt bleiben [...], ob man dies als Umdeutung [...] oder als ergänzende Auslegung [...] bezeichnen sollte."*[284] Im Ergebnis hat er jedenfalls Recht, denn sowohl die Auslegung als auch die Umdeutung setzen im Gegensatz zu § 139 / § 2085 BGB im Falle eines *non-liquet* kein spezifisches Ergebnis fest. Es kommt also ausschließlich auf die Ermittlung des Erblasserwillens an, was insoweit als Gemeinsamkeit verstanden werden kann. Dennoch haben Auslegung und Umdeutung jeweils unterschiedliche Tatbestandsvoraussetzungen und sind zumindest formell für verschiedene Situationen geschaffen worden.

282 Vgl. S. 54 ff.

283 *Spiess,* Unsittliche Bedingungen, S. 63 sieht hierin bereits das Ende der Prüfung und kommt infolge der Unteilbarkeit und der damit verbundenen Unanwendbarkeit von § 139 / § 2085 BGB direkt zur Gesamtnichtigkeit von Bedingung und Verfügung, ohne auf weitere Methoden der Aufrechterhaltung einzugehen.

284 *Staudinger*[13]*/Otte,* § 2084 Rn. 10; dies gilt aber nach *Otte* nur für die Parallelität von *ergänzender* Auslegung und Umdeutung; vgl. § 2084 Rn. 1 und die Ausführungen auf S. 101 f.

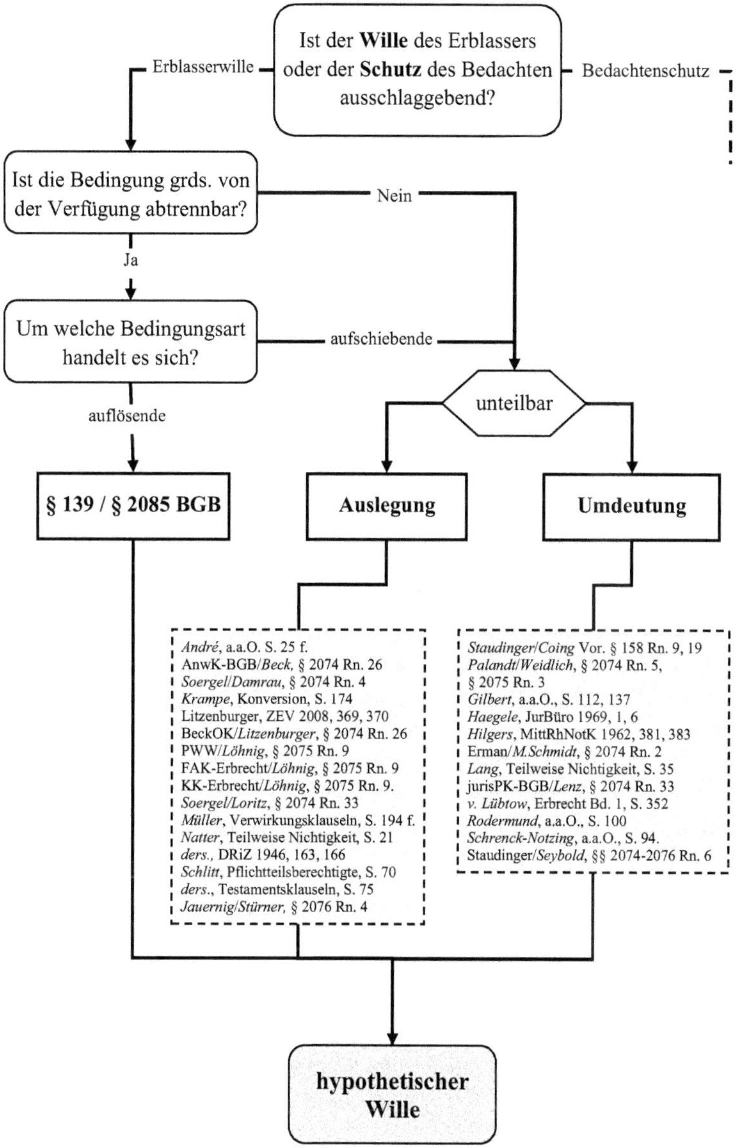
Ist der Wille des Erblassers oder der Schutz des Bedachten ausschlaggebend?
Erblasserwille
Bedachtenschutz
Ist die Bedingung grds. von der Verfügung abtrennbar?
Nein
Ja
Um welche Bedingungsart handelt es sich?
aufschiebende
auflösende
unteilbar
§ 139 / § 2085 BGB
Auslegung
Umdeutung
André, a.a.O. S. 25 f.
AnwK-BGB/Beck, § 2074 Rn. 26
Soergel/Damrau, § 2074 Rn. 4
Krampe, Konversion, S. 174
Litzenburger, ZEV 2008, 369, 370
BeckOK/Litzenburger, § 2074 Rn. 26
PWW/Löhnig, § 2075 Rn. 9
FAK-Erbrecht/Löhnig, § 2075 Rn. 9
KK-Erbrecht/Löhnig, § 2075 Rn. 9.
Soergel/Loritz, § 2074 Rn. 33
Müller, Verwirkungsklauseln, S. 194 f.
Natter, Teilweise Nichtigkeit, S. 21
ders., DRiZ 1946, 163, 166
Schlitt, Pflichtteilsberechtigte, S. 70
ders., Testamentsklauseln, S. 75
Jauernig/Stürner, § 2076 Rn. 4
Staudinger/Coing Vor. § 158 Rn. 9, 19
Palandt/Weidlich, § 2074 Rn. 5, § 2075 Rn. 3
Gilbert, a.a.O., S. 112, 137
Haegele, JurBüro 1969, 1, 6
Hilgers, MittRhNotK 1962, 381, 383
Erman/M.Schmidt, § 2074 Rn. 2
Lang, Teilweise Nichtigkeit, S. 35
jurisPK-BGB/Lenz, § 2074 Rn. 33
v. Lübtow, Erbrecht Bd. 1, S. 352
Rodermund, a.a.O., S. 100
Schrenck-Notzing, a.a.O., S. 94.
Staudinger/Seybold, §§ 2074-2076 Rn. 6
hypothetischer Wille

I. Auslegung

Angesichts der Schwierigkeit, sprachliche Äußerungen präzise und eindeutig zu formulieren, ist der Schluss auf den wesentlichen Willen nicht immer einfach. Unter Auslegung versteht man die methodische Vorgehensweise, den Sinn dieser mehrdeutigen Gedankenäußerungen aufzuklären.[285] Die Auslegung charakterisiert *„Handlung und Verfahren, dessen Erfolg und zweckdienliches Ergebnis ein Verstehen ist“*,[286] mit dem Ziel, *„die Klärung der Frage, was der Erblasser mit seinen Worten sagen wollte“*[287].

Ihren gesetzlichen Niederschlag hat die Auslegung ganz allgemein in § 133 BGB und § 157 BGB gefunden. Ersterer von beiden ordnet die Erforschung des wirklichen Willens an, letzterer gebietet die Beachtung des Maßstabes von Treu und Glauben aus Sicht eines objektiven Empfängers. Weil aber bei der Auslegung von Testamenten kein Schutz des Empfängers oder des Rechtsverkehrs notwendig ist, bedienen sich Rechtsprechung und Literatur primär des § 133 BGB und nicht des § 157 BGB.[288]

Eine spezielle erbrechtliche Normierung enthält § 2084 BGB, welcher als Grundsatz der *wohlwollenden Auslegung* Einzug in die Literatur gefunden hat. Sein Anwendungsbereich ist dann eröffnet, wenn zwei Auslegungsergebnisse denkbar sind; vorzugswürdig ist dann jenes, welches der Verfügung zu Erfolg verhilft.[289] Auch enthalten die erbrechtlichen Vorschriften diverse Auslegungsregeln (u.a. die §§ 2066 ff. BGB), welche das Ergebnis vorgeben, wenn trotz Auslegung nach wie vor Zweifel bestehen bleiben.[290]

Die Ermittlung des wahren Willens erfolgt aus allen denkbaren Erkenntnismöglichkeiten, so insbesondere auch aus außerhalb der Urkunde liegenden Umständen.[291] Ausgangspunkt ist dennoch immer der Wortlaut der letztwilligen Verfügung.[292]

---

285 Vgl. statt aller *Larenz/Wolf*, Allg. Teil BGB, § 28 Rn. 3 (S. 509).

286 *Betti*, Zur Grundlegung einer allgemeinen Auslegungslehre, in: FS Rabel (1954), S. 91.

287 BGH NJW 1993, 256.

288 Vgl. u.a. *Larenz/Wolf*, Allg. Teil BGB, § 29 Rn. 94 f.; *Staudinger*[13]*/Singer*, § 133 Rn. 6, 37; zur Auslegung von Erbverträgen und gemeinschaftlichen Testamenten vgl. *Staudinger*, in: Hausmann/Hohloch, Kap. 9 Rn. 150 ff.

289 Vgl. u.a. *Lange/Kuchinke*, Erbrecht, S. 777.

290 Vgl. auch die Ausführungen auf S. 64 f.

291 Vgl. *Staudinger*, in: Hausmann/Hohloch Kap. 9 Rn. 3, 34; *Soergel*[13]*/Loritz*, § 2084 Rn. 25; zu beachten ist aber insbesondere die Andeutungstheorie, hierzu später auf S. 89 f.

292 *Staudinger*, in: Hausmann/Hohloch, Kap. 9 Rn. 12; *Leipold*, Erbrecht, Rn. 363.

Ist der Wortlaut eindeutig, so bedarf es bereits keiner Auslegung.[293] Für die Rechtsfolgenproblematik dient die Auslegung als Methode der Willensermittlung. Die Frage lautet dabei: *„Was hat (bzw. hätte) der Erblasser betreffend der Rechtsfolgen gewollt?“*

Falls der Erblasser entsprechend Vorkehrung getroffen hat, indem er z.B. wie folgt testierte: *„falls die Bedingung aus sonst wie gearteten Gründen unwirksam sein sollte, dann soll auch mein Sohn nichts erhalten“* dann ist der Wortlaut, was die Rechtsfolgen anbelangt, wohl eindeutig, so dass es der Auslegung nicht bedarf. Doch in den allermeisten Fällen wird der Erblasser wohl keine entsprechende schriftliche Fixierung vorgenommen haben. Darüber hinaus dürfte es bereits an jeglicher diesbezüglicher Willensbildung fehlen, wird doch regelmäßig eine letztwillige Verfügung in dem Glauben errichtet, dass die Anordnungen erstens rechtens und zweitens zu befolgen sind. Es besteht für den Erblasser keinerlei Anlass, über eine andere testamentarische Regelung nachzudenken. Ein (Eventual-)Wille für den Fall, dass die Verfügung doch nicht rechtens ist, wird regelmäßig weder gedacht noch geäußert sein.[294]

In der Folge gibt es überhaupt keinen realen Willen, der mittels (erläuternder) Auslegung erforscht werden könnte.

1. Ergänzende Auslegung

Die hierdurch entstehende *Lücke* gilt es auszufüllen. Abseits der Normierungen des BGB hat sich hierfür das Instrument der *ergänzenden Auslegung* entwickelt.[295] Sie dient nicht der Ermittlung des wirklichen, vorhandenen Willens, sondern des unwirklichen hypothetischen Willens,[296] in unserem Fall also der Frage: *„Was hätte der Erblasser gewollt, wenn er Kenntnis von der Unwirksamkeit seiner Bedingung gehabt hätte?“*

Die ergänzende Auslegung ist nicht positivrechtlich normiert, sondern aus praktischer Notwendigkeit geboren und rechtsfortbildend weiterentwickelt wor-

---

293 Genau genommen bedarf es bereits der Auslegung um festzustellen, ob der Wortlaut überhaupt eindeutig ist; vgl. *Hager,* Auslegung, S. 139.

294 Falls dennoch ein solcher Eventualwille ermittelbar ist, dann bedarf es der beschriebenen (erläuternden) Auslegung; vgl. auch *Thielmann,* Sittenwidrige Verfügungen, S. 193 Fn. 120.

295 Vgl. zu ergänzenden Testamentsauslegung auch *Staudinger*, in: Hausmann/Hohloch, Kap. 9 Rn. 42 f.

296 *Lange/Kuchinke,* Erbrecht, S. 773; *Lübtow,* Probleme, S. 57.

den. Aus diesem Grunde wird – mittlerweile nur noch vereinzelt – über den Begriff und ihr Wesen gestritten.[297]

So will z.B. *Henle*, abgesehen von ausdrücklichen Normierungen, die Berücksichtigung von hypothetischen Willenserklärungen nicht zulassen.[298] Grund dafür ist die mitunter denkbar willkürliche Testamentsgestaltung durch den Richter, welcher seinen Willen dem Erblasser aufzwingen kann. Dem wird entgegengehalten, dass der Gesetzgeber nicht für jeden atypischen Fall eine spezielle Norm schaffen kann, ohne in eine unüberblickbare Kasuistik zu verfallen.[299] Auch greift der Richter nicht willkürlich in das Testament ein, sondern handelt *„gleichsam als treuer Gehilfe"*[300] des Erblassers.

Die ganz herrschende Meinung[301] hat die Notwendigkeit der ergänzenden Auslegung erkannt und stützt diese meist direkt auf privatautonome Grundwerte.[302] In jedem Fall ist aber die ergänzende Auslegung ein unverzichtbares Mittel der heutigen Jurisprudenz und in Rechtsprechung und in Literatur weitreichend anerkannt.[303]

Für die ergänzende Auslegung bei Rechtsgeschäften unter Lebenden (ergänzende Vertragsauslegung) wird § 157 BGB als ausreichende Normierung herangezogen.[304] Der Verweis auf Treu und Glauben soll verhindern, dass aus unver-

---

297 Ausführlich und Allgemein zur ergänzenden Auslegung: *Gerhards,* Ergänzende Testamentsauslegung, S. 10 ff.; *Lübtow,* Probleme, S. 56 ff.; *Stumpf,* Erläuternde und ergänzende Auslegung, S. 166 ff.

298 *Henle,* Bürgerliches Recht, S. 127; wohl auch *Endemann,* BGB-Erbrecht 9. Aufl., Bd. 3, S. 258; *Scherer,* Grenzen der Auslegung, S. 85 ff., 107.

299 *Lübtow,* Probleme, S. 62; *Sandrock,* Zur ergänzenden Vertragsauslegung, S. 28.

300 *Lübtow,* Probleme, S. 63 m.w.N.

301 *Staudinger*[13]*/Otte,* Vor. §§ 2064 ff Rn. 84; *Soergel*[13]*/Wolf,* § 157 Rn. 1; *Scherer,* Grenzen der Auslegung, S. 86.

302 *Gerhards,* Ergänzende Testamentsauslegung, S. 38 ff.; *Staudinger*[13]*/Otte,* Vor. §§ 2064 Rn. 85.

303 Die Notwendigkeit kann durch folgenden Fall verdeutlicht werden:
Der Erblasser hat zwei Freunde. Weil er davon ausgeht, dass Freund A sich des Diebstahls schuldig gemacht hat, setzt er lediglich Freund B als Erben ein. In Wahrheit war jedoch B der Dieb. Die nunmehr angeordnete Regelung passt nicht zu der veränderten Lebenswirklichkeit. Lediglich die Anfechtung nach § 2078 Abs. 2 BGB könnte helfen, doch hat die ergänzende Auslegung den klaren Vorteil, die letztwillige Verfügung nicht in ihrer Existenz zu bedrohen, *„sondern eine behutsame Anpassung an die veränderten Umstände zu ermöglichen."* (*Stumpf,* Erläuternde und ergänzende Auslegung, S. 167). Im Falle einer Anfechtung wäre die Verfügung als von Anfang an nichtig anzusehen (§ 142 Abs. 1 BGB), so dass gesetzliche Erbfolge eintreten wird und A ebenso wie B leer ausgehen. Das wohl gemeinte Ziel des Erblassers – den redlichen Freund zu beschenken – wäre mit Hilfe der Anfechtung zur Nichte gemacht.

304 Allgemein zur ergänzenden Vertragsauslegung *Henckel,* AcP 159 (1960/61), 106 ff.

meidbaren Vertragslücken einseitige Vorteile gezogen werden. Im Gegensatz dazu ist § 157 BGB wegen der fehlenden Schutzbedürftigkeit des Erklärungsempfängers im Erbrecht nicht ohne weiteres anwendbar.[305] Für die ergänzende Testamentsauslegung wird deshalb meistens auf den Zweck des § 2084 BGB (bestmögliche Verwirklichung des Erblasserwillens) verwiesen und eine Vergleichbarkeit zu anderen erbrechtlichen Vorschriften (§§ 2069, 2077, 2102-2105, 2169 BGB u.a.) hergestellt.[306]

a) Voraussetzungen; die Lücke

Zur ergänzenden Auslegung bedarf es einer *Lücke* in der testamentarischen Regelung.[307] Der Lückenbegriff erfordert aber scharfe Konturen, denn andernfalls würde die ergänzende Auslegung ausufern und wäre kein handhabbares Werkzeug mehr.

In Anlehnung an die Interpretation von Gesetzen definieren Literatur und Rechtsprechung die Lücke als *„planwidrige Unvollständigkeit"*.[308] Eine Lücke liegt dann vor, wenn der Erblasser seine letztwillige Verfügung abschließend regeln wollte, aber bestimmte und notwendige Fragen offen gelassen hat.[309] Auf unseren Fall übertragen, müsste die fehlende Voraussicht bezüglich einer womöglich sittenwidrigen – unwirksamen – Bedingung eine solch notwendige und offen gelassene Frage darstellen.

Die Literatur hat zur Lösung dieses Problems weitere Kategorien und Unterkategorien gebildet. So wird (grob) zwischen Sachverhalts- (bzw. Tatbestands-) defizit und Rechtsfolgendefizit unterschieden.[310] Ein Sachverhaltsdefizit liegt vor, wenn der Erblasser seiner letztwilligen Verfügung fehlerhafte Vorstellungen von der Lebenswirklichkeit zugrunde legt.

Bei Rechtsfolgedefiziten hat der Erblasser zwar alle entscheidenden Aspekte der Lebenswirklichkeit erfasst, jedoch unterlassen, eine entsprechende bzw. pas-

---

305 Vgl. hierzu MünchKomm[5]/*Leipold,* § 2084 Rn. 74; *Soergel*[13]/*Loritz,* § 2084 Rn. 34; und die Ausführungen auf S. 82.

306 MünchKomm[5]/*Leipold,* § 2084 Rn. 76; *Leipold,* Erbrecht, Rn. 386; kritisch hierzu: *Stumpf,* Erläuternde und ergänzende Auslegung, S. 198 ff.

307 Statt aller *Henckel,* AcP 159 (1960/61), 106, 107.

308 *Palandt*[70]/*Ellenberger,* § 157 Rn. 3; *Larenz*/*Wolf,* Allg. Teil BGB, § 28 Rn. 114 (S. 542); MünchKomm[5]/*Leipold,* § 2084 Rn. 77; *Soergel*[13]/*Loritz,* § 2084 Rn. 38; *Staudinger*[13]/*Otte,* Vor. §§ 2064 ff. Rn. 81 *Stumpf,* Erläuternde und ergänzende Auslegung, S. 171; kritisch: *Gerhards,* Ergänzende Testamentsauslegung, S. 14.

309 Vgl. *Hager,* Auslegung, S. 159; *Stumpf,* Erläuternde und ergänzende Auslegung, S. 171.

310 *Gerhards,* Ergänzende Testamentsauslegung, S. 15 ff.; *Hermann,* Pro non scripta, S. 128; *Stumpf,* Erläuternde und ergänzende Auslegung, S. 175 ff.

sende Rechtsfolge zu setzen.[311] Bei unreflektierter Anwendung dieser Kategorien müsste ein Erblasser, der über die (Rechts-) Folgen seiner sittenwidrigen Bedingung nicht nachgedacht hat, einem Rechtsfolgendefizit unterliegen. Bei genauerer Untersuchung zeichnet sich aber folgendes Bild ab:

Der Erblasser bezweckt mit seiner Verfügung ein konkretes Ziel in Gestalt der gewünschten Rechtsfolge. Hierunter ist nicht nur das letztendliche Resultat (wer wird Erbe) zu verstehen, sondern auch die Einbeziehung und Beachtung der Bedingung.

Aufgrund der Nichtigkeit seiner Bedingung ist jedoch die von ihm intendierte Rechtsfolge in der gewünschten Form und Weise nicht realisierbar. Es bildet sich eine Kluft zwischen vorgestellter Wirksamkeit (der Bedingung) und tatsächlicher Wirksamkeit, was wiederum auf eine defizitären Erfassung und Berücksichtigung der Lebenswirklichkeit auf Erblasserseite zurückzuführen ist.

Eine unwirksame Bedingung kann demzufolge ein Sachverhaltsdefizit – und damit eine Lücke – begründen.[312]

b) Entstehungszeitpunkt der Lücke

Ganz allgemein sind bei erbrechtlichen Fällen drei Zeitpunkte relevant: der Zeitpunkt der (Testaments-) Errichtung, jener des Erbfalls und der des Zeitpunkts der richterlichen Würdigung. Naturgemäß laufen die Ereignisse in der Reihenfolge dieser Aufzählung ab.

Bei der ergänzenden Auslegung ist nun umstritten, welcher Zeitpunkt für die Lückenentstehung noch einbezogen wird. (Beinah) unproblematisch ist der Zeitraum zwischen Errichtung und Erbfall.[313] Innerhalb dieses Zeitraums sind Ereignisse, die zur Entstehung der Lücke führen, beachtlich. So z.B. wenn die

311 *Gerhards,* Ergänzende Testamentsauslegung, S. 18 f. begreift unter dem Rechtsfolgendefizit keine Lücke.

312 *Erman*[12]*/Armbrüster,* § 157 Rn. 18; *Palandt*[70]*/Ellenberger,* § 157 Rn. 3; *Hager,* Auslegung, S. 159; *Heiss,* Formmängel, S. 193; *Hermann,* Pro non scripta, S. 128; PWW[4]/ *Löhnig,* § 2084 Rn. 13; *Staudinger*[13]*/Roth,* § 157 Rn. 7, 18, 36; *Soergel*[13]*/Wolf,* § 157 Rn. 123; **a.A.** (keine Lücke bei Nichtigkeit einzelner Rechtsgeschäftsteile) *Staudinger*[12]*/Dilcher,* §§ 133/157 Rn. 40; *Pilz,* Richterliche Vertragsergänzung und Vertragsabänderung, S. 29; wohl auch *Kahl,* Umdeutung, S. 89; *Larenz/Wolf,* Allg. Teil BGB, § 44 VII 3 (S. 817) welche für die ergänzende Auslegung ein gültiges Rechtsgeschäft voraussetzen.

313 *Gerhards,* Ergänzende Testamentsauslegung, S. 14; *Lange/Kuchinke,* Erbrecht, § 34 III 5 a (S. 785); *Soergel*[13]*/Loritz,* § 2084 Rn. 34, 38; *Lübtow,* Erbrecht, 1. Halbband, S. 294; *Staudinger*[13]*/Otte,* Vor. §§ 2064 Rn. 91; anderer Ansicht ist wohl *Kipp/Coing,* Erbrecht, § 21 III 5a; RGRK[12]*/Johannsen,* § 2084 Rn. 20; welche die ergänzende Auslegung auf Ereignisse *nach* Testamentserrichtung beschränken.

Wiedervereinigung beider deutschen Staaten vor dem Erbfall stattfand und der Erblasser dies nicht mitbedacht hätte.[314]

Probleme bereiten hingegen postmortale Ereignisse, also solche die zwischen Erbfall und richterlicher Würdigung entstehen.[315] Ohne bereits auf die einzelnen Streitpunkte einzugehen, soll zunächst geklärt werden, ob dieser „Problemfall" für die vorliegende Untersuchung relevant ist.

Der Richter beurteilt die Bedingung – zwangsläufig nach dem Erbfall – als sittenwidrig; damit kommt zu diesem Zeitpunkt die ergänzende Auslegung zur Anwendung und – so könnte man annehmen – entsteht postmortal die Lücke. Erheblich ist aber womöglich nicht der Richterspruch als solcher, sondern der der Entscheidung zugrunde liegende maßgebliche Beurteilungszeitpunkt der Sittenwidrigkeit. So entspricht die fragwürdige Bedingung regelmäßig bereits vor richterlicher Beurteilung nicht den Sittenmaßstäben. Der Richter spricht nur noch aus, was alle „billig und gerecht Denkenden" bereits vorher wussten: Die Bedingung ist sittenwidrig.

Stark umstritten ist nun, welcher der drei obigen Zeitpunkte für die Beurteilung der Sittenwidrigkeit maßgeblich sein soll.[316] Dabei ist zu beachten, dass der Beurteilungszeitpunkt für das Verdikt der Sittenwidrigkeit mitunter in hohem Maße entscheidungserheblich sein kann.[317, 318]

---

314 Vgl. hierzu *Nieder,* Handbuch, § 23 3 e mm (S. 1003 Rn 51).

315 *Staudinger*[13]*/Otte,* Vor. §§ 2064 ff. Rn. 92; hierzu ausführlich *Gerhards,* Ergänzende Testamentsauslegung, S. 71 ff.

316 *Kroppenberg,* Privatautonomie, S. 34 ff.; *Staudinger*[13]*/Otte,* Vor. §§ 2064 Rn. 179 f.; *Paal,* JZ 2005, 436, 442 f.; *Schlitt,* Pflichtteilsberechtigte, S. 71 f.; Allgemein und ausführlich zum maßgeblichen Zeitpunkt der Sittenwidrigkeit *Schmoeckel,* AcP 197 (1997), 1 ff.

317 So bedarf es keiner großen Vorstellungskraft, dass z.B. in der Vorkriegszeit ein Testament den guten Sitten entsprach, wenn der Hausherr die Bedingung aufstellte, dass die Söhne standesgemäß und in entsprechender Konfession heiraten müssen. Anders könnte dies aber heute aussehen; der Stellenwert jeglicher Entschließungsfreiheit sowie der Übergang vom patriarchalischen zum partnerschaftlichen Familienmodell könnte zu einer abweichenden Wertvorstellung geführt haben.

318 Grundsätzlich muss das Rechtsgeschäft für die Anwendbarkeit des § 138 BGB zum Zeitpunkt seiner Vornahme (Errichtung) sittenwidrig sein; vgl. *Staudinger*[13]*/Sack,* § 138 Rn. 79. Bei letztwilligen Verfügungen ist dies aber keineswegs so eindeutig. Eine andere Beurteilung – zumindest eine andere Begründung – des Zeitpunkts gegenüber Rechtsgeschäften unter Lebenden könnte deswegen erforderlich sein, weil bei diesen die Wirkungen, auch wenn das Geschäft aufschiebend bedingt oder befristet ist, sogleich eintreten (vgl. §§ 160 ff. BGB). Dies verhält sich grundsätzlich anders bei Verfügungen von Todes wegen; hier tritt die Rechtswirkung erst mit dem Erbfall ein.

Für die *Lücke* bei der hier untersuchten Konstellation bedarf es allerdings überhaupt nicht des maßgeblichen Beurteilungszeitpunktes. Das ursächliche Ereignis für die *Lücke* ist nicht der konkrete Richterspruch und auch nicht die Testamentserrichtung oder der Erbfall, sondern die Sittenwidrigkeit der Bedingung selbst. Nehmen wir folgenden Fall an, den das *KG*[319] im Jahre 1938 zu entscheiden hatte:

Das Gericht hatte damals eine Klausel für zulässig erklärt, nach welcher die Erbinnen nur evangelische und reichsdeutsche Männer heiraten durften, und dies mit der damals anerkennenswerten nationalkämpferischen Gesinnung des Erblassers begründet. Auch wenn dieses Ergebnis zu gegebener Zeit den sittlichen Maßstäben im höchsten Grade entsprochen hat, so würde ein derartiger Fall von heutigen Gerichten wohl anders entschieden werden, bzw. in jedem Fall einer anderen Begründung bedürfen. Der Maßstab der Sittenwidrigkeit unterliegt dem Wandel der Zeit und die erforderliche testamentarische *Lücke* entsteht im eben gleichen Wandel. Bei Errichtung des Testaments (1920) entsprach das Testament vermutlich den damals gepflogenen Sitten; bei richterlicher Würdigung (1938) in jedem Fall.[320] Mit Kriegsende änderte sich schlagartig, bzw. zumindest sehr schnell, die sittliche Wertvorstellung in dieser Frage. Und zu genau diesem Zeitpunkt offenbart die testamentarische Verfügung eine *Lücke*. Der Erblasser hat den Wandel der sittlichen Anschauung nicht erahnt; die vorgestellte Wirksamkeit entspricht nicht mehr der tatsächlichen.[321]

Im Fall des *KG* ist der Entstehungszeitpunkt der *Lücke* auf ein gut datierbares Ereignis (Kriegsende) zurückzuführen – in den allermeisten Fällen wird dies nicht so sein. Die sittlichen Maßstäbe ändern sich nur langsam und der Entstehungszeitpunkt relativiert sich zu einem Entstehungszeitraum. Es werden aber mindestens ebenso viele letztwillige Verfügungen existieren, die zu keiner Zeit den sittlichen Vorstellungen entsprochen haben, so dass das die Lücke begründende Ereignis schon vor Testamentserrichtung eintrat.

Selbst wenn das Ereignis nicht exakt datierbar ist, so wird es doch fast immer vor dem Tod des Erblassers stattgefunden haben. Es ist freilich nicht völlig ausgeschlossen, dass die Lücke auch erst nach dem Erbfall entsteht. Dies würde

319 KG, Urteil v. 3.5.1938 = ZAkDR 1939, 101.

320 Das RG hat bereits 1936 ausgeführt, § 138 BGB beurteile sich nunmehr nach der nationalsozialistischen Weltanschauung; RG Beschluss v. 13.03.1936 = JW 1936, 1281; vgl. hierzu auch *Schmitz,* Beschränkung, S. 37, 77 ff. und *Spiess,* Unsittliche Bedingungen, S. 35 f.

321 Ein nach Kriegsende tagendes Gericht würde wohl nach ähnlichen Maßstäben urteilen, wie es auch gegenwärtig der Fall wäre.

aber einen sittlichen und damit gesellschaftlichen Wandel nach dem Erbfall und vor richterlicher Würdigung erfordern, was wohl eher selten vorkommt.[322]

2. Formbedürftigkeit

Jegliche Auslegung setzt ein formgültiges Testament voraus (vgl. §§ 2231, 125 BGB). Der Sinn der erbrechtlichen Formvorschriften liegt im Schutz des Erblassers vor anderen, aber auch vor sich selbst. So soll zum einem die Fälschung der Urkunde ausgeschlossen werden, aber auch der Erblasser soll durch Formwahrung vor leichthin geäußerten Verfügungen bewahrt werden.[323]

Der durch Auslegung ermittelte Erblasserwille entspricht somit der vorgeschriebenen Form nur, wenn er in der Urkunde eine hinreichende Stütze findet (sog. Andeutungstheorie).[324] Die ergänzende Auslegung und damit der hypothetische Wille sind hiervon im Grundsatz nicht ausgenommen.[325]

Tatsächlich liegt aber der hypothetischen Willenserklärung gerade der Umstand zu Grunde, dass eben überhaupt kein Wille gebildet wurde.[326] Eine schriftliche Fixierung seines Nicht-Willens ist demnach geradezu unmöglich. Der Erblasser hat nun mal die *Lücke* nicht mitbedacht, sonst wäre sie auch nicht mittels ergänzender Auslegung zu schließen. Würde dennoch die Andeutungstheorie ihre Vormachtstellung behaupten, *„dann hätte man die ergänzende Auslegung lahm gelegt.“*[327]

Eine Form von Kontrolle oder Korrektiv ist aber jedenfalls erforderlich. Die Ermittlung des hypothetischen Willens unterliegt wesentlich stärker der Gefahr der Verfälschung, als die des realen Willens.[328] Motive, Vorstellungen und

---

322 In diesem Fall sei auf die ausführliche Darstellung von *Gerhards,* Ergänzende Testamentsauslegung, S. 71 ff. verwiesen.

323 *Leipold,* Erbrecht, Rn. 290; *Keuk,* Erblasserwille, S. 75; *Stumpf,* Erläuternde und ergänzende Auslegung, S. 227 ff.

324 Allgemein und zum Streitstand bzgl. der Andeutungstheorie *Foerste,* DNotZ 1993, 84 ff.; *Staudinger*[13]*/Otte,* Vor. §§ 2064 Rn. 28 ff.

325 Ausführlich zum Verhältnis von Form und ergänzender Auslegung *Gerhards,* Ergänzende Testamentsauslegung, S. 64 ff.; *Foerste,* DNotZ 1993, 84, 97 f.; *Keuk,* Erblasserwille, S. 75 ff.; *Scherer,* Grenzen der Auslegung, S. 88 ff.; *Stumpf,* Erläuternde und ergänzende Auslegung, S. 251 f.

326 Zumindest kein Wille, der die *Lücke* schließen vermag. Generell hat sich der Erblasser natürlich Gedanken gemacht was seine Ziele beinhalten.

327 *Brox/Walker,* Erbrecht, Rn. 204; gegen die Anwendung der Andeutungstheorie auch *Foerste,* DNotZ 1993, 84, 98 f.; *Keuk,* Erblasserwille, S. 81 f.; *Lübtow,* Probleme, S. 66; *Stumpf,* Erläuternde und ergänzende Auslegung, S. 251 f.

328 Vgl. auch *Foerste,* DNotZ 1993, 84, 98; *Hermann,* Pro non scripta, S. 130; *Stagl,* Wortlaut als Grenze, S. 14.

Wünsche des Erblassers können von den streitenden Parteien im Prozess behauptet und in vielfältiger Weise untermauert werden. Der Erblasser selber kann sich nicht mehr wehren. Die ergänzende Auslegung soll dabei gerade der Verwirklichung des Erblasserwillens dienen und der Richter diesen stellvertretend schützen.[329]

Ein absoluter Schutz ist in Anbetracht der schwierigen Willenserforschung nicht realisierbar, braucht der Richter doch auch einen gewissen (Spiel-) Raum, um den hypothetischen Willen bestmöglich zu ermitteln. Dennoch darf dieser Wille nicht als Spielball der streitenden Parteien herhalten. Das Ziel ist, die Andeutungstheorie als Schutzinstrument in Einklang mit den Besonderheiten der ergänzenden Auslegung zu bringen.

Zutreffend ist jedenfalls, dass die hypothetische Willenserklärung begriffsnotwendig nicht im Wortlaut des Testaments enthalten sein kann. Ein irrealer Wille ist unmöglich schriftlich manifestiert. Selbst wenn nicht der exakte Wille niedergeschrieben ist, so kann dennoch das Ziel bzw. die Willensrichtung des Erblassers der Urkunde entnommen werden oder zumindest in ihr angedeutet sein.[330] Das Ziel ist ganz allgemeiner Natur und umfasst nicht unbedingt die konkreten rechtlichen Folgen. So wäre z.B. ein solches Ziel: Erhaltung der Familientradition, Gleichbehandlung der Abkömmlinge und ähnliches.[331]

Dieses Ziel kann und muss sich nun in der Urkunde ausdrücken, andernfalls wird aufgrund zwingender Formvorschriften die Rechtswirksamkeit versagt.[332] Mehr als die „angedeutete“ Zielsetzung des Erblassers zu verlangen, wäre aber zweckwidrig, *„soll doch das Korrektiv dazu dienen, den Erblasserwillen vor Verfälschungen zu schützen, nicht aber dazu, die Verwirklichung des Erblasserwillens durch das Postulat allzu hoher Anforderungen zu gefährden.“*[333]

---

329 Vgl. auch *Gerhards,* JuS 1994, 642, 647; *Gerhards,* Ergänzende Testamentsauslegung, S. 65.

330 *Lange/Kuchinke,* Erbrecht, § 34 III 5 c; *Soergel*[13]*/Loritz,* § 2084 Rn. 36; Allgemein zur Unterscheidung von Mittel und Ziel *Gerhards,* Ergänzende Testamentsauslegung, S. 7 ff.; *Staudinger*[13]*/Otte,* Vor. §§ 2064 ff. Rn. 87.

331 Vgl. hierzu auch *Gerhards,* Ergänzende Testamentsauslegung, S. 8.

332 Vgl. *Staudinger*[13]*/Otte,* Vor. §§ 2064 ff. Rn. 87; *Gerhards,* Ergänzende Testamentsauslegung, S. 69 hingegen lockert den Anspruch noch weiter auf, indem er lediglich verlangt, dass der objektiv erklärte Gehalt der Urkunde mit dem Ziel vereinbar ist. Ob sich nun aber das Geschriebene im Ziel wieder findet, oder aber das Ziel im Geschriebenen dürfte zumindest in der Praxis zu gleichen Resultaten führen. **A.A.** (für keine Formerfordernisse) *Stumpf,* Erläuternde und ergänzende Auslegung, S. 252; vgl. auch *Keuk,* Erblasserwille, S. 81 f.

333 *Gerhards,* Ergänzende Testamentsauslegung, S. 69; *Gerhards,* JuS 1994, 642, 648.

3. Sittenwidrige Bedingung und Auslegung

Es stellt sich abschließend die Frage, ob denn nun die ergänzende Auslegung geeignet ist, die letztwillige Verfügung aufrechtzuerhalten.

Als einzige Voraussetzung der ergänzenden Auslegung bedarf es einer *Lücke*, und zumindest formal begründet ein unwirksamer Verfügungsbestandteil diese.[334] Dennoch sieht *Thielmann* in der Auslegung kein probates Mittel für sittenwidrige Bedingungen: *„Hier ist indessen klar, was der Erblasser realiter gewollt hat – die bedingte Zuwendung –, und was er nicht gewollt hat – die unbedingte."*[335] Für Auslegung sei demnach kein Raum. Was der Erblasser *irrealiter* gewollt hat, untersucht *Thielmann* mittels Umdeutung, die ergänzende Auslegung streicht er – unbegründet – aus dem Repertoire.[336]

Gilbert geht noch ein Stück weiter und verneint ausdrücklich die ergänzende Auslegung: *„[Dies] würde voraussetzen, dass die Erklärung des Erblassers im Falle einer sittenwidrigen Bedingung überhaupt auslegungsfähig ist. Dies wird bei einer echten bedingten Erbeinsetzung aber kaum der Fall sein, da der Erblasser seinen Willen klar formuliert hat. Die ergänzende Auslegung kann allerhöchstens dazu führen, dass die Auslegung ergeben kann, dass eine echte Rechtsbedingung gar nicht gewollt war [...]."*[337]

Klar formuliert ist der Wille insoweit, dass der Erblasser eine Bedingung gesetzt hat und damit diese auch gewollt hat. Was aber nun passieren soll, wenn die Bedingung nicht beibehalten werden kann, ist dem Willen ganz und gar nicht klar zu entnehmen.

Die ergänzende Auslegung denkt den Erblasserwillen in solchen Fällen weiter und komplettiert die Verfügung als Gesamtwerk.[338] Sie ist damit durchaus probates Mittel um letztwillige Verfügungen, trotz sittenwidriger Bedingung, aufrechtzuerhalten.[339]

---

334 Vgl. die Ausführungen auf S. 85.

335 *Thielmann,* Sittenwidrige Verfügungen, S. 193; ähnlich auch *Jungmichel,* Unzulässige Beschränkung, S. 4.

336 Die ergänzende Auslegung sieht *Thielmann* wohl nicht als Unterfall der Auslegung an; vgl. *Thielmann,* Sittenwidrige Verfügungen, S. 193 Fn. 118. Nicht ersichtlich ist aber, warum er dann nicht auf eine Testamentsergänzung eingeht, die er jedenfalls als Mittel zur Erforschung von irrealen Willenserklärungen erwähnt; vgl. *Thielmann,* Sittenwidrige Verfügungen, S. 194 a.E.

337 *Gilbert,* Unmoralische Angebote, S. 112.

338 *Keuk,* Erblasserwille, S. 85 bei Fn. 309a.

339 Übereinstimmend *Soergel*[11]*/Damrau,* § 2075 Rn. 4; **a.A.** *Meincke,* Scheidungsklausel, in: FS Kaser (1976), S. 455.

II. Umdeutung

Nicht nur die ergänzende Auslegung ist geeignet, nichtigen Rechtsgeschäften zur Wirksamkeit zu verhelfen. Auch die Umdeutung[340] – normiert in § 140 BGB – ist ein Instrument zur Aufrechterhaltung von Rechtsgeschäften, die in der ursprünglichen Weise zwar nichtig, in einer anderen aber gültig sind und in dieser Form dem von den Parteien (Erblasser) erwünschten (wirtschaftlichen) Erfolg zumindest sehr nahe kommen.[341] Erreicht wird dies mittels Umgestaltung (Konversion), welche, gestützt auf den hypothetischen Erblasserwillen, die im Ersatzgeschäft erforderliche Willenserklärung fingiert.[342]

Kuchinke formuliert sehr bildhaft, dass die Vorschrift des § 140 BGB ein Beispiel dafür sei, dem *„rechtsgeschäftlichen Willen Geltung [zu] verschaffen [...], auch wenn dieser erst aus den Trümmern eines nichtigen Geschäfts geborgen werden muß.“* [343]

Wie auch bei der ergänzenden Auslegung ist die treibende Kraft der hypothetische Wille des Erblassers. Er ist Grundlage und zugleich äußerste Grenze zulässiger Umdeutung.[344]

1. Voraussetzungen

Die Umdeutung hat drei Voraussetzungen:

- nichtiges Rechtsgeschäft
- entspricht den Erfordernissen eines anderen Rechtsgeschäfts
- hypothetischer Wille

a) Nichtiges Rechtsgeschäft

§ 140 BGB erfasst alle Arten von Rechtsgeschäften.[345] Eine Beschränkung auf bestimmte Rechtsgeschäfte lässt sich dem Wortlaut nicht entnehmen.

Ebenso verhält es sich mit der ursächlichen Norm der Nichtigkeit. Doch – wie auch bei § 139 BGB / § 2085 BGB[346] – birgt das Verdikt der Sittenwidrigkeit ein besonderes Problem.[347, 348]

---

340 Zur Umdeutung von letztwilligen Verfügungen vgl. *Sieghörtner,* in: Hausmann/Hohloch, Kap. 9 Rn. 272 ff.

341 Vgl. *Soergel*[13]*/Hefermehl,* § 140 Rn. 1; *Staudinger*[13]*/Roth,* § 140 Rn. 1.

342 Vgl. auch *Brasch,* Konversion, S. 17.

343 *Kuchinke,* NJW 1983, 2358, 2361.

344 Vgl. *Soergel*[13]*/Hefermehl,* § 140 Rn. 8.

345 *Staudinger*[13]*/Roth,* § 140 Rn. 9.

346 Vgl. S. 49.

§ 140 BGB soll zwar dem Willen der Parteien bestmöglich zur Geltung verhelfen, dennoch muss dies im Einklang mit der Rechtsordnung geschehen. Deswegen darf die Umdeutung nicht der Umgehung von zwingenden Gesetzesnormen dienen, selbst wenn dies im – hypothetischen – Willen der Parteien liegt.[349] Entsprechend gilt sowohl für die normierte Teilnichtigkeit als auch für die Umdeutung der Grundsatz, dass sittenwidrige Rechtsgeschäfte nicht aufrechterhalten werden können.[350]

Der Grund liegt im Sinn und Zweck des § 138 BGB, welcher präventiven und sanktionierenden Charakter haben soll.[351] So soll derjenige, gegen den sich der Sittenwidrigkeitsvorwurf richtet, nicht damit rechnen dürfen *„schlimmstenfalls durch gerichtliche Festsetzung das zu bekommen, was gerade noch vertretbar und damit sittengemäß ist, [in diesem Fall] verlöre das sittenwidrige Rechtsgeschäft für ihn das Risiko, mit dem es durch die vom Gesetz angedrohte Nichtigkeitsfolge behaftet sein soll.“*[352]

Einer Belohnung für sittenwidriges rechtsgeschäftliches Handeln soll vorgebeugt werden. Der Anwendungsbereich der Umdeutung schließt damit die Umgestaltung von Rechtsgeschäften aus, deren Nichtigkeitsgrund eine Aufrechterhaltung ausdrücklich – oder nach ihrem Sinn und Zweck – unterbinden will. Dennoch sind in der Rechtsprechung und Literatur einzelne Fallgruppen anerkannt, welche vom Grundsatz abweichen.[353]

---

347 Zur Umdeutung von sittenwidrigen Verträgen *Kahl,* Umdeutung, S. 286 ff.; *Krampe,* Konversion, S. 241 ff.

348 Strittig ist auch, ob § 140 nur bei Totalnichtigkeit, oder auch bei Teilnichtigkeit eingreift; hierzu: *Soergel*[13]*/Hefermehl,* § 140 Rn. 2; *Richter,* Teilnichtige Rechtsgeschäft, S. 131, 133; *Staudinger*[13]*/Roth,* § 140 Rn. 14 welche nur bei Gesamtnichtigkeit § 140 BGB anwenden; **a.A.** *Lang,* Teilweise Nichtigkeit, 75; *Esch,* Teilnichtige Rechtsgeschäfte, 72; *Lappe,* Teilnichtigkeit, S. 90 lassen hingegen die Umdeutung auch bei Teilnichtigkeit zu. In unserem Fall spielt dieser Streit jedoch keine Rolle, da wie oben (S. 60 ff.) dargelegt eine Teilbarkeit nicht möglich ist und damit eine originäre Teilnichtigkeit, an die § 140 BGB anknüpfen könnte ausgeschlossen ist.

349 *Kahl,* Umdeutung, S. 285.

350 *Palandt*[70]*/Ellenberger,* § 140 Rn. 7; *Soergel*[13]*/Hefermehl,* § 140 Rn. 7; *Larenz/Wolf,* Allg. Teil BGB, § 44 VII 1d (S. 815); *Staudinger*[13]*/Roth,* § 140 Rn. 2; *Tiedtke,* FamRZ 1981, 1, 4; **a.A.** *Hager,* Auslegung, S. 88 ff., 121.

351 Vgl. *Krampe,* AcP 194 (1994), 1, 30.

352 BGH, Urteil v. 28.04.1986 = NJW 1986, 2944, 2945; zustimmend: *Medicus,* Allg. Teil BGB, § 36 Rn. 523; **a.A.** *Staudinger*[13]*/Sack,* § 138 Rn. 113. Die Entscheidung bezieht sich zwar ausschließlich auf die Umdeutung, jedoch gilt vom Prinzip her auch selbiges für § 139 / § 2085 BGB; vgl. *Soergel*[13]*/Hefermehl,* § 140 Rn. 7.

353 Vgl. *Staudinger*[13]*/Sack,* § 138 Rn. 92 ff.; kritisch hierzu: *Tiedtke,* ZIP 1987, 1089, 1094 f.

So ist es im Rahmen von § 139 BGB / § 2085 BGB möglich, das Verdikt der Sittenwidrigkeit auf einen genau bestimmbaren Teil des Rechtsgeschäfts zu begrenzen, so dass der sittengemäße Rest aufrechterhalten werden kann.[354] Hierbei wird das sittenwidrige Motiv – welches sich in dem abtrennbaren Teil festgesetzt hat – abgespalten und der übrig gebliebene redliche Rest aufrechterhalten.[355]

Für die Umdeutung kann selbiges nicht ohne weitere gelten, denn § 140 BGB setzt eben gerade keine Teilbarkeit des Rechtsgeschäftes voraus und führt damit auch nicht zur Aufspaltung in einen sittlichen und einen unsittlichen Teil. Der BGH führt hierzu aus: *„Es ist nicht Aufgabe des Richters, für die Parteien anstelle des sittenwidrigen Rechtsgeschäfts eine Vertragsgestaltung zu finden, die den beiderseitigen Interessen gerecht wird und die Folge der Sittenwidrigkeit vermeidet. Deshalb hat der Senat insbesondere die Umdeutung eines solchen Rechtsgeschäfts abgelehnt [...]. Bei dem i. S. des § 139 BGB teilbaren Rechtsgeschäft liegt es aber anders. Hier ist für eine richterliche Vertragsgestaltung kein Raum, weil der sittenwidrige Teil des Vereinbarten genau bestimmt und damit einwandfrei ausgesondert werden kann.“*[356]

Haltbar ist diese Aussage jedenfalls dann nicht, wenn man für die Umdeutung fordert, dass das *andere* Rechtsgeschäft bereits in dem nichtigen Geschäft enthalten ist.[357] Dann nämlich könnte man aus dem unsittlichen Geschäft ein anderes sittengemäßes Geschäft abtrennen und wäre schlussendlich bei den Voraussetzungen der normierten Teilnichtigkeit.[358] *Hager* demonstriert eindrucksvoll, dass nicht nur unter diesem dogmatischen Gesichtspunkt eine Aussperrung der Umdeutung von sittenwidrigen Rechtsgeschäften widersprüchlich ist, und selbst die Rechtsprechung dem obigen Leitgedanken des Öfteren wider-

---

354 Vgl. S. 49.

355 Im Erbrecht ist hier insbesondere die Fallgruppe des Geliebtentestaments zu erwähnen. Vgl. hierzu die Ausführungen auf S. 23 f.

356 BGH, Urteil v. 5.6.1989 = NJW 1989, 2681, 2682; zustimmend: *Medicus,* Allg. Teil BGB, § 35 II 2 (Rn. 505).

357 Vgl. hierzu die Ausführungen auf S. 96. Widersprüchlich argumentiert *Flume*, Allg. Teil BGB, Bd. 2, § 32 9 c (S. 594), wenn er an angegebener Stelle davon spricht, dass das andere Rechtsgeschäft bereits im Getätigten enthalten sein muss, hingegen unter § 32 9 e (S. 597) meint, dass sittenwidrige Klauseln in Rechtsgeschäften nur mittels § 139 BGB und nicht per Umdeutung aufrechterhalten werden können. Wenn aber bei § 140 BGB ebenso wie bei § 139 BGB das andere bzw. abteilbare Rechtsgeschäft bereits im Ursprünglichen enthalten ist, dann muss auch im Rahmen der Umdeutung die Abspaltung des sittlichen Teils möglich sein.

358 Vgl. hierzu *Hager,* Auslegung, S. 119; *Medicus,* Allg. Teil BGB, § 36 II 2 (Rn. 519).

spricht.[359] Rechtsprechung und Literatur weichen jedenfalls bewusst von ihrem Grundsatz ab, wenn die Rechtsordnung lediglich das *rechtliche Mittel* missbilligt und nicht den angestrebten wirtschaftlichen *Erfolg*.[360] Mit dem Sinn und Zweck von § 138 BGB soll eine Umdeutung in diesen Fällen vereinbar sein.

Diese Ausnahme ist konsequente und intendierte Folge von § 140 BGB, hat doch die Vorschrift den Zweck, den wirtschaftlichen Zielen des Erblassers möglichst weitgehend Geltung zu verschaffen. Wenn sich nun der Erblasser zur Erreichung dieser Ziele eines unzulässigen (sittenwidrigen) rechtlichen Mittels bediente, soll der Richter einen anderen juristisch gangbaren Weg finden, um dieses (sittenkonforme) wirtschaftliche Ziel zu verwirklichen.[361] *„Das von den Parteien gewählte untaugliche Mittel wird durch ein anderes, taugliches ersetzt.“*[362]

Einem sittenwidrigen Ziel hingegen kann die Umdeutung nicht zur Wirksamkeit verhelfen. Bei einer sittenwidrigen bedingten Verfügung steht meist nicht das Mittel selbst im Widerspruch zur Sittlichkeit, sondern die Verknüpfung des Mittels mit dem angestrebten Ziel.[363] So ist es bemerkenswert, dass bei sittenwidrigen letztwilligen Bedingungen weder die Befürworter der Umdeutung noch deren Gegner auf den althergebrachten Grundsatz hinweisen. Das Problem wird totgeschwiegen – eventuell in dem Glauben, dass dies eine anerkannte Fallgruppe sei, welche zu den Ausnahmen zählt.

Dass dem nicht so ist, wurde gerade erläutert. Die Umdeutung kann insofern nur probates Mittel sein, wenn ein weiterer Ausnahmetatbestand konstruiert wird, oder aber mit *Hager* generell die Sittenwidrigkeit als „normaler“ und umdeutungsfähiger Nichtigkeitsgrund anerkannt wird.

Exkurs: Sittenwidrigkeit und ergänzende Auslegung

Interessant ist auch, dass dieses Problem bei der ergänzenden Auslegung nahezu überhaupt nicht auftaucht.[364] Im Ergebnis wird dennoch der Versuch unternommen, ein sittenwidriges Rechtsgeschäft aufrechtzuerhalten.

---

359 *Hager,* Auslegung, S. 88 ff., 121; vgl. auch *Krampe,* AcP 194 (1994), 1, 26 f.; ausführlich zur Umdeutung von sittenwidrigen Rechtsgeschäften auch *Kahl,* Umdeutung, S. 286 ff.

360 MünchKomm[5]/*Busche,* § 140 Rn. 1; *Soergel*[13]/*Hefermehl,* § 140 Rn. 7; *Staudinger*[13]/*Roth,* § 140 Rn. 2, 16; *Zimmermann,* Moderationsrecht, S. 85. *Hager,* Auslegung, S. 155 hingegen meint, § 138 BGB dient *„als Sanktion gegen ‚sittenwidrige Gesinnung' und nicht zur Verhinderung eines sittenwidrigen Erfolgs.“.*

361 Vgl. *Zimmermann,* Moderationsrecht, S. 84 a.E.

362 *Medicus,* Allg. Teil BGB, § 36 Rn. 516.

363 Vgl. auch *Sasse,* Vermögensperpetuierung, S. 133 für kaptatorische Verfügungen.

364 Das *LG* und *OLG* im Fall *Preußen* wenden ganz unbekümmert die ergänzende Auslegung an, um die ihrer Ansicht nach sittenwidrige Verfügung auf eine mögliche Restgül-

Der Grund liegt wohl im Wesen der Methoden. Die Umdeutung als rechtsgestaltendes umformendes Mittel und die ergänzende Auslegung als Instrument der Lückenschließung.

Die Umdeutung gibt dem Richter das Recht und die Pflicht, das Geschäft nach dem Willen der Parteien umzugestalten. Mit dem Rechtsempfinden ist es nur schwer vereinbar, wenn der Richter nun ein sittenwidriges Geschäft ins gerade noch zulässige Maß konvertieren soll.

Die ergänzende Auslegung hingegen belässt den sittenwidrigen Teil, sie trifft lediglich eine Regelung für die sich daraus ergebene Lücke. Das gesetzliche Werturteil und damit das Verdikt der Sittenwidrigkeit bleiben unberührt.[365]

Das Ergebnis und die Grundlage (hypothetischer Wille) sind natürlich bei beiden Instrumenten dieselben, der Weg aber ein anderer und dieser rechtfertigt eine unterschiedliche Betrachtung.[366]

b) Ersatzgeschäft

Eine Umdeutung setzt weiterhin voraus, dass das unwirksame Rechtsgeschäft den Erfordernissen eines anderen Rechtsgeschäfts (Ersatzgeschäft) entspricht (vgl. § 140 BGB). Dieses Ersatzgeschäft muss dann dem von den Partei(en) gewollten Erfolg sehr nahe kommen und natürlich den ursprünglichen Makel (Unwirksamkeit) abgelegt haben. Das Ersatzgeschäft muss aber nicht voll umfänglich das ursprüngliche Rechtsgeschäft beinhalten.[367] Es reicht aus, wenn das neue Geschäft die Gültigkeitsvoraussetzungen mitbringt.[368] Im Gegensatz zu § 139 / § 2085 BGB ist damit kein vollständiges innewohnendes (Ersatz-) Geschäft erforderlich.

Diskutiert wird auch über die Bedeutung und Tragweite des Begriffs „anderes Rechtsgeschäft". Nach *Thielmann* muss die Änderung die Geschäftsart und nicht nur den Geschäftsinhalt betreffen.[369] Dementsprechend müsste das Rechts-

---

tigkeit zu untersuchen; vgl. LG Hechingen, Urteil v. 27.9.2005 = FamRZ 2006, 1408, 1411 f.; OLG Stuttgart, Urteil v. 19.08.1997 = FamRZ 1998, 260, 187.

365 Vgl. auch *Brasch,* Konversion, S. 74, der eine ähnliche Argumentation für die Abgrenzung von § 140 BGB zu § 139 BGB anführt. *Staudinger*[13]*/Roth,* § 157 Rn. 18 meint, dass der hypothetische Wille der ergänzenden Auslegung *„nicht mit dem Verdikt der Unwirksamkeit belegt ist."*.

366 **A.A.** (für gleiche Behandlung) *Hager,* Auslegung, S. 163.

367 *Fischer,* Konversion unwirksamer Rechtsgeschäfte, in: FS Wach (1913), S. 199; *Soergel*[13]*/Hefermehl,* § 140 Rn. 4; *Staudinger*[13]*/Roth,* § 140 Rn. 21; **a.A.** *Flume*, Allg. Teil BGB, Bd. 2, § 32, 9 c (S. 592 ff.); ausführlich hierzu *Kahl,* Umdeutung, S. 113 ff.

368 *Larenz/Wolf,* Allg. Teil BGB, § 44 VII 2 b (S. 816).

369 *Thielmann,* Sittenwidrige Verfügungen, S. 194; **a.A.** *Hager,* Auslegung, S. 157; MünchKomm[5]*/Busche,* § 140 Rn. 15; *Staudinger*[13]*/Roth,* § 140 Rn. 19.

geschäft nach der Konversion ein anderes sein als zuvor. Die nunmehr aufrechterhaltene – unbedingte – Zuwendung müsste im Verhältnis zur ehemals unwirksamen – bedingten – Zuwendung etwas anderes sein. Etwas qualitativ anderes kann aber die unbedingte Zuwendung nur sein, wenn die Bedingung eine Erweiterung des Geschäftsinhalts bewirkt. Zuvor wurde dargelegt, dass die Bedingung ein untrennbarer Teil des Geschäftsinhalts ist und damit nicht deren Umfang erweitert, sondern lediglich den Inhalt abändert.[370] Mit dieser Prämisse ist die – zumindest direkte – Anwendung von § 140 BGB abzulehnen.[371]

Das Gesetz selbst verlangt nur ein *anderes* Rechtsgeschäft; damit ist aber nicht zwangsläufig eine andere Art gemeint, sondern es genügt auch, *„wenn eine andere Änderung das Ersatzgeschäft von dem nichtigen Geschäft unterscheidet."*[372]

2. Formbedürftigkeit

Im Zusammenhang mit Formerfordernissen und Umdeutung liest man zunächst, dass der wichtigste Anwendungsbereich der Umdeutung formunwirksame Rechtsgeschäfte sind.[373]

Um diese Konstellation geht es hier jedoch nicht. Vielmehr geht es um die Formbedürftigkeit des ermittelten hypothetischen Willens. Wie auch bei der ergänzenden Auslegung muss der hypothetische Wille bzw. das dahinter liegende Ziel wenigstens in der Urkunde angedeutet sein.[374] Bei einer Abkehr von dieser Regel wäre die Umdeutung nichts weiter als eine Umgehung der erbrechtlichen Formerfordernisse.[375]

---

370 Vgl. hierzu die Ausführungen auf S. 71; *Thielmann,* Sittenwidrige Verfügungen, S. 194; *Müller,* Verwirkungsklauseln, S. 194.

371 *Müller,* Verwirkungsklauseln, S. 194; aus diesem Grund wendet *Thielmann,* Sittenwidrige Verfügungen, S. 194 § 140 BGB in Analogie an.

372 *Fischer,* Konversion unwirksamer Rechtsgeschäfte, in: FS Wach (1913), S. 199; so auch *Soergel*[13]*/Hefermehl,* § 140 Rn. 4; *Medicus,* Allg. Teil BGB, § 36 II 2 (Rn. 519); *Staudinger*[13]*/Roth,* § 140 Rn. 19.

373 Vgl. hierzu Fn. 407.

374 Vgl. die Ausführungen auf S. 89 f.

375 *Thielmann,* Sittenwidrige Verfügungen, S. 195 f. legt der Umdeutung – im Gegensatz zur Auslegung – keine Formerfordernisse auf. *Krampe,* Konversion, S. 173 f. meint hierzu kritisch, dass in dem Fall die *„Umdeutung keine andere Bedeutung [hätte], als eine formgebundene Auslegung zu überwinden"*. Klar stellen sollte man, dass beide sich auf das Verhältnis erläuternde Auslegung und Umdeutung beschränken. Die ergänzende Auslegung erwähnt *Thielmann* nicht. Genau genommen setzt *Thielmann* in der Argumentation die Vertragsergänzung und Umdeutung gleich, so dass er wohl allgemein die

Insbesondere wäre es inkonsequent, wenn die Ermittlung des hypothetischen Willens – abhängig von der Methode – unterschiedlichen Formerfordernissen unterliegen würde.[376]

3. Sittenwidrige Bedingung und Umdeutung

Nach alledem soll nun die Vereinbarkeit von Umdeutung und sittenwidriger Bedingung erörtert werden.

Die Umdeutung wurde geschaffen, um Rechtsgeschäften, die in ihrer Gesamtheit nichtig sind, eine neue wirksame Form zu verleihen. Im Mittelpunkt stehen dabei die wirtschaftlichen Ziele der Parteien. Als Beispiel kann die Umdeutung einer außerordentlichen in eine ordentliche Kündigung dienen,[377] oder speziell im Erbrecht die Umdeutung eines gemeinschaftlichen Testaments in Einzeltestamente.[378]

Bezüglich ihrer Voraussetzungen ist die Umdeutung durchaus auf sittenwidrige Bedingungen anwendbar: so ist das Rechtsgeschäft aufgrund der sittenwidrigen Bedingung nichtig; das neue unbedingte Rechtsgeschäft ist ein sittenkonformes Ersatzgeschäft; der hypothetische Wille ist der tragende Pfeiler.

Wird aber diese Konversion genauer untersucht, so ergibt sich folgendes: Das ursprüngliche Rechtsgeschäft ist nicht *in toto* nichtig, sondern nur die Bedingung; eine völlige Neugestaltung wäre überzogen. Zudem hat die Konversion eines bedingten in ein unbedingtes Rechtsgeschäft eine andere Qualität als die Umdeutung einer außerordentlichen in eine ordentliche Kündigung bzw. eines gemeinschaftlichen Testaments in Einzeltestamente. In den typischen Anwendungsfällen der Umdeutung wird lediglich der Corpus des Rechtsgeschäfts verändert und nicht ein Teil des Inhalts (Bedingung) ausgesondert.

Zu guter Letzt ist es nicht Aufgabe des Richters, ein sittenwidriges Rechtsgeschäft in ein gerade noch sittengemäßes umzuwandeln.

Andeutungstheorie im Rahmen des hypothetischen Willens anzweifelt. Hierfür kann aber nach oben verwiesen werden; vgl. S. 89 f.

376 Aus diesem Grund gilt selbiges auch für die normierte Teilnichtigkeit (§ 139 / § 2085 BGB). Dies ergibt sich vor allem daraus, dass sowohl die Umdeutung als auch die normierte Teilnichtigkeit bei der Willensermittlung auf die ergänzende Auslegung verweisen; vgl. *Staudinger*[13]*/Roth,* § 140 Rn. 25; *Palandt*[70]*/Ellenberger,* § 139 Rn. 14. Wenn aber die Grundsätze der ergänzenden Auslegung jeweils Anwendung finden, dann muss auch derer Formerfordernis durchgreifen.

377 Vgl. hierzu *Staudinger*[13]*/Roth,* § 140 Rn. 36.

378 Vgl. hierzu *Staudinger*[13]*/Roth,* § 140 Rn. 49.

C. Eine Gesamtschau der Methoden

Die Aufrechterhaltung[379] von nichtigen Rechtsgeschäften im Allgemeinen und von sittenwidrigen im Besonderen ist nach wie vor eine der offenen und zugleich verwirrenden Grundsatzfragen der Rechtsgeschäftslehre – zielen doch sowohl die normierte Teilnichtigkeit (§ 139 BGB / § 2085 BGB), die Umdeutung als auch die (ergänzende) Auslegung immer auf die eine Frage ab, ob und unter welchen Voraussetzungen ein Rechtsgeschäft im gesetzeskonformen Umfang aufrechterhalten werden kann.[380] Kein Wunder also, wenn einzelne Literaturstimmen keinen echten Unterschied zwischen den Methoden feststellen können.[381]

I. Verhältnis von normierter Teilnichtigkeit zur (ergänzenden) Auslegung

Scheinbar ist das Verhältnis von (ergänzender) Auslegung und normierter Teilnichtigkeit (§ 139 BGB / § 2085 BGB (analog)) restlos geklärt. So wurde bereits auf S. 45 f. klargestellt, dass die Rechtsfolge von § 139 BGB / § 2085 BGB (analog) nur greift, wenn die Auslegung zu keinem Ergebnis führt (sog. *non-liquet*-Situation). Ein Vorrang der Auslegung ist demnach der normierten Teilnichtigkeit immanent.

Nun liegt aber die Annahme nicht fern, dass es infolge der ergänzenden Auslegung überhaupt nicht zu einer *non-liquet*-Situation kommen kann. So soll diese doch gerade Lücken schließen, an die der Erblasser nicht im Entferntesten gedacht hat.

Hermann wirft aus diesem Grunde zu recht die Frage auf, ob die Teilnichtigkeitsproblematik (§ 139 BGB / § 2085 BGB (analog)) nicht obsolet ist, da die ergänzende Auslegung die Lücke vermeintlich immer zu schließen vermag.[382]

In Frage steht ausschließlich die Quantität der Lückenschließung. Kann die ergänzende Auslegung tatsächlich jede Lücke schließen? Dies ist wohl zu verneinen, denn auch die ergänzende Auslegung hat ihre Grenzen.[383] Nicht immer weiß sie eine Lösung, insbesondere dann nicht, wenn sie keinen Anhaltspunkt in der Urkunde findet.

---

379 Zum Begriff und dessen Reichweite: *Krampe,* AcP 194 (1994), 1, 18.

380 *Krampe,* AcP 194 (1994), 1, 18.

381 *Hager,* Auslegung, S. 118 ff., 156 ff., 219; allgemein und ausführlich zu allen drei Rechtsinstituten *Krampe,* Konversion, S. 3 ff.

382 *Hermann,* Pro non scripta, S. 126 ff.

383 Vgl. *Gerhards,* Ergänzende Testamentsauslegung, S. 32.

Wenn also selbst die ergänzende Auslegung keinen (erkennbaren) Willen auffindet oder dessen Grundlage derart unzureichend ist, dass das gefundene Ergebnis willkürlich erscheint, dann greift die normierte Teilnichtigkeit.[384, 385]

Ihre Rechtsfolgenanordnung ist einzigartig in diesem Komplex und geht damit im Regelungsgehalt weit über die der ergänzenden Auslegung hinaus.

II. Verhältnis von normierter Teilnichtigkeit zur Umdeutung

§ 139 BGB hat mit § 140 BGB den Grundgedanken gemeinsam, dass ein einmal getätigtes Rechtsgeschäft nach Möglichkeit Wirksamkeit entfalten soll, soweit dies mit dem Parteiwillen vereinbar ist.[386] Gemein ist auch beiden Normen, dass sie auf den hypothetischen Willen abstellen und folglich die Auslegung (Ermittlung des wahren Willens) der Umdeutung wie auch der Anwendung von § 139 BGB / § 2085 BGB vorgeht.[387]

§ 139 BGB schafft dabei die Möglichkeit, ein quantitatives Minus des Rechtsgeschäfts aufrechtzuerhalten, jedoch nicht – im Gegensatz zu § 140 BGB – das nichtige Rechtsgeschäft durch ein qualitatives aliud zu ersetzen. So heißt es vielfach, § 139 BGB beziehe sich auf die quantitative Teilnichtigkeit, während § 140 BGB die Fälle qualitativer Teilnichtigkeit erfasse.[388]

Anschaulicher wird es dadurch, dass § 139 BGB an einen gültigen Restbestand anknüpft und ihn durch Abtrennung vom nichtigen Teil aufrechterhält. Demgegenüber nimmt sich § 140 BGB des nichtigen Teils des Geschäftes an und konvertiert ihn zu einen gültigen.[389] Folglich behält bei § 139 BGB der bestehende Teil seinen ursprünglichen Charakter bei, hingegen wird bei § 140 BGB ein rechtlich anders zu qualifizierendes Rechtsgeschäft geschaffen.[390]

So verwundert es auch nicht, dass die *„[...] Aufrechterhaltung nach § 139 BGB mit der Konversion nach § 140 BGB zusammentreffen kann.“*[391] Gemeint

384 So auch *Hermann,* Pro non scripta, S. 131 f.; vgl. zum Verhältnis von ergänzender Auslegung und normierter Teilnichtigkeit auch *Esch,* Teilnichtige Rechtsgeschäfte, S. 73 f.

385 Das gilt natürlich nur im Allgemeinen und nicht für sittenwidrige Bedingungen, da sie untrennbarer Teil der Verfügung sind; vgl. hierzu bereits S. 79.

386 Vgl. *Lang,* Teilweise Nichtigkeit, S. 74 f.; *Natter,* Teilweise Nichtigkeit, S. 33.

387 *Staudinger*[13]*/Roth,* § 140 Rn. 24; *Larenz/Wolf,* Allg. Teil BGB, § 44 Rn. 74; *Soergel*[13]*/Hefermehl,* § 140 Rn. 1; *Hager,* Auslegung, S. 156; vgl. auch bei Fn. 142.

388 *Flume*, Allg. Teil BGB, Bd. 2, § 32 9 a (S. 590); *Fischer,* Konversion unwirksamer Rechtsgeschäfte, in: FS Wach (1913), S. 193; *Soergel*[13]*/Hefermehl,* § 140 Rn. 28.

389 *Heiss,* Formmängel, S. 191.

390 Vgl. *Natter,* Teilweise Nichtigkeit, S. 33.

391 *Fischer,* Konversion unwirksamer Rechtsgeschäfte, in: FS Wach (1913), S. 204.

ist die gleichzeitige Anwendbarkeit beider Normen. Nach § 139 BGB wird in Folge der Abtrennung des nichtigen Teils das Rechtsgeschäft aufrechterhalten. Daneben besteht anschließend die Möglichkeit, dem abgetrennten nichtigen Teil im Wege der Umdeutung neue Wirksamkeit zu geben.[392]

Selbst wenn § 139 BGB zur Gesamtnichtigkeit führt, kann jedoch immer noch die Umdeutung dem Rechtsgeschäft in einer neuen Form Wirksamkeit verleihen.[393] Letzterer Ansatz ist allerdings nur theoretisch denkbar. Beide Institute stellen auf den hypothetischen Willen ab. Wenn nun im Rahmen dieser Untersuchung aus § 139 BGB Gesamtnichtigkeit folgt, dann muss selbstverständlich der gleiche hypothetische Wille auch mittels Umdeutung zur Gesamtnichtigkeit führen.[394]

III. Verhältnis von Umdeutung zur (ergänzenden) Auslegung

Das Verhältnis von Umdeutung und ergänzender Auslegung kann – wie bei allen drei Methoden – auf den hypothetischen Willen zurückgeführt werden. Ihr gemeinsamer Schnittpunkt führt vielfach zur Diskussion über das dogmatische Verhältnis. Zum einem wird die Umdeutung als Unterfall der ergänzenden Auslegung angesehen,[395] aber auch umgekehrt die Auslegung als Unterfall der Umdeutung.[396] Andere wiederum halten am Vorrang der Auslegung[397] fest und die

---

392 Vgl. hierzu *Esch,* Teilnichtige Rechtsgeschäfte, S. 72; *Fischer,* Konversion unwirksamer Rechtsgeschäfte, in: FS Wach (1913), S. 204; *Soergel*[13]*/Hefermehl,* § 140 Rn. 28; *Herzog,* Quantitive Teilnichtigkeit, S. 98; *Lang,* Teilweise Nichtigkeit, S. 75; *Naendrup,* Teilnichtigkeit, S. 155.

393 *Brasch,* Konversion, S. 75; *Deinert,* Zwingendes Recht, Rn. 112; *Esch,* Teilnichtige Rechtsgeschäfte, S. 71; *Soergel*[13]*/Hefermehl,* § 140 Rn. 2, 28; *Lappe,* Teilnichtigkeit, S. 34 Fn. 62; *Erman*[12]*/Palm,* § 140 Rn. 6; *Siller,* AcP 1934, 144, 156; **a.A.** (gegen eine hintereinander geschaltete Anwendung) *Hager,* Auslegung, S. 158; *Krampe,* Konversion, S. 285. Ausführlich zu dieser Thematik *Richter,* Teilnichtige Rechtsgeschäft, S. 126 ff. Differenzierend hierzu *Kahl,* Umdeutung, S. 278 f. Vgl. hierzu auch Fn. 348.

394 Vgl. auch *Richter,* Teilnichtige Rechtsgeschäft, S. 139.

395 *Staudinger*[13]*/Otte,* § 2084 Rn. 1; *Erman*[12]*/Palm,* § 140 Rn. 7; **a.A.** (Umdeutung kein Unterfall der Auslegung) *Soergel*[13]*/Hefermehl,* § 140 Rn. 1; *Larenz/Wolf,* Allg. Teil BGB, § 44 VII 3 (S. 817); *Staudinger*[13]*/Roth,* § 140 Rn. 8; ausführlich hierzu *Krampe,* Konversion, S. 3 ff.

396 *Lübtow,* Erbrecht, 1. Halbband, S. 278.

397 *Brasch,* Konversion, S, 21; *Soergel*[13]*/Hefermehl,* § 140 Rn. 1; *Larenz/Wolf,* Allg. Teil BGB, § 44 VII 3 (S. 817); *Medicus,* Allg. Teil BGB, § 36 II 1 (Rn. 517); *Staudinger*[13]*/Roth,* § 140 Rn. 7.

Kritiker halten dagegen, dass überhaupt kein echtes Konkurrenzverhältnis entstehen könne.[398]

Die Umdeutung setzt zwingend die Nichtigkeit des Rechtsgeschäftes voraus; ein gemeinsamer Anwendungsbereich – und damit ein Konkurrenzverhältnis – kann sich folglich auch nur bei nichtigen Rechtsgeschäften ergeben. Bei der ergänzenden Auslegung kann die auszufüllende Lücke gerade darin bestehen, dass der Erblasser für den Fall der Nichtigkeit keine Regelung hinsichtlich der Rechtsfolgen- (Aufrechterhaltungs-) Frage getroffen hat.[399] Logische Konsequenz ist daraus, dass sowohl die Umdeutung als auch die ergänzende Auslegung auf nichtige Rechtsgeschäfte anwendbar sind.[400]

Am Beispiel der Ansicht von *Roth* soll die Schwierigkeit und Widersprüchlichkeiten in diesem gemeinsamen Anwendungsbereich erläutert werden. *Roth* sieht zunächst einmal die ergänzende Auslegung vorrangig zur Umdeutung: *„[...] die Umdeutung [greift] erst dann ein, wenn der Vertrag nach geschehener ergänzender Auslegung im ganzen nichtig ist.“*[401] Gleichzeitig ermittelt er den hypothetischen Willen, im Rahmen der Umdeutung, *„[...] nach den Grundsätzen der ergänzenden Vertragsauslegung[...].“*[402]

Im Falle einer unwirksamen Bedingung wäre demnach zunächst die ergänzende Auslegung zur Rate zu ziehen. Führt diese nicht weiter bzw. führt der ermittelte hypothetische Wille zur Totalnichtigkeit, greift die Umdeutung. Der hypothetische Wille wird aber für die Umdeutung nach den gleichen Grundsätzen wie zuvor ermittelt. Ein anderes Ergebnis ist damit aber ausgeschlossen und die Umdeutung ist obsolet, denn sie kann niemals zu anderen Ergebnissen führen als die ergänzende Auslegung. Eine hintereinander geschaltete ergänzende Auslegung und Umdeutung ist schlichtweg sinnlos, denn das mehrfache Abstellen auf ein und denselben hypothetischen Willen kann zwangsläufig nicht zu unterschiedlichen Ergebnissen führen.

Ein eigener Anwendungsbereich der Umdeutung könnte sich somit nur dann ergeben, wenn die ergänzende Auslegung bei nichtigen Rechtsgeschäften keine Anwendung fände. Die Umdeutung würde dann diesen Bereich als den ihrigen beanspruchen können.[403] Das wiederum ist mit obiger Ausführung nicht verein-

---

398 *Kahl,* Umdeutung, S. 89.

399 Vgl. die Ausführungen auf S. 86.

400 **A.A.** *Kahl,* Umdeutung, S. 89; wohl auch *Larenz/Wolf,* Allg. Teil BGB, § 44 VII 3 (S. 817).

401 *Staudinger*[13]*/Roth,* § 140 Rn. 8.

402 *Staudinger*[13]*/Roth,* § 140 Rn. 25.

403 Mit dieser Annahme wäre die Umdeutung tatsächlich nur ein Unter- bzw. besser Spezialfall der ergänzenden Auslegung.

bar, nach der die Anwendung der ergänzenden Auslegung explizit auf sittenwidrige und damit nichtige Rechtsgeschäfte zu erstrecken ist.[404]

Rein intuitiv bietet sich deshalb eine quantitative Unterteilung an. So wäre die Umdeutung als Instrument der Umformung bzw. Neuschöpfung prädestiniert für Rechtsgeschäfte, die in ihrer Gänze in Frage stehen. Die ergänzende Auslegung als „Lückenfüller" hingegen beschränkt sich bei nichtigen Rechtsgeschäften auf die einzelnen unwirksamen Teile.[405] Bildlich gesprochen reißt z.B. eine einzelne nichtige Klausel eine Lücke in das Rechtsgeschäft. Steht jedoch das gesamte Rechtsgeschäft zur Disposition, dann ist die Lücke derart groß, dass nur noch eine völlige Neugestaltung, in Form der Umdeutung, helfen kann.

Diese Aufgabenverteilung ist nicht zwingend erforderlich, die Rechtsprechung nimmt aber eine solche intuitiv – bzw. zumindest ohne Begründung – vor.[406]

IV. Zusammenfassung und Ergebnis

Fassen wir die drei untersuchten Methoden kurz zusammen, ohne dabei einen Anspruch auf Vollständigkeit zu erheben:

Die **normierte Teilnichtigkeit** (§ 139 BGB / § 2085 BGB (analog)) beantwortet die Frage, wie sich nichtige Teile auf das ganze Rechtsgeschäft auswirken. Der Tatbestand fordert ein teilnichtiges, einheitliches Rechtsgeschäft sowie dessen Teilbarkeit. Im Gegenzug bietet die Norm dem Richter eine Rechtsfolgenanordnung, falls die Untersuchung des hypothetischen Willens ergebnislos bleibt.

Für die sittenwidrig bedingte Verfügung wäre dies eigentlich ein Anwendungsfall par excellence – stellt sie doch auf den Erblasserwillen ab, ist in der Lage einen sittenwidrigen Teil (Bedingung) abzutrennen und ordnet zudem eine Rechtsfolge im Falle eines *non-liquet* an. Aufgrund der vielen Tatbestandsvoraussetzungen und mit Rücksicht auf den historischen Gesetzgeber bleibt aber im Ergebnis die normierte Teilnichtigkeit hier unanwendbar. Dieser Weg scheitert schlicht an der Teilbarkeit von Bedingung und Verfügung.

Die **Umdeutung** (§ 140 BGB) ist geschaffen für die Umformung eines formnichtigen Rechtsgeschäftes. Auch wenn die tatbestandlichen Voraussetzungen für die Anwendung der Umdeutung vorliegen, so richtig passen wird die

404 Vgl. die Ausführungen auf S. 86.

405 Die sittenwidrige Bedingung ist ein solcher unwirksamer Teil.

406 Vgl. hierzu *Hager,* Auslegung, S. 163 a.E.

Umdeutung nie. Es geht nicht um die Umformung eines formnichtigen,[407] in Gänze unwirksamen Rechtsgeschäfts, sondern um die Erhaltung der Verfügung unter Abtrennung des unzulässigen Teils.

Die Umdeutung hat nicht den Zweck, einen unvollständigen Willen zu ergänzen; sie korrigiert vielmehr den erklärten Willen, *„indem sie das entscheidende Ziel herauslöst und die dazu nicht geeignete (aber gewollte!) rechtliche Gestaltung durch eine andere ersetzt.“*[408] Eine andere Gestaltung ist aber schlicht nicht möglich, die Bedingung kann nicht durch ein ähnliches Konstrukt ersetzt werden, der Makel der Sittenwidrigkeit wird sich auch dort fortsetzen.

Für die Rechtsfolge einer sittenwidrigen Bedingung stellt zwar die Umdeutung das notwendige Werkzeug zur Verfügung (hypothetischer Wille), doch die Handhabung ist nicht geeignet. Es ist nicht notwendig, eine völlig neue Verfügung mittels Umdeutung zu schaffen, es reicht aus, die bestehende Verfügung mit demselben Handwerkszeug zu „reparieren“.

Die **ergänzende Auslegung** ist im wahrsten Sinne des Wortes ein „Lückenfüller“. Sie stellt – wie auch die normierte Teilnichtigkeit und die Umdeutung – auf den hypothetischen Willen ab, ist aber überall dort einsetzbar, wo die beiden anderen Methoden aufgrund des Tatbestandes oder ihrer Zweckrichtung versagen. Dennoch ist ein gewisses Legitimationsproblem aufgrund der fehlenden positivrechtlichen Normierung nicht zu verhehlen. Zudem sind die Voraussetzungen auf ein Minimum beschränkt; es bedarf lediglich einer Lücke im Testament. Eine solche ist schnell gefunden; bedenkt – wie hier – der Erblasser einen möglichen Unwirksamkeitsgrund seiner Verfügung nicht, ergibt sich unmittelbar eine schließungsbedürftige Lücke.

Die Gemeinsamkeit von Umdeutung und normierter Teilnichtigkeit – der hypothetische Wille – veranlasste *Heiss* zu einer Verschmelzung beider Institute zur „geltungserhaltenden Auslegung“. *„Beide Institute überlassen es dem (hypothetischen) Parteiwillen, die Frage des Vertragsrisikos (Totalvernichtung oder Aufrechterhaltung eines Teils bzw. in anderer Form oder beides kombiniert) zu entscheiden. Dann aber erscheint es möglich, in Fällen der Nichtigkeit die Frage nach der Aufrechterhaltung des Vertrags ganz allgemein nach dem hypothetischen Parteiwillen zu entscheiden.“*[409]

Eine Auslegung mit Hilfe des hypothetischen Willens ist aber nichts anderes als die ergänzende Auslegung. Man sollte insoweit nicht von einer Verschmel-

---

407 *Staudinger*, in: Hausmann/Hohloch, Kap. 9 Rn. 136; BayObLG NJW-RR 1996, 7, 8 m.w.N.; die Formnichtigkeit wird als Hauptanwendungsfall der Umdeutung bezeichnet; vgl. hierzu *Leipold,* Erbrecht, Rn. 401; *Krampe,* Konversion, S. 226; *Staudinger*[13]*/Roth,* § 140 Rn. 30.

408 MünchKomm[5]/*Leipold,* § 2084 Rn. 121.

409 *Heiss,* Formmängel, S. 215.

zung sprechen, sondern von einer Reduktion auf das Wesentliche. Sowohl die Umdeutung als auch die normierte Teilnichtigkeit werden auf ihren Kerngedanken zurückgeführt und das ist die Aufrechterhaltung des Rechtsgeschäftes mit Hilfe des (hypothetischen) Willens des Erblassers.

Die ergänzende Auslegung ist in vorliegender Konstellation damit eine reduzierte Umdeutung oder auch normierte Teilnichtigkeit, zugleich aber die einfachste und dabei konsequenteste Variante, um dem Willen des Erblassers zur Geltung zu verhelfen.[410] Zwar wurde die ergänzende Auslegung – im Gegensatz zur normierten Teilnichtigkeit und Umdeutung – nicht für die Aufrechterhaltung von (teil)nichtigen Rechtsgeschäften geschaffen,[411] doch ist sie, als außerordentlich flexibles Instrument, einzig taugliches Mittel, um den Rechtsfolgen sittenwidriger Bedingung mittels des hypothetischen Willens Herr zu werden. Zurückzuführen ist das allerdings nur auf die zusätzlichen Voraussetzungen, von denen Rechtsprechung und Lehre die Anwendbarkeit von § 139 BGB / § 2085 BGB (analog) und § 140 BGB abhängig machen. Das eigentliche „Werkzeug" (hypothetischer Wille) ist ein und dasselbe.

Somit bleibt das (Zwischen-) Ergebnis jedenfalls gleich, unabhängig davon ob der Weg zum hypothetischen Wille mittels normierter Teilnichtigkeit, Umdeutung oder ergänzender Auslegung beschritten wird. Dabei ist wohl nicht so weit zu gehen wie *Hager*, der alle drei Methoden im Gesamtergebnis gleichstellt,[412] insbesondere wegen der unterschiedlichen Ausgangslage bei einem *non-liquet*. Im Gegensatz zu § 139 BGB / § 2085 BGB haben die Umdeutung und die ergänzende Auslegung keine verbindliche Rechtsfolge.

D. „In die Seele der Partei" – der hypothetische Wille

Der hypothetische Wille des Erblassers ist (Zwischen-) Ziel, Anwendungsvoraussetzung und Eckpfeiler aller drei Methoden der Aufrechterhaltung eines Rechtsgeschäfts. Er ist nicht erklärt oder auch nur gedacht. Der hypothetische

---

410 Vgl. auch *Müller,* Verwirkungsklauseln, S. 195.

411 In der wohl grundlegenden Entscheidung für die ergänzende Testamentsauslegung ging es darum, ob in Anlehnung an § 2069 BGB auch die Kinder anstelle des vorverstorbenen Neffen (Vater der Kinder) zum Erben berufen waren, Vgl. hierzu RGZ 99, 82 f. und *Gerhards,* Ergänzende Testamentsauslegung, S. 23; *Kipp/Coing,* Erbrecht, § 21 III 5a (S. 141); *Stagl,* Wortlaut als Grenze, S. 94.

412 *Hager,* Auslegung, S. 118 f., 155 f.

Wille umfasst eine Mutmaßung: was wäre wenn – eine Fiktion der Denk- und Verhaltensweise.[413]

Ausgangspunkt ist der nicht gedachte Wille, da der wahre und ursprüngliche Wille die Rechtsfolgen der sittenwidrigen Bedingung nicht bedacht hat.[414, 415] Die im Konjunktiv abgefasste gesetzliche Formulierung „*wenn [nicht] anzunehmen ist, dass [...] würde*“ findet sich sowohl in § 139, § 2085 als auch in § 140 BGB.[416] In dieser sprachlichen Wendung wird der gesetzliche Befehl zur Ermittlung des hypothetischen Willens gesehen.[417]

Die Formulierung gibt auch Hinweise, wie eben jene Ermittlung zu erfolgen hat. Der Wortlaut unterstellt eine fiktive Situation (Kenntnis der Sittenwidrigkeit), die aber tatsächlich von den Parteien (bzw. Erblasser) nicht bedacht wurde. Das Verhalten der Parteien in einer fiktiven Situation soll Aufschluss geben über den gesuchten hypothetischen Willen.

I. Der Schlüssel zum hypothetischen Willen

Im Zentrum steht die entscheidende Frage, die der Richter dem Erblasser zu dessen Lebzeiten hätte stellen müssen.

Die erwartete Antwort darauf sollte idealtypisch „Gesamt-“ oder „Teilnichtigkeit“ lauten. Mit dieser schwarz-weiß Antwort, ohne jegliche Schattierungen, wäre dem Richter am meisten gedient. Ausgeschlossen sind dabei zumindest all jene Fragestellungen, die mit „Was *hat* der Erblasser gewollt“ einleiten. Aufgrund des hypothetischen Willens ist nicht der reale Wille zu erforschen, sondern der irreale, sprich: „Was *hätte* er gewollt…“.

---

413 Vgl. hierzu *Keuk,* Erblasserwille, S. 67; kritisch zum Begriff der Fiktion *Staudinger*[13]*/Otte,* Vor. §§ 2064 ff. Rn. 82.

414 Siehe S. 83.

415 *Savigny,* System, Bd. 3, S. 199 folgert, dass die Teilnichtigkeit die einzige Möglichkeit ist den wahren bzw. vielmehr den ursprünglichen Willen des Erblassers aufrecht zu halten – oder zumindest ein Teil des Willens.
Zwar mag der wahre Wille durch die Teilnichtigkeit (teilweise) erhalten bleiben, aber es ist keineswegs gesagt, dass ein beschnittener ursprüngliche Wille dem Erblasser liebe wäre, als ein unangetasteter hypothetischer Wille, welcher wiederum nicht mit dem ursprünglichen übereinstimmen muss. Der ursprüngliche Wille hilft bei der Rechtsfolge nicht weiter, denn er hat die Sittenwidrigkeit gerade nicht bedacht. Entscheidend ist damit der hypothetische Wille, dem prinzipiell sowohl Teil- als auch Gesamtnichtigkeit gleich nahe liegt.

416 Vgl. für weitere derartige gesetzliche Abfassungen die Ausführungen bei *Kahl,* Umdeutung, S. 220 f.

417 *Esch,* Teilnichtige Rechtsgeschäfte, S. 68.

Bereits ganz zu Anfang dieser Untersuchung wurde die gesuchte Frage wie folgt formuliert: *„Wie hätte der Erblasser über die Rechtsfolgen entschieden?“*[418] Aus der gesetzlichen Formulierung wurde geschlossen, dass der hypothetische Wille aus einer fiktiven Situation heraus zu ermitteln ist.[419] Wegen dieser Annahme bedarf es eines konkretisierenden Passus: *„[...], wenn er Kenntnis von der Sittenwidrigkeit gehabt hätte?*[420]

Der überwiegende Teil der Literatur stellt folgende Fragestellung auf: *„Wie hätte der Erblasser seine (teil)unwirksame Verfügung* ***ausgestaltet****, wenn er die Sittenwidrigkeit vorausschauend bedacht hätte?“*[421] Der Unterschied liegt darin, dass obige einfach formulierte Frage lediglich auf die gesuchte Rechtsfolge abzielt. Die letztgenannte Fragestellung hingegen erweitert die Untersuchung auf alle denkbaren Reaktionsmöglichkeiten des Erblassers. Sie fragt nicht explizit nach der Rechtsfolge, sondern nach der hypothetischen Ausgestaltung.

Die Antwort auf diese Frage muss bzw. kann überhaupt nicht „Gesamt-“ oder „Teilnichtigkeit“ lauten, sondern ist immer eine neue – unter Annahme der Voraussicht – überarbeitete letztwillige Verfügung. Ein Vergleich von alter – unwirksamer – Verfügung mit neuer – hypothetischer – Verfügung bringt schlussendlich Gewissheit über die Rechtsfolge, so dass auch hier das Ergebnis, schwarz/weiß, Gesamt- oder Teilnichtigkeit heißt.

Denkbar ist auch, dass die hypothetisch erstellte Verfügung eine ganz neue, anders lautende Bedingung enthält, oder auch eine bisher unerwähnte dritte Person als Erben benennt. So könnte der Erblasser sein ehemals sittenwidriges Testament *„Mein Sohn wird Erbe, wenn er protestantisch heiratet.“* wie folgt – hypothetisch – abändern: *„Mein Neffe ist Alleinerbe.“* In diesem Fall wäre weder Gesamt- noch Teilnichtigkeit das Ergebnis, sondern die vollständige Ersetzung der ehemals sittenwidrigen Verfügung. Dass derartiges nicht möglich ist, wurde bereits auf S. 17 f. erläutert.

Die gesuchte Fragestellung muss, um ein solches Ergebnis zu vermeiden, eine rechtsfolgenbezogene Antwort intendieren. Sie lautet entsprechend wie folgt: *„Wie hätte der Erblasser über die Rechtsfolgen entschieden, wenn er Kenntnis von der Sittenwidrigkeit gehabt hätte?“*[422]

---

418 Vgl. S. 34, 53.

419 Vgl. die Ausführungen auf S. 106.

420 Vgl. hierzu auch *Kahl,* Umdeutung, S. 222, 223.

421 Vgl. hierzu *Hermann,* Pro non scripta, S. 129; *Rodermund,* Vergangenheits- und Gegenwartsbedingungen, S. 100; *Scherer,* Grenzen der Auslegung, S. 88; *Stumpf,* Erläuternde und ergänzende Auslegung, S. 185.

422 So auch *Litzenburger,* ZEV 2008, 369, 370; *Soergel*[13]*/Loritz,* § 2074 Rn. 33; *Schlitt,* Pflichtteilsberechtigte, S. 70; *Schlitt,* Testamentsklauseln, Bd. 9, S. 75. Regelmäßig hätte der Erblasser bei vorausschauender Kenntnis der Sittenwidrigkeit nicht über die

II. Zum Begriff des hypothetischen Willens

In der Literatur sind vielfache Bezeichnungen für die Klassifizierung des Willens im Allgemeinen und für den gesuchten Willen im Speziellen vorhanden. So wird u.a. von dem hypothetischen,[423] mutmaßlichen[424], realen, irrealen, surrealen, gedachten, wirklichen, erwiesenen und vermuteten Willen gesprochen.[425]

Der *reale* bzw. *wirkliche* Wille ist der tatsächlich vorhandene, also jener, den der Erblasser zu Lebzeiten gebildet hat. Wird er zusätzlich nachweislich belegt, handelt es sich um den *erwiesenen (wirklichen)* Willen.

Der *vermutete* Wille bildet das Gegenstück zum erwiesenen Willen; er ist gerade nicht voll erwiesen. Es gibt demnach sowohl den erwiesenen wirklichen Willen als auch den vermuteten wirklichen Willen.[426]

Der *mutmaßliche* Wille begegnet uns in § 683 BGB, welcher lautet: *„Entspricht die Übernahme [...] dem wirklichen oder mutmaßlichen Willen[...].“*

Dem Gesetz ist damit eine ausdrückliche Unterscheidung zwischen wirklichem und mutmaßlichem Willen zu entnehmen. Der wirkliche Wille i.S.v. § 683 BGB muss aber *„ausdrücklich oder konkludent geäußert“*[427] sein, so dass es sich – ergänzend zum Gesetzeswortlaut – um den *erwiesenen* wirklichen Willen handeln muss.

Der *mutmaßliche* Wille hingegen ist derjenige, den der Geschäftsherr vermeintlich geäußert hätte. Ein solcher Wille ist nicht tatsächlich vorhanden (*irreal*), sondern *hätte* sich bei Kenntnis gebildet.[428] Der irreale Wille ist das Gegenstück zum realen Willen und kann nach obiger Ausführung sowohl als erwiesener irrealer Wille als auch als vermuteter irrealer Wille in Erscheinung treten.

Rechtsfolgen entschieden, sondern vermutlich komplett neu testiert. Das Ergebnis ist aber außen vor zu lassen. *„Es kommt darauf an, ob der Testator bei Kenntnis der Nichtigkeit die Verfügung lieber unterlassen hätte oder ob er denselben Erben oder Vermächtnisnehmer ohne Bedingung ernannt haben würde.“* (*Lübtow,* Erbrecht, 1. Halbband, S. 352).

423 *Soergel*[13]*/Hefermehl,* § 139 Rn. 34; § 140 Rn. 8, § 158 Rn. 129; *Staudinger*[13]*/Roth,* § 139 Rn. 75, § 140 Rn. 25, § 157 Rn. 30.

424 *Palandt*[70]*/Ellenberger,* § 139 Rn. 14, § 140 Rn. 8 spricht für § 139 und § 140 vom mutmaßlichen Willen, verweist aber auch auf die ergänzende Auslegung, wohingegen er dort (§ 157 Rn. 7) vom hypothetischen Willen spricht.

425 Vgl. auch *Kahl,* Umdeutung, S. 223.

426 *Schulz,* Der Irrtum im Beweggrund bei der testamentarischen Verfügung (1979; Neudruck der Ausgabe 1927), S. 74; vgl. hierzu auch *Krampe,* Konversion, S.5; *Lübtow,* Probleme, S. 57; *Thielmann,* Sittenwidrige Verfügungen, S. 184 Fn. 71.

427 Vgl. statt aller MünchKomm[5]*/Seiler,* § 683 Rn. 9.

428 Anders *Hermann,* Pro non scripta, S. 152.

Gleiches gilt für unsere obig formulierte Frage: *„Wie hätte der Erblasser über die Rechtsfolgen entschieden, wenn er Kenntnis von der Sittenwidrigkeit gehabt hätte?“* Diese Frage ist grammatikalisch im Konjunktiv II gehalten, der auch als irrealer Bedingungssatz bezeichnet wird. Die grammatikalische Bezeichnung ist in dem Fall beschreibend für die juristische Einordnung – gesucht ist mit dieser Frage der *irreale* Wille.

Die ganz überwiegende Literaturmeinung bezeichnet diese Fragestellung als Suche nach dem *hypothetischen* Willen.[429] Der hypothetische Wille ist von der Begrifflichkeit her ein auf unbewiesener Vermutung[430] beruhender Wille und damit lediglich ein Synonym für den bereits erwähnten *vermuteten* Willen.[431] Ob ein Wille aber nun vermutetet (hypothetisch) oder erwiesen ist, sagt noch nichts über dessen Existenz (real – irreal) aus. Die Bezeichnung hypothetischer Wille ist demnach zumindest ungenau.[432]

Falsch ist die alleinige Bezeichnung „hypothetischer Wille“ dennoch nicht. Die Begriffspaare real – irreal und erwiesen – vermutet (bzw. hypothetisch) sind zwar formell abschließend, so dass z.B. der irreale Wille sowohl erwiesen als auch vermutet sein kann, aber diese Annahme hat zumindest im erbrechtlichen System nur bedingte Geltungskraft.

Greifen wir uns zunächst den irreal erwiesenen Willen heraus. Ein solcher ist tatsächlich nicht vorhanden (Fragewort: Was *hätte* er getan…) und trotzdem zugleich erwiesen. Der Richter weiß also nachweislich, was der Erblasser getan

---

429 U.a. AnwK-BGB[2]/*Beck,* § 2074 Rn. 27; *Gilbert,* Unmoralische Angebote, S. 112; *Soergel*[13]/*Loritz,* § 2084 Rn. 34.

430 Vgl. hierfür z.B. Duden, Das Fremdwörterbuch unter dem Stichwort „hypothetisch“.

431 Der *mutmaßliche* Wille ist von der Begrifflichkeit ebenfalls ein vermuteter (mutmaßen). Dieses Ergebnis steht zunächst im Widerspruch mit obiger Erklärung zu § 683 BGB – dort wurde der mutmaßliche Wille als irrealer umschrieben. Aber auch hier war der Gesetzgeber lediglich ungenau, es handelt sich um den irreal vermuteten (mutmaßlichen) Willen. Ein Teil der Literatur unterscheidet folglich nicht zwischen hypothetischen und mutmaßlichen Willen *Palandt*[70]/*Ellenberger,* § 139 Rn. 14, § 140 Rn. 8, § 157 Rn. 7; *Kipp*/*Coing,* Erbrecht, § 21 III 5 b (S. 142) und § 21 IV 5 (S. 146); *Scholz,* § 139 BGB, S. 49; *Staudinger,* in: Hausmann/Hohloch, Kap. 9 Rn. 54; **a.A.** (für Unterscheidung zwischen hypothetischen und mutmaßlichen Willen) *Nieder,* Handbuch, § 23 2 b (S. 993 Rn. 25); wohl auch *Lange*/*Kuchinke,* Erbrecht, § 27 VI 3 (S. 559).

432 So auch *Jungmichel,* Unzulässige Beschränkung, S. 137 Fn. 18; *Staudinger*[13]/*Otte,* Vor. §§ 2064 ff. Rn. 81 hält diese terminologische Einordnung vom hypothetischen Willen für *„wenig glücklich, da ‚hypothetisch' im wissenschaftlichen Sprachgebrauch stets auf einen Bedingungszusammenhang hindeutet, wie er für den durch ergänzende Auslegung zu ermittelnden Willen charakteristisch ist, nicht aber für den durch erläuternde Auslegung zu ermittelnden wirklichen Willen.“.*

hätte. Für einen Nachweis bedarf es dennoch einer wie auch immer gearteten Manifestierung des Willens.

Wenn aber der Erblasser seinen Eventualwillen niedergeschrieben hat bzw. dieser sich aus den Umständen ergibt, dann handelt es sich notwendigerweise auch um einen realen, tatsächlich vorhandenen Willen und nicht um einen irrealen. Der Erblasser kann schlichtweg keinen nicht-vorhandenen (irrealen) Willen manifestieren, so dass der Richter diesen auch niemals als erwiesen anerkennen kann.[433] Ein irrealer Wille ist folglich zugleich immer auch ein vermuteter bzw. hypothetischer.[434]

Demgegenüber kann der reale Wille im Zusammenspiel mit hypothetischer als auch erwiesener Annahme stehen. Der real erwiesene Wille ist der wünschenswerte, er ist tatsächlich vorhanden und ergibt sich – zumindest angedeutet – aus der Urkunde. Wenn der Richter sich von diesem Willen nicht überzeugen kann, so muss er sich mit dem Sinn begnügen, der dem Erblasserwillen *vermutlich* am ehesten entspricht[435] – der real vermutete Wille.

Für unsere Fragestellung begibt sich der Richter jedenfalls auf die Suche nach dem *hypothetisch, irrealen* Willen. Bei allen Differenzen in der Terminologie, Einigkeit besteht zumindest dahingehend, dass dem nicht erklärten Willen nachzugehen ist.

III. Methode der Ermittlung

Ungeklärt ist nach wie vor die Methode der Willensermittlung. Gemeint ist damit, welche Sichtweise (objektiv – subjektiv) zur Beantwortung der aufgestellten Frage heranzuziehen ist – ein überflüssiges und gekünsteltes Problem könnte man meinen, denn die Bezeichnung „Willensermittlung" beschreibt doch bereits das Kriterium: den Willen des Erblassers und dieser ist unzweifelhaft subjektiv.

Rechtsprechung und Literatur haben es aber auch hier nicht unterlassen, objektive Momente in die Willensermittlung *„hineinzuschmuggeln."*[436] Der Grund liegt – bei wohlwollender Unterstellung – wohl in der Schwierigkeit, einen (sub-

433 Die Andeutungstheorie, welche sich ebenfalls auf den irrealen Willen erstreckt (vgl. S. 89 f., 97), beschränkt sich auf die allgemeine Willensrichtung (Ziel). Der irreale Wille ist dennoch nicht erwiesen, was für den Schutzzweck der Andeutungstheorie auch nicht notwendig ist.

434 **A.A.** *Lübtow,* Probleme, S. 57.

435 *Lange/Kuchinke,* Erbrecht, § 34 III 2 d (S. 782); BGH NJW 1993, 256 welche nicht vom vermuteten Willen sprechen, sondern vom mutmaßlichen Willen. Beide Begriffe werden aber synonym verwendet; vgl. Fn. 431.

436 *Sandrock,* AcP 159 (1960/61), 481, 484.

jektiven) irrealen Willen zu ermitteln.[437] Der Rückgriff auf objektive Momente entsteht lediglich aus dem Zwang der Notwendigkeit.

Die Konsequenz hieraus wäre eine gestaffelte Untersuchung. Zunächst müsste der Wille aus rein subjektiven Erkenntnismöglichkeiten ermittelt werden. Führt dies zu keinem Resultat, nimmt eine verobjektivierende Betrachtung den Platz ein.[438]

Für **§ 139 BGB** wird der hypothetische Wille überwiegend nach dem objektiv Vernünftigen[439] bestimmt, was sich wiederum aus einer „Durchschnittsbetrachtung“ ergibt. Es wird gefragt, was vernünftige Parteien in selbiger Situation nach Treu und Glauben vereinbart hätten.[440] Zuweilen hat es sogar Bestrebungen gegeben, ausschließlich objektive Gesichtspunkte den hypothetischen Willen bestimmen zu lassen.[441] Mittlerweile soll der Richter zumindest den Willen nicht ausschließlich anhand von objektiven Gesichtspunkten bilden.[442, 443]

Gleiches gilt im Prinzip für **§ 140 BGB**. Betont wird im Unterschied lediglich die vordergründig wirtschaftliche Zielsetzung der Parteien, die bei der Willensermittlung beachtet werden muss.[444] Die bisweilen identische Ermittlung des hypothetischen Willens folgt den Regeln der **ergänzenden Auslegung**, denn größtenteils verweisen Rechtsprechung und Lehre für § 139 BGB und § 140 BGB auf die Grundsätze der ergänzenden Auslegung.[445, 446] Diese wiederum wird gemäß § 157 BGB geleitet von Treu und Glauben und der Verkehrssitte – also vorwiegend objektiven Momenten.[447]

---

437 *Lappe,* Teilnichtigkeit, S. 75; vgl. zur schwierigen Ermittlung des irrealen Willens auch *Badouvakis,* Fremdbestimmung, S. 197; *Esch,* Teilnichtige Rechtsgeschäfte, S. 75.

438 Hierfür *Esch,* Teilnichtige Rechtsgeschäfte, S. 79; *Soergel*[13]*/Hefermehl,* § 139 Rn. 34; *Staudinger*[13]*/Roth,* § 139 Rn. 75, § 140 Rn. 25. Siehe hierzu auch später S. 149 f.

439 *Palandt*[70]*/Ellenberger,* § 139 Rn. 14.

440 Vgl. hierzu *Heiss,* Formmängel, S. 173.

441 *Flume* BGB Allg. Teil, Bd. 2, § 32 5 (S. 578 f.); *Nolden,* Restgültigkeit, S. 42; vgl. hierzu auch *Oepen,* Zur Dogmatik des § 139 BGB, S. 14 Fn. 35; *Sandrock,* AcP 159 (1960/61), 481, 484 Fn. 10.

442 *Staudinger*[13]*/Roth,* § 139 Rn. 75; für die Umdeutung *Soergel*[13]*/Hefermehl,* § 140 Rn. 8.

443 Ausführlich zum Verhältnis von objektiven und subjektiven Momenten im Rahmen von § 139 BGB *Esch,* Teilnichtige Rechtsgeschäfte, S. 65 f., 74 ff.; *Lappe,* Teilnichtigkeit, S. 74 ff.

444 Vgl. auch *Hager,* Auslegung, S. 122; *Kahl,* Umdeutung, S. 231 f.

445 PWW[4]*/Ahrens,* § 139 Rn. 20, § 140 Rn. 11; *Palandt*[70]*/Ellenberger,* § 139 Rn. 14, § 140 Rn. 8; *Staudinger*[13]*/Roth,* § 140 Rn. 25. Kritisch hierzu *Oepen,* Zur Dogmatik des § 139 BGB, S. 18 ff.

446 Ausführlich zur Willensermittlung im Rahmen der ergänzenden Auslegung: *Pilz,* Richterliche Vertragsergänzung und Vertragsabänderung, S. 55 ff.

447 Vgl. die Ausführungen auf S. 84.

Die ergänzende Testamentsauslegung wird aber gegenüber der Vertragsauslegung nicht aus dem verobjektivierten § 157 BGB hergeleitet, sondern meist aus § 2084 BGB.[448] Das Gesetz und damit auch die Rechtsprechung und Lehre geben der ergänzenden Testamentsauslegung folglich überhaupt keine objektiven Gesichtspunkte bei der Willensermittlung an die Hand.[449] Das gilt zwar zunächst nur für die ergänzende Auslegung. Für diejenigen, die bei § 139 BGB und § 140 BGB jedoch auf die Grundsätze der ergänzenden Auslegung verweisen, gilt diese Prämisse natürlich im gleichen Maße.

Aber auch ohne den Verweis auf die ergänzende Auslegung kann nichts anderes gelten. Bei letztwilligen Verfügungen dürfen wegen der mangelnden Schutzbedürftigkeit des Empfängers bzw. Rechtsverkehrs ausschließlich subjektive Momente zur Ermittlung des Willens herangezogen werden. Maßgeblich ist damit einzig und allein der (hypothetische) Wille des Erblassers, ohne die objektive Vernunft Dritter oder des Richters.[450]

Für den Sonderfall einer sittenwidrigen Bedingung gibt es allerdings Bestrebungen, von der subjektiven Ermittlung abzuweichen und wieder zurück zu einer objektiven Untersuchung zu kommen. Zur Erläuterung bedarf es eines Vorgriffs auf das nächste Kapitel, welches den verobjektivierten Lösungsansatz behandelt.[451]

Das Außerachtlassen des Erblasserwillens und das Abstellen auf objektive Momente werden mit Schutzabsichten gegenüber dem Bedachten begründet. Bei einer sittenwidrigen Bedingung wird der Bedachte regelmäßig vor die Wahl gestellt, der unzulässigen Bedingung nachzugeben, um die Erbschaft anzutreten, oder berechtigten Widerstand zu leisten, und dabei die Zuwendung zu verlieren. Ergibt nun der rein subjektiv ermittelte Wille, dass Gesamtnichtigkeit eintreten soll, dann verliert der ehemals Bedachte seine testamentarische Erbenstellung. Unabhängig davon, ob er die Bedingung freiwillig erfüllt oder sich ihr sittenkonform entgegengestellt hätte.[452] Der Richter könnte sich in solchen Fällen das Verdikt der Sittenwidrigkeit sparen, denn der Bedachte bekommt trotz entsprechender unzulässiger Bedingung von der Zuwendung nichts. Man belässt *„den Zu-Schützenden im Ergebnis genau in der Zwangssituation, vor der man ihn über § 138 BGB zu schützen vorgibt.“*[453]

448 Vgl. die Ausführungen auf S. 85.

449 *Staudinger*[13]*/Otte,* Vor. §§ 2064 ff. Rn. 93; *Staudinger*[13]*/Roth,* § 157 Rn. 31 a.E; vgl. hierzu auch *Stumpf,* Erläuternde und ergänzende Auslegung, S. 185 f.

450 Die Rechtsprechung stellt in erbrechtlichen Sachverhalten ebenso nur auf den subjektiven Willen ab; vgl. u.a. BGH, Urteil v. 17.03.1969 = NJW 1969, 1343 1347.

451 Ab S. 131 ff.

452 Außen vor bleibt die mögliche gesetzliche Erbenstellung.

453 *Lindacher,* AcP 175 (1975), 257, 259 a.E.

Aus diesem Grund will *Kuchinke* den hypothetischen Willen des Erblassers *„nur noch unter Weglassung der mit der Bedingung in unzulässiger Weise verfolgten Ziele und Absichten [...] ermitteln, weil sonst der mit dem Unwerturteil über eine Klausel angestrebte Zweck gerade nicht erreicht werden kann."*[454]

Der hypothetische Wille soll demnach aus Schutzzweckgesichtspunkten beschnitten werden, bzw. durch den Filter der Objektivität gepresst werden. An und für sich ist dem Gedanken des Bedachtenschutzes durchaus etwas Positives abzugewinnen. Die von *Kuchinke* vorgeschlagene Methode hingegen ist unzulässig. Ein – auch durch redliche Motive – beschnittener Wille birgt die Gefahr, dass die subjektiven Momente auf null reduziert werden und das nunmehr rein objektiv ermittelte Ergebnis äußerlich als Wille des Erblassers firmiert. Es ist aber nicht Sache des Richters, das sittenwidrige Gedankengut des Erblassers bei dessen Willenserforschung auszusondern. Seine Aufgabe ist es, den Erblasser bestmöglich zu vertreten und nicht, einen zurechtgestutzten Willen als vermeintlich Gewolltes darzubieten.

Abgesehen davon dürfte es außerordentlich schwierig sein, dem Willen nur den sittengemäßen Teil zu entnehmen. Die Ziele und Absichten des Erblassers in redliche und unredliche Teilstücke aufzuspalten, entbehrt jeglicher Praktikabilität.[455] Als Zwischenergebnis kann daher festgehalten werden, dass der hypothetische Erblasserwille rein subjektiv ermittelt werden muss und zwar mit der Frage: *„Wie hätte der Erblasser über die Rechtsfolgen entschieden, wenn er Kenntnis von der Sittenwidrigkeit gehabt hätte?"*

Der Richter hat sich zur Beantwortung dieser Frage „in die Seele der Partei zu versetzen"[456], in diesem Fall in die des Erblassers, und die Verfügung im Sinne des Testators weiter zu denken.[457] Der Zeitpunkt für diese Prüfung liegt in der Vergangenheit – bei Errichtung der Verfügung.[458] Dass die besagte Verfügung evt. erst wesentlich später gegen die guten Sitten verstößt, hat hierauf kei-

---

454 *Lange/Kuchinke,* Erbrecht,§ 27 VI 3 (S. 560).

455 *„Der Wille mag gebeugt, gebrochen oder zurechtgestutzt werden können, aber teilbar, aufspaltbar in einen teils guten u. teils verwerflichen Willen ist er nicht."* *Husmann,* NJW 1971, 404, 409.

456 *Tuhr,* Allg. Teil BGB, 2, 1.Hälfte, S. 284.

457 Vgl. hierzu *Keuk,* Erblasserwille, S. 65.

458 Maßgeblicher Zeitpunkt für die Ermittlung des hypothetischen Willens ist nach ganz h.M. derjenige der Testamentserrichtung, ein späterer realer Wille soll unbeachtlich bleiben *Lappe,* Teilnichtigkeit, S. 73, 74; MünchKomm[5]/*Leipold,* § 2084 Rn. 84; *Leipold,* Erbrecht, Rn. 397; *Kahl,* Umdeutung, S. 280; *Staudinger*[13]/*Otte,* Vor. §§ 2064 ff. Rn. 93; *Staudinger*[13]/*Roth,* § 139 Rn. 77, § 140 Rn. 27, § 157 Rn. 4, 34. Nach **a.A.** ist auch ein späterer (aktuellerer) realer Wille des Erblassers zu berücksichtigen; vgl. hierzu u.a. *Keuk,* Erblasserwille, S. 68 ff.

nen Einfluss. Der Richter muss sich *„in den früheren Zustand zurückversetzen und von dort in die damalige Zukunft schauen."*[459]

Die menschliche Willensbildung ist von den verschiedensten Faktoren beeinflusst. Eine exakte Berechnung und Rekonstruktion wird dabei wohl selten gelingen. Deswegen wird es auch eine hundertprozentige Sicherheit darüber, was der Erblasser gewollt oder getan haben würde, nie geben. Es geht darum, die Wahrscheinlichste von mehreren Möglichkeiten herauszufinden und die anderen Möglichkeiten mit ebenso genügend hoher Wahrscheinlichkeit auszuschließen.[460]

Aufgrund der präzisen Frageformulierung ist aber von vornherein nur ein rechtsfolgenbezogenes Ergebnis denkbar. Der allerwahrscheinlichste Fall, nämlich jener, dass der Erblasser nur seine ursprüngliche, bedingte Verfügung gewollt hatte, aber weder Teil- noch Gesamtnichtigkeit, ist außer Betracht zu lassen.[461] Ebenso darf nicht argumentiert werden, der Erblasser hätte die Sittenwidrigkeit bei Kenntnis vermieden.[462] Der Richter in Vertretung des Erblassers hat nur die Wahl zwischen vollständiger und teilweiser Unwirksamkeit der ursprünglichen Verfügung.

IV. Willensvermutungen – spekulativer Erblasserwille

Es liegt in der Natur des hypothetischen Willens, dass er als wahrscheinlichster von mehreren Möglichkeiten außerordentlich schwierig zu ermitteln ist und ebenso schwierig ausreichende Überzeugungskraft bietet. Wesentlich leichter fällt es demgegenüber, generelle Vermutungen über einen typisierten Erblasserwillen aufzustellen, um bereits im Vorfeld dem unliebsamen *non-liquet* entgegenzuwirken.[463] Grundlage für Vermutungen schaffen Rechtsprechung und

459 *Stumpf,* Erläuternde und ergänzende Auslegung, S. 185; so auch *Staudinger*[13]*/Roth,* § 157 Rn. 34.

460 Vgl. hierzu *Keuk,* Erblasserwille, S. 67 f.

461 Das ursprüngliche Geschäft trägt dem Willen des Erblassers am meisten Rechnung, zumal das neue, veränderte, teilweise Rechtsgeschäft nicht die gewünschten weitgehenden Rechtsfolgen bewirkt; vgl. hierzu *Kahl,* Umdeutung, S. 229 a.E.

462 Vgl. auch *Soergel*[13]*/Loritz,* § 2084 Rn. Fn. 317.

463 In Abgrenzung zu einem *non-liquet* wird bei der Willensvermutung dem Erblasser ein entsprechender Wille aufgrund von Erfahrungssätzen in den Mund gelegt. Bei einem *non-liquet* ist kein Wille ermittelbar. In dieser Situation können u.a. gesetzliche Regelungen helfen (z.B. § 139 BGB), auch ohne Willen zu einem Ergebnis zu gelangen. In der Praxis ist die Abgrenzung aber nicht so leicht. Denn so werden auch im Falle eines *non-liquet* Erfahrungssätze aufgestellt, wie im Zweifel zu verfahren ist. Diese Erfah-

Literatur, indem sie der *„[...] allgemeinen Lebenserfahrung eine gewisse Rolle[...]“*[464] bei der Ermittlung des hypothetischen Willens zusprechen.

Eine pauschale Vermutung ist aber nur dann anzunehmen, wenn es keinen einzigen abweichenden Fall gibt und noch nicht einmal dessen Möglichkeit. Das ist ausschließlich bei naturgegebenen Gesetzmäßigkeiten anzunehmen und nicht bei der Mannigfaltigkeit der menschlichen Willensbildung. Eine Vermutung, wie denn nun der Erblasser entschieden hätte, kann allenfalls die Ermittlung des hypothetischen Willens unterstützen, sie aber nicht entbehren.

Es sind denkbar vielfältige Annahmen in der Literatur vorhanden, wie der Erblasser wohl über die Rechtsfolgen entschieden hätte. So meint z.B. *Rodermund*, dass der Erblasser regelmäßig nur Teilnichtigkeit gewollt hätte, weil der Bedachte *„in der letztwilligen Verfügung Erwähnung gefunden hat, während die u.U. an seine Stelle tretenden gesetzlichen Erben gerade nicht bedacht wurden.“*[465]

Unerwähnte gesetzliche Erben sind nach dieser Meinung immer nachrangig im Vergleich zu dem erwähnten Bedachten. Um folglich die Zuwendung an die – möglicherweise völlig unbekannten – gesetzlichen Erben zu verhindern, soll nach dem vermuteten Willen des Erblassers der Bedachte die Zuwendung auch ohne Bedingung erhalten (Teilnichtigkeit).[466]

Unbrauchbar ist diese Vermutung jedenfalls bei Erwähnung anderer Bedachter, oder *„wenn der Erblasser neben der Person des eigentlichen Bedachten einen anderen als Vor- oder Nacherben benannt hat.“*[467] Aber nicht nur bei offensichtlicher Unbestimmtheit, welche der im Testament erwähnten Personen nun den Vorzug erhält, entbehrt diese Vermutung an Seriosität. Es ist genauso

---

rungssätze gründen aber ebenso häufig auf Willensvermutungen. Siehe hierzu später S. 127 f. insb. Fn. 515.

464 Vgl. hierzu u.a. *Soergel*[13]*/Loritz,* § 2084 Rn. 39; *Thielmann,* Sittenwidrige Verfügungen, S. 191.

465 *Rodermund,* Vergangenheits- und Gegenwartsbedingungen, S. 100; so auch *Schlitt,* Pflichtteilsberechtigte, S. 70. Das nachklassische und justinianische Recht kam in solchen Fällen ebenfalls zur Teilnichtigkeit (vgl. S. 25 f.). *Meischeider* vermutet, dass der Grund hierfür darin liegt, *„dass derjenige, den der Erblasser bedingungsweise bedacht hat, vor Anderen auf die der Gegenstand der Verfügung des Erblassers bei Richtigkeit dieser Verfügung übergehen möchte, doch immer das voraus hat, daß er vom Erblasser als der künftige Herr des Gegenstandes dieser Verfügung in Aussicht genommen worden ist.“* Er sagt aber ebenso: *„Aussicht, völlige Klarheit in dieser Frage herzustellen ist nicht vorhanden.“* (*Meischeider,* letztwillige Verfügungen, S. 119); vgl. hierzu auch *Lübtow,* Erbrecht, 1. Halbband, S. 351.

466 Ähnlich auch *Flume,* Allg. Teil BGB, Bd. 2, § 38 4 d (S. 695); *Gilbert,* Unmoralische Angebote, S. 112 a.E.

467 *Rodermund,* Vergangenheits- und Gegenwartsbedingungen, S. 101.

gut möglich, dass der Erblasser von vornherein mit dem Bedingungsausfall – und somit auch mit der gesetzlichen Erbfolge – rechnet bzw. sie sogar wünscht. Dies wäre z.B. der Fall, wenn der Bedachte nur zum Schein als Erbe eingesetzt und die Zuwendung an eine nahezu unerfüllbare Bedingung gekoppelt wurde. In Wirklichkeit wollte aber der Erblasser die gesetzlichen Erben bedenken und hoffte auf den Bedingungsausfall.[468] Mag dieser Fall auch nicht die Regel sein, so zeigt er doch deutlich, dass eine pauschal formulierte Annahme nicht dem Willen des Erblassers entsprechen muss.

Eine differenzierende Vermutung auf Grundlage der Motive des Erblassers stellt u.a. *Keuk* auf.[469] Hiernach soll Teilnichtigkeit anzunehmen sein, wenn der Erblasser dem Bedachten in erster Linie etwas zukommen lassen und nur nachrangig mittels der Bedingung dessen Lebensweg beeinflussen wollte. Denn in diesem Fall hätte der Erblasser bei Kenntnis der Unwirksamkeit den Bedachten lieber unbedingt als überhaupt nicht zum Erben gemacht. Ins Gegenteil verkehrt es die Annahme, *„wenn die bedingte Zuwendung gänzlich des freigebigen Charakters entbehrt, dem Erblasser es überhaupt nicht darum gegangen ist, dem Bedachten etwas zuzuwenden, sondern ihm nur an der Vornahme der Handlung selbst gelegen gewesen ist [...].“*[470] Tatsächlich wird wohl der Erblasser eher Gesamtnichtigkeit vorziehen, wenn die Bedingung der Befriedigung persönlicher Interessen dient.[471]

Im Gegensatz zu obiger Vermutung, führt diese nicht unmittelbar zur Gesamt- oder Teilnichtigkeit, sondern präzisiert lediglich den Fokus der Willensermittlung. Es sind nunmehr die Motive des Erblassers zu erforschen, welche einen Anhaltspunkt für die gewollten Rechtsfolgen geben. Anders als *Keuk* vermutet *Savigny*, dass jeder letztwilligen Verfügung der Zuwendungscharakter zugrunde liegt – *„Wer ein Testament macht, hat die unzweifelhafte Absicht, über sein Vermögen zu verfügen, und jede Erbeinsetzung, jedes Legat, fällt in diese allgemeine Absicht freigebiger Austheilung des Vermögens. Finden wir also eine solche Verfügung unter einer unsittlichen Bedingung, so hat die Annahme viele Wahrscheinlichkeit, daß er zwar das Schlechte bei dieser Gelegenheit durchsetzen wollte, aber auch davon abgesehen, denselben Erben oder Legatar ernannt haben würde [...].“*[472]

468 Bzw. auf den Bedingungseintritt bei einer auflösenden Bedingung.

469 *Keuk,* FamRZ 1972, 9, 16; vgl. auch *Rodermund,* Vergangenheits- und Gegenwartsbedingungen, S. 101; *Schlitt,* Pflichtteilsberechtigte, S. 69.

470 *Keuk,* FamRZ 1972, 9, 16.

471 Vgl. auch *Rodermund,* Vergangenheits- und Gegenwartsbedingungen, S. 101; skeptisch *Soergel*[11]*/Damrau,* § 2074 Rn. 4.

472 *Savigny,* System, Bd. 3, § 124 (S. 198); ähnlich auch *Lang,* Teilweise Nichtigkeit, S. 35. Der historische Gesetzgeber nimmt in den Motiven hierzu wie folgt Stellung: *„Der Li-*

Der von *Savigny* angenommene ehrbare Charakter einer Verfügung mag schon zu dessen Lebzeiten zweifelhaft gewesen sein, heutzutage kann die Vermutung für das „Gute im Menschen“ jedenfalls nicht die Rechtsfolgen diktieren. Insbesondere hätte der gutherzige Erblasser keiner Bedingung bedurft, sondern seine Freigiebigkeit durch eine bloße Empfehlung an den Erben Ausdruck verliehen. Es bleibt also bei der Motivsuche von *Keuk*, obwohl sich auch dann nicht mit Sicherheit die gewollte Rechtsfolge schlussfolgern lässt, wenn das Motiv feststeht.

Savigny bürdet dieses Risiko der fälschlichen Willensunterstellung allein dem Erblasser auf: *„Allein selbst wenn wir in einzelnen Fällen durch jene Annahme irren, so bekommt wenigstens nicht [...] ein Unwürdiger den Vortheil, da der Erbe oder der Legatar bei der aufgestellten unsittlichen Bedingung unschuldig ist; der Verstorbene aber hat es durch seine schlechte Absicht selbst verschuldet, wenn in diesem Stück sein Wille theilweise missverstanden wird.“*[473] Die Frage der Schuld des Erblassers darf sich in dessen bei der Erbenermittlung nicht stellen.[474] Mit solchen Wertungen werden unzulässige Momente in die subjektive Willensermittlung eingebracht.[475]

Rodermund und *Keuk* stehen aber bei den Spekulationen über den Erblasserwillen nicht alleine da.[476] *Otte* schreibt, dass eine auf Teilnichtigkeit gerichtete Willensrichtung zu vermuten ist, *„wenn das Testament eine vollständige Nachlassverteilung bezweckt und alle in ihm enthaltenen Verfügungen mit der ungültigen Bedingung verknüpft sind, und ferner bei allen Verfügungen zugunsten gesetzlicher Erben.“*[477] Eine Begründung für diese Vermutungen wird nicht angeführt. Bei ersterer liegt aber wohl die Annahme zu Grunde, dass bei einer vollständigen Nachlassverteilung der Erblasser lieber auf einen Teil seiner Anordnung verzichtet, als auf gänzlich alle Regularien zu verzichten.

Bei zweitgenannter Vermutung liegt der Gedanke zugrunde, dass bei Gesamtnichtigkeit meist sowieso die gesetzlichen Erben am Zuge sind, so dass –

---

beralitätscharakter der letztwilligen Zuwendung bringt keineswegs mit sich, anzunehmen, der Erblasser habe das Hauptgewicht auf die Zuwendung gelegt und die Ausführung der Bedingung als etwas Nebensächliches erachtet.“; Mot. V, 19 = *Hahn/Mugdan,* Materialien BGB, Bd. 5, S. 10.

473 *Savigny,* System, Bd. 3, § 124 (S. 199).

474 Bereits in den Entwürfen zu dem BGB führt an dieser Stelle der Redaktor v. Schmitt aus: *„Daß der Bedachte an der Beifügung der unerlaubten Bedingung unschuldig war, ist unerheblich, er hat einen Anspruch überhaupt nur aus einer gültigen Verfügung.“*; *Schmitt,* Erbrecht (1981-1984), S. 96.

475 Vgl. hierzu insbesondere die Ausführungen auf S. 120 ff.

476 *Müller,* Verwirkungsklauseln, S. 195 stellt eine Vermutung für unwirksame Verwirkungsklauseln auf.

477 *Staudinger*[13]*/Otte,* § 2074 Rn. 67; zustimmend AnwK-BGB[2]*/Beck,* § 2074 Rn. 27.

wenn von vornherein die gesetzlichen Erben als gewillkürte eingesetzt sind – die Teil- und die Gesamtnichtigkeit jedes Mal zum gleichen Bedachten führen. Bei Personenidentität soll dann aber zumindest ein Teil der Verfügung mit seinen sonstigen Anordnungen und Beschränkungen erhalten bleiben.

Dem ist nicht zuzustimmen. Möglicherweise war nämlich die (sittenwidrige) Bedingung das Kernelement der letztwilligen Verfügung und wenn nun alle Teile damit verknüpft sind, soll lieber gar keines Geltung erhalten, als dass ein leerer Torso aufrechterhalten wird. Ebenso möglich ist es, dass der Erblasser gerade nur dann den eingesetzten und zugleich gesetzlichen Erben etwas zuwenden wollte, wenn sie die Bedingung erfüllen und ohne Bedingung einen ferneren – nicht gesetzlichen – Erben benennen.[478]

Nach alledem bleibt nur festzustellen, dass die Ermittlung des hypothetischen Willens außerordentlich schwierig ist und eine plausible Vermutung für diesen noch viel mehr. Jegliche Vermutung stützt sich auf Lebens- bzw. Praxiserfahrung und auf die Annahme, dass ein vernünftiger Erblasser in selber Weise handeln würde. Dass dem nicht immer so sein muss, lehrt ebenfalls das Leben. Eine Vermutung kann daher nur Ausgangs- und Anhaltspunkt bieten, aber keinesfalls eine Form von Zweifelsregelung. Je bizarrer der Erblasserwille sich hierbei darstellt, desto weniger kann die Vermutung dem Richter dienen. In solchen Fällen verbleiben schlussendlich nur die Kapitulation und das unvermeidbare *non-liquet*.

V. Ermittlungsergebnis

Kommt der Richter nach alledem dennoch zu einem überzeugenden Ergebnis, so kann dies drei Formen haben: Gesamt- oder Teilnichtigkeit oder eben die Gewissheit, dass der hypothetische Wille nicht aufklärbar ist (*non-liquet*).

---

478 Ähnlich bereits der historische Gesetzgeber: „*Es liegt indessen ebenso nahe anzunehmen, er würde die Zuwendung nicht gemacht haben, wenn er gewußt hätte, daß er den Endzweck, welcher ihn bei Beifügung der Bedingung leitete, auf diesem Wege nicht erreichen könne.*" Mot. V 19 = *Hahn/Mugdan*, Materialien BGB, Bd. 5, S. 10.

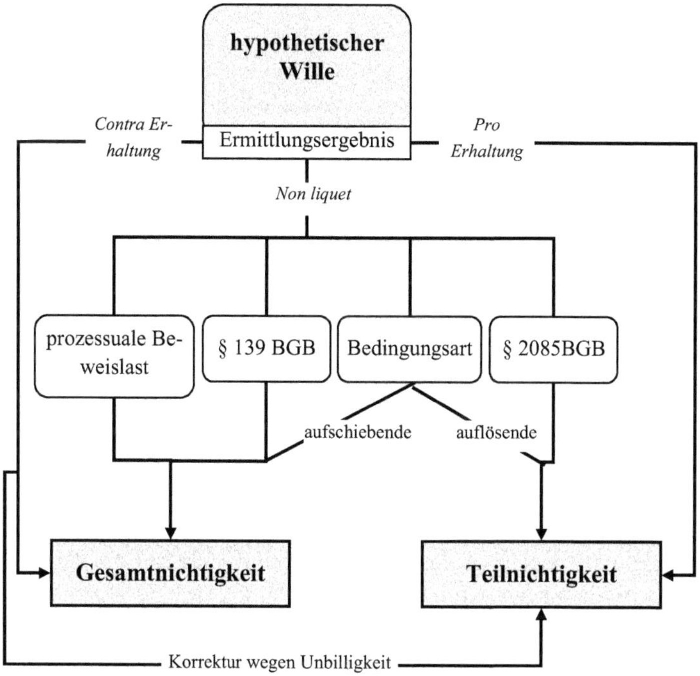

1. Teilnichtigkeit

Im Idealfall ergibt die Willensermittlung, dass der Erblasser trotz Nichtigkeit der Bedingung die Aufrechterhaltung der Verfügung gewollt hätte. Dann fällt lediglich die Bedingung weg (Teilnichtigkeit) und der Bedachte erhält die Zuwendung, ohne dem Druck der Bedingung ausgesetzt zu sein.

Zweifelsohne ist dieses Ergebnis ohne weitere Korrektur anzuerkennen. Sowohl die Testierfreiheit des Erblassers (sein Wille ist maßgebend), als auch die Schutzinteressen des Bedachten (er erhält die Zuwendung auch ohne Bedingungsdruck) sind in ihrem Ziel kongruent. In Literatur und Rechtsprechung gibt es demzufolge auch keine einzige Stimme, die in einem solchen Fall der (Rest)Verfügung die Wirksamkeit verweigern will.[479]

479 Hierzu u.a. auch *Kellenter,* Bedingte Verfügungen, S. 174.

2. Gesamtnichtigkeit

Wesentlich schwieriger zeigt sich das Ergebnis bei hypothetisch gewollter Gesamtnichtigkeit. Ergibt die Willensermittlung, dass der Erblasser den Bedachten nicht als unbedingten Erben eingesetzt hätte, sondern lieber die Unwirksamkeit der gesamten Verfügung vorgezogen hätte, so erhalten regelmäßig die gesetzlichen Erben die Zuwendung.[480]

Der Bedachte erhält die Zuwendung hingegen nicht, und zwar unabhängig davon, ob er die Bedingung freiwillig erfüllt oder sich gegen sie gewehrt hätte. Im Gegensatz zur obigen Teilnichtigkeit stehen dann die Interessen des Erblassers im Widerspruch zu denen des Bedachten.

Wie auch schon bei der Ermittlung des hypothetischen Willens wird von einigen versucht, das Dilemma durch eine objektive Korrektur zu lösen, dort mittels objektiver Kriterien zur Bestimmung des hypothetischen Willens,[481] hier in Form einer nachgeschalteten Zensur. Das Resultat dieser objektiven Zensur ist regelmäßig Teilnichtigkeit und verkehrt damit den Willen des Erblasers ins Gegenteil.

Keuk findet so, trotz vom Erblasser gewollter Gesamtnichtigkeit, zur Teilnichtigkeit und begründet dies wie folgt: *„Denn es handelt sich dann gerade um den Fall, daß auch der mutmaßliche Wille des Testators von derselben Qualität ist wie der wirkliche Wille, dem indes post mortem nicht zur Durchsetzung verholfen werden soll. Die Bedingung ist also vom Richter zu ignorieren."*[482]

Ähnlich auch *Kellenter,* welcher die Abkehr vom Erblasserwillen damit rechtfertigt, dass *„heute die Freiheitsrechte des Bedachten eine solche Bedeutung erlangt haben, daß zum Schutz dieser Rechte das Gesetz verfassungskonform zur so angewendet werden kann, daß dem Bedachten die Zuwendung als unbedingte erhalten bleibt."*[483]

Zuzubilligen ist den Vertretern der objektiven Korrektur zumindest der anerkennenswerte Gedanke, den Bedachten zu schützen. Die Art und Weise dieses Schutzes widerstrebt aber einer konsequenten und unvoreingenommenen Rechtsfindung: Der hypothetische Wille wurde durch die Methoden der Auslegung, Umdeutung oder normierten Teilnichtigkeit ermittelt und zwar immer im Hinblick auf das erbrechtliche Kernelement, den Erblasserwillen. Bei der Ermittlung selbst dient eine ausführliche, überaus schwierige und rein subjektive Erforschung dem einzigen Zweck: Was hätte der Erblasser gewollt?

---

480 Zu den Folgen der Gesamtnichtigkeit S. 18 f.

481 Vgl. die Ausführungen auf S. 112.

482 *Keuk,* FamRZ 1972, 9, 16.

483 *Kellenter,* Bedingte Verfügungen, S. 176 ff., 181 a.E.

Steht nun ein eindeutiges Ergebnis trotz aller Widrigkeiten fest, soll es dennoch nur im Falle seiner Billigung durch den Richter toleriert werden. Bei einem unerwünschten Willen hingegen legt die objektive Wertordnung erneut Hand an und *„überspielt“*[484] den Erblasserwillen mit den eigenen moralischen Wertvorstellungen.

Das Ergebnis steht also von vornherein fest – Teilnichtigkeit. Das aber vollzieht sich mit oder auch entgegen dem Erblasserwillen. Es bedarf keiner umständlichen Willensermittlung und vor allem darf der hypothetische Wille nicht als fadenscheinige Begründung für ein bereits feststehendes Ergebnis herhalten. Das Urteil ist bereits vor der Untersuchung geschrieben, und die Begründung einmal auf die Testierfreiheit und den Erblasserwillen zu stützen, das andere Mal auf Schutzzweckgesichtspunkte und den Bedachten, entspricht nicht der geforderten unvoreingenommen Rechtsfindung.

Es gibt bzgl. der Rechtsfolgen nur die Wahl zwischen subjektiver – Erblasserwillen – und objektiver – Bedachtenschutz – Rechtsfindung. Sobald Schutzzweckgesichtspunkte in die Untersuchung des Erblasserwillens einfließen, ist das gefundene Ergebnis ausschließlich von objektiver Hand geprägt. Wird z.B. der ermittelte Wille auf das sittengemäße Maß beschnitten oder sittenwidrige Motive außer Acht gelassen, so ist das Ergebnis ein objektiv geformter Wille, der rein gar nichts mehr mit den Absichten und Zielen des Erblassers gemein hat.

Subjektiv oder objektiv – ein Kompromiss ist bei widerstreitenden Interessen und einer schlichten Ja/Nein-Antwort (Teil-/Gesamtnichtigkeit) nicht denkbar. So kann nur eine Seite die Rechtsfolgen bestimmen.[485] Der Weg zur Gesamt- oder Teilnichtigkeit muss aber auch unbeeinflusst von den jeweils anderen Interessen beschritten werden, ansonsten wird ein Ergebnis vorgespiegelt, welches vermeintlich beide Positionen berücksichtigt oder gar zum Ausgleich bringt. Ein solches Ergebnis ist aber zumindest dann ausgeschlossen, wenn die Interessen des Erblassers und die des Bedachten in Konflikt geraten.

Es bleibt also dabei – hätte der Erblasser Gesamtnichtigkeit gewollt, so ist dies, wie auch bei der Teilnichtigkeit, ohne weitere Korrektur anzuerkennen.

3. Non-Liquet

Mehrfach wurde bereits erwähnt, dass sich die Ermittlung des hypothetischen Willens als sehr schwierig herausstellen kann. Größtenteils wird das darauf fu-

484 AK-BGB/*Finger,* § 2074 Rn. 15.

485 Vgl. hierzu auch die Ausführungen auf S. 17 f.

ßende Ergebnis „*willkürlich und schwer vertretbar sein, weil man ebenso gut zum gegenteiligen Ergebnis hätte kommen können.*“[486]

Die römischen Juristen sprachen in einer solchen Situation von einem *non-liquet* – übersetzt: „es ist nicht klar“. In unserem Fall ist auch nach der – erfolglosen – Willensermittlung nicht klar, wie der Erblasser testiert hätte.

Dass dem überhaupt so sein kann, wird von *Hermann* bestritten.[487] Seiner Meinung nach besteht bei einer bedingten Verfügung „*sprachlogisch Eindeutigkeit*“ und damit nie ein Zweifelsfall. Der Erblasser will die Rechtsfolge nur, wenn die Bedingung eintritt. Insoweit bestehen keine Zweifel über den Erblasserwillen. Dennoch folgert *Hermann* weitergehend, dass aus diesem Grund Gesamtnichtigkeit eintreten müsse: „*Das verbietet wiederum jede Aufrechterhaltung des Verfügungsrestes als unbedingte Verfügung, da diese als aliud-Verfügung [...] ohne Willensgrundlage wirksam sein müßte[...].*“ „*[...] wenn sich mittels weitergehender Auslegungskriterien und Auslegungsindizien weder der wirkliche noch der mutmaßliche Wille ermitteln läßt, dann bleibt es beim Erklärungssinn, der dann das einzige Indiz für den wirklichen oder mutmaßlichen Willen darstellt. Von einem non liquet läßt sich indessen dann nicht sprechen. Folge hiervon ist die Gesamtnichtigkeit einer solchen Verfügung, wenn keine darüber hinausgehenden Indizien vorliegen.*“[488]

Die Ansicht *Hermanns* verdient keine Zustimmung. Eine sprachlogische Eindeutigkeit besteht nur für den tatsächlich vorhandenen Willen des Erblassers – was er gewollt hat. Allein die Tatsache, dass er die Bedingung einmal gewollt hat, lässt keinen Rückschluss zu, was der Erblasser gewollt *hätte*, wenn er von der Unwirksamkeit gewusst hätte.[489] Insbesondere kann von dem eindeutigen realen Willen nicht pauschal auf die Gesamtnichtigkeit geschlossen werden, diese Annahme ist ebenso willkürlich, wie auch jene der pauschalen Teilnichtigkeit.[490] Aus dem realen Willen ist kein in jedem Fall eindeutiger, irrealer Wille reproduzierbar. Ein *non-liquet* ist bei bedingten Verfügungen gerade nicht ausgeschlossen.

Auch *Hager* verneint die Möglichkeit eines *non-liquet*, begründet seine Ansicht jedoch nicht mit dem Willen des Erblassers, sondern – ganz im Gegenteil – mit der objektiven Rechtsfindung.[491] Falls nämlich die Ermittlung des hypothetischen Willens auf objektiven Gesichtspunkten basieren würde (vgl. S. 110 ff.),

---

486 *Badouvakis,* Fremdbestimmung, S. 197; so bereits auch schon der historische Gesetzgeber Mot. V, 19 = *Hahn/Mugdan,* Materialien BGB, Bd. 5, S. 10.

487 *Hermann,* Pro non scripta, S. 133 f.

488 *Hermann,* Pro non scripta, S. 135.

489 Vgl. hierzu auch die Ausführungen auf S. 91.

490 Vgl. hierzu S. 114 f.

491 *Hager,* Auslegung, S. 153 f., 156 bei Fn. 13.

dann könne es überhaupt nicht zu einem *non-liquet* kommen: *„Ein solches hat nur Platz auf der Ermittlung von Tatsachen, nicht jedoch bei der Rechtsfindung."*[492]

Dem ist ohne weiteres zuzustimmen, denn die objektive Vernunft findet in jeder Situation den passenden objektiven Willen, eine unklare Ausgangslage ist also ausgeschlossen. Trifft *Hagers* Aussage auch zu, ist sie in unserer Konstellation ohne Belang, denn es wurde ebenso festgestellt, dass die Ermittlung des hypothetischen Willens ausschließlich auf subjektiven Momenten basiert.[493] Im Umkehrschluss muss bei subjektiver Willensermittlung ein *non-liquet* gerade möglich sein, und bei der Suche nach dem hypothetischen Wille sogar wahrscheinlich sein.

Aus diesem Grund ist die Frage der Darlegungs- und Beweislast im Prozess eine ganz entscheidende. Dem Richter und damit auch der Rechtssicherheit wäre viel geholfen, wenn es eine eindeutige Regelung gäbe, wie ein solcher Zweifelsfall zu handhaben ist.

Aus prozessualer Sicht ist der Ausgang der *non-liquet* Situation klar geregelt. Die Darlegungs- und Beweislast trägt derjenige, der aus der (teil)wirksamen Verfügung einen Vorteil beansprucht. Das ergibt sich aus dem systematischen Verhältnis von Teil- zur Gesamtnichtigkeit. Die Aufrechterhaltung ist systematische Ausnahme von der Nichtigkeit.[494] Entsprechend ist Gesamtnichtigkeit die prozessual logische Konsequenz des *non-liquet*.[495]

a) im Zweifelsfall § 139 oder § 2085 BGB

Eine materielle Zweifelsregelung könnte dem entgegenwirken. § 139 BGB sowie auch § 2085 BGB enthalten Anweisungen für den Fall eines *non-liquet*.[496] § 139 BGB sagt hierzu: *„[...] so ist das ganze Rechtsgeschäft nichtig, wenn nicht anzunehmen ist [...]"*, § 2085 BGB hingegen: *„Die Unwirksamkeit [...]*

---

492 *Hager,* Auslegung, S. 153 a.E.

493 Vgl. die Ausführungen auf S. 112 f.

494 *Thielmann,* Sittenwidrige Verfügungen, S. 191, 196; vgl. zur Beweislast auch *Keuk,* Erblasserwille, S. 71.

495 So im Ergebnis auch *Gilbert,* Unmoralische Angebote, S. 112.

496 Die Einstufung der Normen als Auslegungsregelung, Beweislastregel oder widerlegbare Nichtigkeitsvermutung haben Bedeutung für den „Prüfungsort" (vgl. auch S. 46). So wäre z.B. eine Auslegungsregelung bei dem Vorgang der Auslegung zu berücksichtigen. Hingegen die Beweislastregel nach Auslegung im Falle des *non-liquet*. Hiesiger Aufbau spricht für die Einordnung als Beweislastregel, obwohl der Aufbau nur der Übersicht und dem Verständnis dienen soll und auf die dogmatische Einordnung nicht weiter eingegangen wird; vgl. hierzu u.a. *Lappe,* Teilnichtigkeit, S. 68 ff.; *Oepen,* Zur Dogmatik des § 139 BGB, S. 28 ff.

hat die Unwirksamkeit der übrigen Verfügungen nur zur Folge, wenn anzunehmen ist […].“

Der Richter hat demnach in der Situation des *non-liquet* eine genaue Anweisung, wie er mit der Verfügung umgehen soll. Selbstverständlich trifft aber die Rechtsfolge von § 139 BGB oder § 2085 BGB die Verfügung nur, wenn auch der Tatbestand der jeweiligen Norm erfüllt ist. Hieran fehlt es aber bei einer bedingten Verfügung; die unwirksame Bedingung ist kein abtrennbarer Bestandteil der ganzen Verfügung. Das wäre aber zwingende Voraussetzung für die Anwendung beider Normen.[497]

In der Folge bleibt nur eine analoge Anwendung der Normen (bzw. lediglich ihrer Rechtsfolge[498]) oder aber der gänzliche Verzicht auf die normierte Teilnichtigkeit. Ersteres von beiden ist wohl nicht möglich, denn die Rechtsfolge einer Norm ist notwendigerweise an den Tatbestand gekoppelt. Eine entsprechende Anwendung bedürfte zudem einer planwidrigen Lücke, welche aber wohl nicht vorliegt, da gerade die prozessuale Beweislast die Situation des *non-liquet* zu klären vermag. Im Ergebnis kann der Richter nicht auf die Zweifelsregelung des § 139 BGB bzw. § 2085 BGB zurückgreifen. Dennoch soll zumindest theoretisch ihre Anwendbarkeit in vorliegender Konstellation behandelt werden. Dies zum einem wegen der notwendigen Vollständigkeit der Themenabhandlung und zum anderen weil die Vertreter der Teilbarkeit von Verfügung und Bedingung als starke Literaturstimmen einen Anspruch auf Komplettierung ihrer Methode haben.

Bei **§ 139 BGB** geht der Gesetzgeber davon aus, dass Rechtsgeschäfte in allen ihrer Teilen oder überhaupt nicht vorgenommen werden und dass deswegen die Parteien den erstrebten Erfolg entweder vollumfänglich oder überhaupt nicht verwirklicht haben wollen. Aus diesem Grund soll in Zweifelsfällen bei der Willensermittlung die Gesamtnichtigkeit das Rechtsgeschäft erfassen und wer die Ausnahme (Teilnichtigkeit) begehrt, hat sie zu beweisen.[499]

Bei **§ 2085 BGB** trifft die Darlegungs- bzw. Feststellungslast denjenigen, der die Nichtigkeit der gesamten Verfügung erreichen will.[500] Im Falle eines *non-liquet* führt § 2085 BGB damit zur Teilnichtigkeit.

In seiner Anwendung ist aber § 2085 BGB dem Wortlaut nach auf *„die Unwirksamkeit* ***einer von mehreren*** *in einem Testament enthaltenen Verfügungen“*

---

497 Vgl. insbesondere die Ausführungen auf S. 60 ff.

498 Hierfür wohl *Lange/Kuchinke,* Erbrecht, § 27 VI 3 (S. 560), jedoch ist nicht ganz klar, ob er die Teilbarkeit ablehnt und damit nur die Rechtsfolgen von § 2085 entsprechend anwenden will; vgl. auch § 32 I 1 c (S. 731) und § 34 VI 4 a (S. 810).

499 Zu den Motiven des Gesetzgebers Mot. I 222 = *Hahn/Mugdan,* Materialien BGB, Bd. 1, S. 475.

500 Statt aller PWW^4/*Löhnig,* §2085 Rn. 2.

beschränkt. Keine Regelung trifft § 2085 BGB für den Fall, dass die einzige den Inhalt des Testaments bildende Verfügung **teilweise** unwirksam ist.[501] In einem bildhaften Beispiel ausgedrückt: § 2085 BGB regelt den Fall, dass einer von mehreren Äpfeln verdorben ist, nicht jedoch den Fall, dass nur ein einziges Stück Obst gegeben ist, dieses aber einen faulen Teil enthält.

Weil aber – um bei dem Beispiel zu bleiben – die einzelne sittenwidrige Bedingung keinen eigenständigen Apfel abgibt, sondern lediglich den faulen Part innerhalb eines Apfels, ist nur eine analoge Anwendung von § 2085 BGB denkbar. Ob nun die Analogie zu § 2085 BGB vorzuziehen ist, oder es beim allgemeinen Grundsatz des § 139 BGB bleibt, ist seit jeher umstritten. [502] Zunächst einmal setzt die Analogie zu § 2085 BGB eine Lücke voraus und damit stellt sich zwangsläufig die Frage, wo diese hier vorliegen soll, denn § 139 BGB ist systematisch prädestiniert für gerade diesen Fall und schließt die Lücke vor ihrer Entstehung.

In der Systematik des BGB findet sich § 139 BGB im Allgemeinen Teil wieder und entscheidet damit über Grundsatzfragen mit Bedeutung für alle Bücher. § 2085 BGB steht aber ebenso in dem eigenen „allgemeinen Teil" des Erbrechts und reiht sich ein unter die speziellen – erbrechtlichen – Auslegungs- und Anfechtungsvorschriften. Es liegt also nahe, bei erbrechtlichen Problemen auch auf deren eigenen allgemeinen Teil zurückzugreifen, gegebenenfalls auch mittels Analogiebildung.[503]

Einer analogen Anwendung des § 2085 auf teilnichtige Einzelverfügungen steht folglich nichts im Wege, aber dies allein rechtfertigt noch keine Analogie. Vielmehr muss § 2085 BGB in analoger Anwendung ein adäquateres Mittel darstellen, als es § 139 BGB in dieser Situation sein kann.

---

501 Vgl. hierzu bereits S. 46.

502 Für eine analoge Anwendung des § 2085 BGB *André,* Einfache, zusammengesetzte, verbundene Rechtsgeschäfte, in: FG Enneccerus (1913), S. 45; AnwK-BGB²/*Beck,* § 2085 Rn. 4; *Binz,* Verwirkungsklausel, S. 60 f.; *Palandt*⁷⁰/*Weidlich,* § 2085 Rn. 5; *Esch,* Teilnichtige Rechtsgeschäfte,; *Kipp/Coing,* Erbrecht, § 21 VI (S. 148); *Lande,* Teilunwirksamkeit, S. 43 ff.; *Lange/Kuchinke,* Erbrecht, § 34 V 2 b (S. 800); MünchKomm⁵/*Leipold,* § 2085 Rn. 11; **a.A.** *Fischer,* Konversion unwirksamer Rechtsgeschäfte, in: FS Wach (1913), S. 187; *Lang,* Teilweise Nichtigkeit, S. 66, 77; *Natter,* Teilweise Nichtigkeit, S. 31, 36; *Natter,* DRiZ 1946, 163, 166. Die **Rspr.** lässt die Frage zu meist offen BGH, Urteil v. 17.03.1969 = NJW 1969, 1343, 1347; BGH, Urteil v. 16. 9. 1959 = NJW 1959, 2113, 2114; für § 139 BGB hingegen Notariat V Mannheim, Urteil v. 14.6.1988 = BWNotZ 1989, 16.

503 So auch *Hermann,* Pro non scripta, S. 139. *André,* Einfache, zusammengesetzte, verbundene Rechtsgeschäfte, in: FG Enneccerus (1913), S. 45 geht sogar soweit, *„daß also der § 139 für das Erbrecht ganz ausgeschaltet ist."*.

Der historische Gesetzgeber entschied sich mit § 2085 BGB für eine spezielle erbrechtliche Zweifelsregelung – in Abkehr zu § 139 BGB – weil die Gesamtnichtigkeit, *„wenn man die Erfahrungen des Lebens berücksichtigt, regelmäßig nicht dem Willen des Erblassers [entspricht].“*[504]

Die Motive überzeugen durchaus in der von dieser Vorschrift geregelten Situation – bei mehreren einzelnen Verfügungen ist die Teilnichtigkeit regelmäßig ein „Weniger“ gegenüber dem ursprünglich Gewollten. Die Lebenserfahrung spricht nun dafür, dass der Erblasser lieber ein „Weniger“ als ein „Gar Nichts“ testiert hätte. Die Gesamtnichtigkeit der Verfügung stellt somit eher die Ausnahme als die Regel dar und muss folglich bewiesen werden. § 2085 BGB stellt dabei *„die Vermuthung für die Selbständigkeit jeder einzelnen Verfügung [auf].“*[505]

Ein entsprechender Lebenserfahrungssatz kann für die unwirksame Bedingung innerhalb einer Verfügung nicht gelten. Die Bedingung ist kein selbständiger Teil einer Verfügung,[506] eine entsprechende Vermutung wird daher bereits im Keim erstickt. Auch ändert die Bedingung lediglich den Inhalt der Verfügung, erweitert sie aber nicht.[507] Demzufolge ist die Teilnichtigkeit einer solchen Verfügung kein „Weniger“, sondern ein *aliud* zur ursprünglichen Verfügung.[508]

Ob aber der Erblasser wirklich ein „Anderes“ lieber als ein „Gar Nichts“ gewollt hätte, kann nicht mit empirischer Bestimmtheit gesagt werden. Die Lebenserfahrung, die der Gesetzgeber dem § 2085 BGB zu Grunde legte, kann nicht im selben Maße für eine völlig andere Situation herhalten.[509] Wenn sich u.a *Paal* für die Anwendung des § 2085 BGB ausspricht, weil *„dadurch dem Willen des Erblassers weitestgehend zur Durchsetzung verholfen wird...“*[510], dann verkennt er die Reichweite der Norm.

Andererseits spricht auch keine Empirie dagegen, dass der erbrechtliche Erhaltungssatz dem allgemeinen aus § 139 BGB vorzuziehen ist. *„Außerdem ist nicht einzusehen, weshalb die Anwendbarkeit des § 139 BGB bei teilweiser Nichtigkeit einer Bestimmung ohne Bedenken bejaht wird, die des insoweit*

504 Mot. V 60 = *Hahn/Mugdan,* Materialien BGB, Bd. 5, S. 32.

505 Mot. V 60 = *Hahn/Mugdan,* Materialien BGB, Bd. 5, S. 32.

506 Vgl. hierzu S. 67 ff.

507 Vgl. auch S. 96.

508 Vgl. bereits die Ausführungen auf S. 70 f. und *Hermann,* Pro non scripta, S. 156.

509 *Hermann,* Pro non scripta, S. 154 schreibt hierzu: *„Als sehr problematisch erweist sich aber, wenn die dortige Begründung [die des hist. Gesetzgebers; Anm. des Verfassers] auch auf die Binnenteilunwirksamkeit übertragen wird, denn postulierte Empirie ohne reproduzierbare Verifizierbarkeit ist nicht mehr als ein Begründungssurrogat.“*.

510 *Paal,* JZ 2005, 436, 442.

gleichlautenden § 2085 dagegen ausgeschlossen sein soll."[511] Insbesondere hilft § 139 BGB auch nur in der Situation des „Weniger" gegenüber dem „Gar Nichts", nicht aber bei einem *aliud*.[512]

Für den Rückgriff auf den allgemeinen § 139 BGB spricht dennoch ein gewichtiger erbrechtlicher Grundsatz – die Rückbindung an den Erblasserwillen. Die gewillkürte Erbfolge setzt unzweifelhaft den Willen des Erblassers voraus. Ist dieser nicht feststellbar, so muss ebenso unzweifelhaft die gesetzliche Erbfolge eintreten.

Nichts anderes gilt für oben genanntes *non-liquet*, denn auch hier ist ein diesbezüglicher Wille nicht feststellbar und damit die gesetzliche Erbfolge vorgesehen. Zur gesetzlichen Erbfolge kommt man jedoch nur, wenn das Testament in seiner Gänze nichtig ist und das bewirkt – im Falle eines *non-liquet* – § 139 BGB.

Wünschenswert wäre eine gesetzgeberische Entscheidung, denn die Begründungsversuche für eine analoge Anwendung des § 2085 BGB sind nicht tragfähig und so verbleibt es, nach wie vor, bei der allgemeinen Vorschrift des § 139 BGB.[513]

b) im Zweifelsfall entscheidet die Bedingungsart

Abgesehen von § 139 BGB und § 2085 BGB kann nach einer anderen Ansicht der Zweifelsfall anhand der Bedingungsart (auflösende / aufschiebende) entschieden werden.[514, 515]

---

511 *Esch*, Teilnichtige Rechtsgeschäfte, S. 82.

512 Vor allem aus diesem Grund wurde die Anwendbarkeit von § 139 und § 2085 BGB auf bedingte Verfügungen abgelehnt; vgl. hierzu S. 67 ff.

513 Natürlich ist in Übereinstimmung mit obigen Ergebnis (S. 79) keine der beiden Vorschriften anwendbar. Unter der Fiktion der Anwendbarkeit wäre aber § 139 BGB vorzuziehen, da dieser im Gegensatz zu § 2085 BGB, keiner unbefriedigenden Analogie bedarf.

514 Hierfür *Everts*, in: Hausmann/Hohloch, Kap. 10 Rn. 83; *Soergel*[13]*/Loritz*, § 2074 Rn. 33 f., § 2085 Rn. 12 f.; *Müller*, Verwirkungsklauseln, S. 196; **a.A.** (gegen eine solche Zweifelsregelung) *Badouvakis*, Fremdbestimmung, S. 195; *Litzenburger*, ZEV 2008, 369 371; wohl auch *Lange/Kuchinke*, Erbrecht, § 32 I 1 c ß (S. 732) welcher bei der aufschiebenden Bedingung ein Indiz für die Gesamtnichtigkeit erblickt, jedoch auch bei der auflösenden Bedingung die „... *Verknüpfung mit der Zuwendung aber deshalb nicht wesentlich weniger ausgeprägt*" erachtet.

515 Dogmatisch exakt müsste diese Zweifelsregelung im obigen Teil „*IV. Willensvermutungen – spekulativer Erblasserwille*" abgehandelt werden, denn es handelt sich hierbei richtigerweise um eine Auslegungsvermutung und nicht um eine wirkliche Zweifelsregelung; vgl. auch *Hermann*, Pro non scripta, S. 135 Fn. 51. Nichts desto trotz soll we-

„Bei auflösenden Bedingungen hat der Erblasser immerhin gewollt, dass die Zuwendung dem Erben zunächst einmal zukommt. Er kann mit der auflösenden Bedingung nur den ‚zweiten Schritt' nicht erreichen, nämlich dass die Zuwendung wieder entzogen wird.“[516] Aus diesem Grunde soll bei einer auflösenden Bedingung im Zweifelsfall Teilnichtigkeit eintreten.

Das Ergebnis erfüllt zumindest ein Stück weit den ursprünglichen Plan des Erblassers, denn dieser wollte gerade, dass der Bedachte die Zuwendung zunächst einmal erhält. Wird ihm die Zuwendung, aufgrund der fehlenden Bedingung, anschließend nicht entzogen (Teilnichtigkeit), so wird der ursprüngliche – und gewollte – Zustand nur ins Unendliche verlängert.[517]

Demgegenüber soll bei einer aufschiebenden Bedingung im Zweifel Gesamtnichtigkeit eintreten, denn *„bei einer aufschiebenden Bedingung [...] hat der Erblasser die Geltung der Verfügung vom Eintritt des die Bedingung ausmachenden Ereignisses abhängig gemacht, was nahe legt, dass die Erbeinsetzung bzw das Vermächtnis grundsätzlich nicht und nur ausnahmsweise auch ohne Eintritt der Bedingung gewollt war.“*[518]

Einen wirklichen Zweifelsfall kann diese Differenzierung aber nicht lösen. Wie auch bei allen obigen Willensvermutungen (S. 114 ff.) schafft sie nur ein Indiz für die eine oder andere gewünschte Rechtsfolge.[519] Für unmögliche Bedingungen demonstriert *Litzenburger* an einem Beispiel, dass das indizierte Ergebnis nicht immer mit dem tatsächlich gewollten übereinstimmt.[520] Eine Zweifelsregelung, welche mit dem Willen des Erblassers argumentiert, muss aber dem Willen auch in jedem Fall entsprechen können.

Über dies hinaus ist die Wahl der Bedingungsart großteils vom Zufall geprägt und, wie schon gezeigt, ist die richterliche Interpretation, ob denn nun eine aufschiebende oder auflösende Bedingung gewollt war, nicht immer unangreifbar.[521] Die alles entscheidende Rechtsfolge von der zufällig gewählten Bedingungsvariante bzw. von dem nicht weniger zufälligen Interpretationsergebnis

---

gen der Darstellung in der übrigen Literatur und aufgrund der Übersichtlichkeit dieser Aufbau beibehalten werden.

516 *Soergel*[13]*/Loritz,* § 2074 Rn. 33.

517 Vgl. hierzu auch *Hermann,* Pro non scripta, S. 135. *Hermann* führt eine ähnliche Argumentation für den *Otte'schen* Ansatz an (*Otte,* JA 1985, 192, 200; vgl. auch obige Ausführungen S. 76 ff.). *Otte* nutzt aber die Differenzierung nach Bedingungsart für die Bestimmung der Teilbarkeit und nicht wie *Hermann* darstellt auf Auslegungsebene. *Hermanns* Ausführungen treffen deshalb vielmehr auf den hier dargestellten *Loritz'schen* Ansatz zu; vgl. hierzu auch Fn. 276.

518 *Soergel*[13]*/Loritz,* § 2085 Rn. 13.

519 So auch *Lange/Kuchinke,* Erbrecht, § 32 I 1 c ß (S. 732).

520 *Litzenburger,* ZEV 2008, 369, 371.

521 Vgl. hierzu oben S. 64.

abhängig zu machen, liegt wohl weder im Interesse der Beteiligten noch der allgemeinen Rechtssicherheit.[522]

Zusammenfassung:

Die Teilnichtigkeit setzt, auf diesem Weg erreicht, den Erblasserwillen zwingend voraus. Jede Zweifelsregelung basiert einzig und allein auf einer undurchsichtigen Lebenserfahrung, die der Verfügung – aus Sicht des Erblassers – eine willkürliche Gestalt aufzwingt. Es bleibt damit bei der prozessualen Beweislast und damit letztendlich bei der Gesamtnichtigkeit. Dieses Ergebnis ist zwar genauso wenig vom Willen des Erblassers gestützt, aber das ist in dem Fall auch nicht notwendig. Denn die Gesamtnichtigkeit bedeutet in Folge auch nur, dass die betroffene Verfügung nicht (weiter) existiert und damit auch kein Wille als tragender Pfeiler erforderlich ist. Die regelmäßig eintretende (subsidiäre) gesetzliche Erbfolge ist im Falle eines unaufklärbaren Erblasserwillens dann nur die konsequente und einzig plausible Lösung.[523]

E. Ergebnis des zweiten Kapitels: Teilnichtigkeit und Erblasserwille

Dem zweiten Kapitel liegt der Ansatz zu Grunde, eine Rechtsfolgenlösung anhand des Erblasserwillens zu ermitteln. Es ist zu fragen, ob der Erblasser lieber Gesamt- oder Teilnichtigkeit hätte eintreten lassen wollen, wenn er Kenntnis von der Sittenwidrigkeit gehabt hätte.

Dargelegt wurden die Methoden der normierten Teilnichtigkeit (§ 139 BGB/ § 2085 BGB), die (ergänzende) Auslegung und die Umdeutung.

Aufgrund der Unteilbarkeit von Bedingung und letztwilliger Verfügung scheidet die normierte Teilnichtigkeit aus, gegen die Umdeutung spricht ihre systematische Stellung. Einfachstes und auf das Notwendigste reduziertes Mittel ist schlussendlich die ergänzende Auslegung, welche sich mit einer offenen Frage (Lücke) in der Verfügung begnügt und anhand des Erblasserwillens zur Rechtsfolge gelangt.

Der zu ermittelnde Wille ist hypothetischer (irreal vermuteter) Natur und begreift sich aus rein subjektiven Gesichtspunkten. Jede Form von Verobjektivierung ist mit dem Ansatz des zweiten Kapitels nicht vereinbar.

---

522 So auch *Badouvakis,* Fremdbestimmung, S. 195.

523 *Hermann,* Pro non scripta, S. 170; *Rodermund,* Vergangenheits- und Gegenwartsbedingungen, S. 101; i.E. auch *Gilbert,* Unmoralische Angebote, S. 112, 137.

Ist kein überzeugender Wille des Erblassers feststellbar (*non-liquet*), so führt die prozessuale Beweislast regelmäßig zur Gesamtnichtigkeit.

Kapitel 3: Verobjektivierte Teilnichtigkeit

Einen völlig neuen Ansatz losgelöst vom hypothetischen Willen verfolgen die Vertreter einer verobjektivierten Betrachtung.[524] Im Mittelpunkt steht der Sinn und Zweck der Sittenwidrigkeitsnorm (§ 138 BGB), welche den Beeinträchtigten schützen und auch sittenwidriges Handeln sanktionieren will.

Ihren Ursprung findet diese Ansicht in den Unbilligkeiten, die die Methoden des zweiten Kapitels verursachen können. Als Beispiel soll der Einführungsfall dienen, bei dem das Familienoberhaupt seinen Abkömmlingen die Bedingung auferlegt, dass sie standesgemäß (ebenbürtig) heiraten müssen.[525]

Legt man nun den Ansatz des zweiten Kapitels zu Grunde und stellt auf den hypothetischen Willen des Erblassers ab, so ist es ohne weiteres möglich, dass der Sittenwidrigkeit der Bedingung die Gesamtnichtigkeit der Verfügung folgt und der beeinträchtigte Abkömmling keine Zuwendung erhält.[526]

Das Ergebnis entspricht genau der Vorstellung des Vaters, welcher auf eine ebenbürtige Heirat hindrängt und bei Weigerung mit der Enterbung droht. Der unbeugsame Sohn wird entweder über eine wirksame Bedingung enterbt oder über eine sittenwidrige und zwar unwirksame Bedingung, die aber in Folge der Gesamtnichtigkeit ebenso zum Wegfall der gewillkürten Zuwendung führt.

Ein juristisch gebildeter bzw. beratener Erblasser kann sich den Justizapparat zu Nutze machen und bedenkenlos sittenwidrige Bedingungen beifügen. Denn selbst im Falle der Unwirksamkeit der Bedingung führt sein dezent angedeuteter Wille zur Gesamtnichtigkeit der Verfügung und damit ebenso zur Enterbung, wie auch die Weigerung in Kombination mit einer wirksamen Bedingung geführt hätte.[527] Über einen Umweg verhilft damit die Justiz dem sittenwidrig testierenden Erblasser zur Durchsetzung seiner Vorstellung.

Aber selbst wenn der Abkömmling sich der Bedingung entsprechend freiwillig verhalten will oder bereits verhielt, der hypothetische Wille kann dennoch

---

524 *Baumann,* Verwirkungsklauseln, S. 102; *Soergel*[11]*/Damrau,* § 2075 Rn. 3; AK-BGB/*Finger,* § 2074 Rn. 15; dt. Erbrechtskommentar[2]/*Gemmer,* § 2074 Rn. 15; *Kellenter,* Bedingte Verfügungen, S. 176 ff.; MünchKomm[5]/*Leipold,* § 2074 Rn. 27 f.; *Leipold,* Erbrecht, Rn. 449; *Lindacher,* AcP 175 (1975), 257, 259 f.; *Meincke,* Scheidungsklausel, in: FS Kaser (1976), S. 458 f.; *Meincke,* DEuFamR 1999, 75, 83; *Michalski,* BGB-Erbrecht, Rn. 451 (S. 150); *Natter,* DRiZ 1946, 163, 166 f.; *Otto,* Personale Freiheit, S. 120 f.; *Damrau/Seiler/Rudolf,* § 2074 Rn. 25; *Schlüter,* Grenzen der Testierfreiheit – Grenzen einer „Herrschaft aus dem Grabe“, in: FG der Zivilrechtslehrer (1999), S. 589 f.; MünchKomm[5]/*Westermann,* § 158 Rn. 46; *Soergel*[13]*/Wolf,* § 158 Rn. 32.

525 Siehe hierzu S. 11 ff.

526 Zu den Folgen der Gesamt- und Teilnichtigkeit S. 18 f.

527 Vgl. auch *Kellenter,* Bedingte Verfügungen, S. 178.

zur Gesamtnichtigkeit führen und damit den sich weigernden und den folgsamen Sohn auf eine Stufe stellen. Die zum Schutz des Bedachten über § 138 BGB angeordnete Nichtigkeit verkehrt sich ins Gegenteil und hinterlässt einen Schützling, der ohne Schutz besser dastünde.[528]

Im Ergebnis erhält also der Bedachte vom Richter „Steine statt Brot“[529] und lässt *„den Zu-Schützenden [...] genau in der Zwangssituation, vor der man ihn über § 138 BGB zu schützen vorgibt.“*[530]

Um den Bedachten den erforderlichen Schutz aus § 138 BGB zukommen zu lassen, soll das Ergebnis auch entgegen dem Erblasserwillen Teilnichtigkeit lauten, so dass der beeinträchtigte Bedachte die Zuwendung dennoch erhält. Die Vertreter der Ansicht schieben hierfür den Fokus weg vom Erblasser und hin zum Bedachten.

A. Teilnichtigkeit und der Präventionsgedanke

Abgesehen von Schutzzweckgesichtspunkten gegenüber dem Bedachten wird beinah beiläufig auch der Sanktions- und Präventionszweck des § 138 BGB als Begründung herangezogen.[531, 532] Zwar kann der verstorbene Erblasser faktisch nicht mehr bestraft werden, aber zukünftige Erblasser können durch eine bestimmte Rechtsfolgenpraxis von einer sittenwidrigen Testierweise abgehalten werden.

So argumentiert *Schlüter* zunächst mit dem Schutzzweck von § 138 BGB, erwähnt aber in einem Nebensatz: *„Allein durch eine konsequente Aufrechterhaltung der Zuwendung als unbedingte kann einer ausufernden Testierpraxis entgegengewirkt werden.“*[533]

Bereits an dieser Stelle soll dieser Ansicht eine Absage erteilt werden, denn es ist nicht Aufgabe des Richters, einer sittenwidrigen Testierpraxis vorzubeugen. Die grundrechtlich gesicherte Testierfreiheit überwiegt den staatlichen Präventionsgedanken. Abschreckungsmaßnahmen auf Kosten der Testierfreiheit

---

528 *Schlüter,* Grenzen der Testierfreiheit – Grenzen einer „Herrschaft aus dem Grabe“, in: FG der Zivilrechtslehrer (1999), S. 589; *Meincke,* Scheidungsklausel, in: FS Kaser (1976), S. 458.

529 *Honsell,* JA 1986, 573, 574; *Lindacher,* AcP 175 (1975), 257, 259.

530 *Lindacher,* AcP 175 (1975), 257, 259.

531 Generell zum Zweck der Sittenwidrigkeitsnichtigkeit *Krampe,* AcP 194 (1994), 1, 30 f.

532 Zur Präventionsfunktion des § 138 BGB *Lindacher,* AcP 173 (1973), 124, 128 ff.

533 *Schlüter,* Grenzen der Testierfreiheit – Grenzen einer „Herrschaft aus dem Grabe“, in: FG der Zivilrechtslehrer (1999), S. 590.

sind nicht hinnehmbar und übersteigen bei Weitem die Kompetenz des Richters.[534]

Zudem kann der Präventionsgedanke nicht als schlüssiges Argument der verobjektivierten Ansicht dienen. Eine sinnvolle Abschreckung ist nur gegeben, wenn jede sittenwidrige Testierweise sanktioniert wird, so dass zukünftige Erblasser davon Abstand nehmen. Die verobjektivierte Ansicht führt jedoch das Argument der Abschreckung nur dann an, wenn der Wille des Erblassers Gesamtnichtigkeit bevorzugt. In diesem Fall soll zum Schutz des Bedachten und zur Abschreckung Teilnichtigkeit eintreten. Falls aber der Erblasser bereits Teilnichtigkeit wollte, soll keine Korrektur vorgenommen werden und damit auch keine Abschreckungsmaßnahme.[535]

Der Erblasser wird also nur bestraft, wenn er dem ursprünglich Bedachten nichts zuwenden will. Mit einer Präventivwirkung des § 138 BGB hat dieses Vorgehen nichts zu tun, denn bei einer konsequenten Anwendung müsste zur Abschreckung der Wille des Erblassers immer ins Gegenteil verkehrt werden.

Ein ganz ähnlicher Gedanke verbirgt sich in einem ungewöhnlichen Ansatz, der die Gesamtnichtigkeit der Verfügung vorschreibt, um den Richter zu einer vorsichtigen Anwendung des § 138 BGB zu veranlassen. *Reinicke* erklärt, dass wenn *„[...] eine einheitliche Verfügung [...] nur für nichtig oder für gültig ‚erklärt' werden [kann], dann werden die Gerichte mit der Anwendung des § 138 BGB vorsichtiger sein.*"[536] Gesamtnichtigkeit der Verfügung ist damit zwingende Folge einer sittenwidrigen Bedingung.

Im Gegensatz zur obigen präventiv wirkenden Teilnichtigkeit, um zukünftige Erblasser abzuschrecken, soll hier der Richter aufgrund der Gesamtnichtigkeit von einem übereilten Sittenwidrigkeitsverdikt abgehalten werden.

Zwar mag es sinnvoll sein, den Richter anzuhalten, mit moralischen Vorwürfen sorgsam umzugehen. Diesen Zustand herzustellen, ist aber Aufgabe des Gesetzgebers und nicht legitim erreichbar durch die Verschärfung (Verböserung) einer falschen Rechtsprechung.[537]

Die Begründung eines verobjektivierten Ansatzes kann allenfalls im Schutz des Bedachten gefunden werden, keinesfalls aber, um zukünftige Erblasser von ihrem sittenwidrigen Unterfangen abzuhalten oder den Richter zu einem vorsichtigen Umgang mit dem Sittenwidrigkeitsverdikt zu drängen.

---

534 Vgl. zur Sanktionierung eines verwerflichen Erblasserwillens auch *Gilbert,* Unmoralische Angebote, S. 127 f.

535 Siehe S. 119.

536 *Reinicke,* NJW 1969, 1347, 1347.

537 *Hager,* Auslegung, S. 93 f.

B. Teilnichtigkeit durch Reduktion

Die gängigen Methoden der Aufrechterhaltung verbieten sich allesamt bei dem verobjektivierten Ansatz, denn das tragende Element – der hypothetische Wille – soll gerade unterbunden bzw. umgangen werden. Es erfolgt vielmehr eine Reduzierung der Rechtsfolgen auf Teilnichtigkeit und zwar von vornherein.

Möglich ist dies u.a. durch eine restriktive Interpretation des § 138 BGB.[538] Der Wortlaut der Vorschrift kann dabei so gelesen werden, dass ein Rechtsgeschäft nichtig ist, „*soweit*" es gegen die guten Sitten verstößt.[539] Inwieweit nun Gesamt- oder Teilnichtigkeit eintritt, ist anschließend Sache des § 139 BGB,[540] der hier gerade außen vor gelassen werden soll. Es bedarf weiterführend eines teleologischen Ansatzes, der die Rechtsfolgen nicht anhand von obigen – bereits erörterten – Methoden ermittelt, sondern unter den Normzweckvorbehalt von § 138 BGB stellt.

Im Gegensatz aber zum Wortlaut des § 134 BGB enthält § 138 BGB keinen Normzweckvorbehalt. Verstöße gegen Rechtsvorschriften sind nach § 134 BGB nur nichtig, „*wenn sich nicht aus dem Gesetz ein anderes ergibt.*" § 138 BGB enthält keine entsprechende Formulierung, so dass der Wortlaut einer Reduktion der Rechtsfolgen entgegenstehen könnte.[541] Unabhängig davon, ob aber nun der Normzweckvorbehalt von § 134 BGB auf § 138 BGB übertragen wird[542] oder anderweitig eine teleologische Reduktion von § 138 BGB zugelassen wird, im Ergebnis ist die Notwendigkeit der Rechtsfolgenbeschränkung allgemein anerkannt.[543]

Inwieweit die Verfügung schlussendlich der Gesamt- oder Teilnichtigkeit unterliegt, hängt dann nur davon ab, welche Rechtsfolge dem Sinn und Zweck der verletzten Sittenwidrigkeitsnorm am ehesten entspricht. Die Methode des dritten Kapitels ist folglich in der teleologischen Reduktion des Sittenwidrigkeitsverdikts zu finden.[544]

Das ist prinzipiell auch keine Neuschaffung im Bereich des § 138 BGB.[545] Die Rechtsprechung erklärt schon des längeren die Zinsvereinbarung im Wucherdarlehen für nichtig, die Vereinbarung über die Kapitalüberlassung aber für

538 *Meincke,* Scheidungsklausel, in: FS Kaser (1976), S. 458.
539 *Staudinger*[13]*/Sack,* § 138 Rn. 93.
540 *Staudinger*[13]*/Sack,* § 138 Rn. 93.
541 Ausführlich hierzu *Hager,* Auslegung, S. 89, 150.
542 Dagegen MünchKomm[5]*/Armbrüster,* § 138 Rn. 157.
543 *Staudinger*[13]*/Sack,* § 138 Rn. 101.
544 *Honsell,* JA 1986, 573 ff. spricht von einer teleologischen Restriktion.
545 Zur Reduktion des § 138 BGB *Krampe,* AcP 194 (1994), 1, 31 f.

wirksam.[546] Auch im Arbeits- und Gesellschaftsrechts[547] sowie bei Mietwucher[548] und überlanger Vertragsdauer[549] gibt es entsprechende Praktiken.[550]

C. Der Schutzzweck und sein Schutzbereich

Die Sittenwidrigkeit – § 138 BGB – verankert ein *„ethisches Minimum"*[551] an Sozialmoral und schützt daher zunächst einmal die Allgemeinheit. Verstößt nun die testamentarische Bedingung gegen die anerkannten Wertvorstellungen der Gesellschaft, so ist ihr ohne Frage die Durchsetzbarkeit zu untersagen.

Dennoch ist es fraglich, ob der Schutz der Allgemeinheit eine Teilnichtigkeit der Verfügung zwingend vorschreibt, denn der Allgemeinheit ist wenig geholfen, wenn die Verfügung auch ohne Bedingung weiter besteht. Aber anders herum ist der allgemeine Nutzen einer gesamtnichtigen Verfügung genauso wenig ersichtlich. Im Endeffekt könnte die eintretende Teilnichtigkeit nur insoweit dem Schutz der Allgemeinheit dienen, als aufgrund der Sanktions- und Abschreckungsmaßnahme – gegen den Willen des Erblassers – einer zukünftigen sittenwidrigen Testierpraxis entgegengewirkt wird. Das wiederum würde eine höchst fragwürdige Entwicklung in Gang setzen, die wohl kaum mit den Strukturelementen des Erbrechts vereinbar ist.[552]

Darüber hinaus schützt § 138 BGB auch die individuellen Interessen Dritter[553] und damit auch insbesondere den von der Bedingung beeinträchtigten Bedachten. Im Falle einer sittenwidrigen Bedingung wird sich regelmäßig das Verdikt der Sittenwidrigkeit auf einen unzulässigen Eingriff in die Entschließungsfreiheit des Bedachten beziehen. Um den Eingriff zu legalisieren, bedarf es dann der schutzzweckbezogenen Reduktion und der ihr folgenden Teilnichtigkeit der Verfügung.

---

546 BGH, Urteil v. 18.04.1962 = NJW 1962, 1148 ff.

547 *Staudinger*[13]*/Sack,* § 138 Rn. 94.

548 BGH, Urteil v. 11.01.1984 = NJW 1984, 722 ff; Nichtigkeitsnorm war hier jedoch § 134 BGB.

549 *Staudinger*[13]*/Sack,* § 138 Rn. 95.

550 Vgl. hierzu auch *Meincke,* Scheidungsklausel, in: FS Kaser (1976), S. 458 f.; *Schlüter,* Grenzen der Testierfreiheit – Grenzen einer „Herrschaft aus dem Grabe", in: FG der Zivilrechtslehrer (1999), S. 590; *Staudinger*[13]*/Sack,* § 138 Rn. 92 ff.

551 *Larenz/Wolf,* Allg. Teil BGB, § 41 I 3 (S. 733).

552 Vgl. hierzu bereits S. 132.

553 *Larenz/Wolf,* Allg. Teil BGB, § 41 I 5 (S. 734).

Die Sittenwidrigkeit einer Bedingung kann sich aber nicht nur in Folge eines unzulässigen Eingriffs in die Freiheitsrechte des Bedachten ergeben, sondern auch dadurch, dass dem Bedachten eine an sich sittenwidrige Handlung abverlangt wird.[554]

Steht ausschließlich eine solche unzulässige Handlung im Raum und wird nicht gleichzeitig auch die Entschließungsfreiheit des Bedachten beeinträchtigt, so muss dem Bedachten kein besonderer Schutz zuteil werden. Die erwünschte Handlung bereitet in diesem Fall dem Bedachten keine moralische Bedenken, sondern lediglich der Allgemeinheit. Diese wiederum ist zwar schützenswert, aber eine teleologische Reduktion des § 138 BGB ist dem Zweck – wie oben festgestellt – nicht dienlich.

Der verobjektivierte Ansatz bezieht sich also ausschließlich auf Situationen, in denen der Bedachte vor eine sittenwidrige Wahl gestellt wird, die in seine Entschließungsfreiheit unzulässig eingreift. Um den Schutz des Bedachten zu gewährleisten, soll daraufhin auch entgegen dem Willen des Erblassers Teilnichtigkeit ausgesprochen werden.

D. Die Entschließungsfreiheit

Inwieweit dem Bedachten Schutz zuteil werden muss, hängt davon ab, ob seine Freiheitsrechte unzulässig beschnitten worden sind. Das ist aber keine ausschließliche Frage auf Rechtsfolgenebene, sondern bereits Prüfungsbestandteil des Tatbestandes von § 138 BGB. Der unzulässige Eingriff in die Entschließungsfreiheit wird nämlich von dem Großteil der Literatur und Rechtsprechung als entscheidendes Merkmal des eigentlichen Sittenwidrigkeitsverdikts gesehen.[555]

Steht nun fest, dass die Bedingung unzulässig in die Freiheitsrechte des Bedachten eingreift und damit sittenwidrig ist, folgt automatisch auf Rechtsfolgenebene die teleologische Reduktion. Eine gesonderte Prüfung erübrigt sich.

Unter welchen Voraussetzungen eine Bedingung das Verdikt der Sittenwidrigkeit verdient, hat eine ausführliche Diskussion in Literatur und Rechtsprechung ausgelöst.[556] Aufgrund der Vielfalt[557] und des Umfangs der Thematik

---

554 Hierzu ausführlich auf S. 20 f.

555 Siehe hierzu die Ausführungen auf S. 140 ff.

556 Ausführlich zu den Voraussetzungen der Sittenwidrigkeit *Führ,* Grundrechte und Testierfreiheit; *Gilbert,* Unmoralische Angebote; *Schrenck-Notzing,* Unerlaubte Bedingungen.

557 *„... die Lösungsansätze in Rechtsprechung und Literatur [sind] so vielfältig wie die Gestaltungsmöglichkeiten bzw. – versuche der Erblasser."* *Schlüter,* Grenzen der Tes-

muss sich diese Abhandlung auf eine Übersicht beschränken, die nicht alle Voraussetzungen und streitbaren Punkte der Sittenwidrigkeitsprüfung aufgreift, sondern nur jene Punkte herausgreift, die für den verobjektivierten Ansatz weiterführend sind.

I. Verbot der Vermengung ideeller und materieller Gesichtspunkte

Die ältere Rechtsprechung und Lehre[558] nehmen dann Sittenwidrigkeit einer Bedingung an, wenn der Zweck der Bedingung dahin geht, die freie innere Entschlussfreiheit durch pekuniäre Vorteile zu beeinflussen. Insbesondere sollen alle höchstpersönlichen Entscheidungen frei von Kommerzialisierung sein.[559] Und zwar nicht um den Bedachten vor einer unsittlichen Wahl zu schützen, sondern weil der Mensch sich in bestimmten Dingen nicht durch äußere Motive bestimmen lassen soll. Geschützt wird nach dieser Ansicht nicht die Freiheit der Entscheidung, sondern die Sittenkonformität des Entschlusses.[560]

Eine teleologische Reduktion des § 138 BGB mit der Folge der Teilnichtigkeit ist jedoch nur zum Schutz der Freiheiten des Bedachten möglich.[561] Deswegen kann es dahinstehen, ob der alten Rechtsauffassung auch heute noch zu folgen ist.[562] Jedenfalls ist diese Ansicht mit dem verobjektivierten Rechtsfolgenansatz nicht vereinbar.

II. Verbot verhaltensbezogener Bedingungen

Keuk[563] und *Schlüter*[564] beschränken die Testierfreiheit des Erblassers *„auf den Bereich, für den es erforderlich ist, nämlich auf den Vermögensbereich"*[565]. Das

---

tierfreiheit – Grenzen einer „Herrschaft aus dem Grabe", in: FG der Zivilrechtslehrer (1999), S. 577.

558 *Lübtow,* Erbrecht, 1. Halbband, S. 348; weitere Nachweise in Literatur und Rechtsprechung finden sich bei *Goebel,* FamRZ 1997, 656, 550 Fn. 42, 43; *Staudinger*[13]*/Otte,* § 2074 Rn. 31; vertiefend hierzu *Schrenck-Notzing,* Unerlaubte Bedingungen, S. 28 ff.

559 *Gutmann,* Freiwilligkeit, S. 216; *Sasse,* Vermögensperpetuierung, S. 129.

560 *Gutmann,* Freiwilligkeit, S. 216; *Schrenck-Notzing,* Unerlaubte Bedingungen, S. 29.

561 Vgl. oben S. 135 f.

562 Hierzu *Gutmann,* Freiwilligkeit, S. 215 ff.

563 *Keuk,* FamRZ 1972, 9, 13 ff.

564 *Schlüter,* Grenzen der Testierfreiheit – Grenzen einer „Herrschaft aus dem Grabe", in: FG der Zivilrechtslehrer (1999), S. 578 ff.; *Schlüter,* Erbrecht, Rn. 208 (S. 77 f.).

565 *Keuk,* FamRZ 1972, 9, 15.

Erbrecht hat die Funktion, das Vermögen des Erblassers nach dem Tode zuzuordnen (Vermögenszuordnungsfunktion). Demgegenüber gibt sie nicht das Recht, in die persönliche Lebensführung des Bedachten einzugreifen. Deshalb sollen verhaltensbezogene Bedingungen, welche die Zuwendung von einem bestimmten persönlichen Verhalten des Bedachten abhängig machen, stets unwirksam sein.[566]

Lediglich vermögensbezogene Bedingungen sind dem Testator gestattet, unterliegen aber nach *Schlüter* dennoch einer Angemessenheits- und Inhaltskontrolle.[567]

Die Anschauung ist in der Literatur überwiegend auf Ablehnung gestoßen und von der Rechtsprechung nicht aufgenommen worden. Grund dafür ist die schwierige, nahezu unmögliche, Abgrenzung von vermögensbezogenen und verhaltensbezogenen Bedingungen.[568] Aber auch grundlegende Kritik wurde an dieser Meinung geübt: So soll vor allem keine Grundlage vorhanden sein, um eine Beschränkung von Bedingungen lediglich auf den Vermögensbereich zu ermöglichen.[569] Und weitergehend würde diese Argumentation dazu führen, *„der gewillkürten Erbfolge schlechthin ihre Berechtigung abzusprechen“*[570] und *„letztlich den Erblasser aus dem Erbrecht [zu entfernen].“*[571]

Schrenck-Notzing übernimmt nichts desto trotz im Grundsatz den Gedanken von *Keuk*, kritisiert aber gleichsam die fehlende Präzision. Es soll nach ihm vielmehr darauf ankommen, *„ob das Ereignis, an das der Erblasser anknüpft, unmittelbare Auswirkung auf den Nachlaß und die mit dem Testament verfolgten*

566 Es bedarf wegen dieser immanenten Grenzen der Testierfreiheit noch nicht einmal den Rückgriff auf § 138 BGB; *Keuk,* FamRZ 1972, 9, 14; *Schlüter,* Grenzen der Testierfreiheit – Grenzen einer „Herrschaft aus dem Grabe“, in: FG der Zivilrechtslehrer (1999), S. 579; *Schlüter,* Erbrecht, Rn. 208 (S. 77 f.); vgl. hierzu auch *Schrenck-Notzing,* Unerlaubte Bedingungen, S. 60.

567 *Schlüter,* Grenzen der Testierfreiheit – Grenzen einer „Herrschaft aus dem Grabe“, in: FG der Zivilrechtslehrer (1999), S. 586 ff.

568 *Gilbert,* Unmoralische Angebote, S. 88; *Gutmann,* Freiwilligkeit, S. 224 Fn. 1110; *Lange/Kuchinke,* Erbrecht, § 35 IV 3 b (S. 828); *Paal,* JZ 2005, 436, 440; *Smid,* NJW 1990, 409, 415; *Schlüter,* Grenzen der Testierfreiheit – Grenzen einer „Herrschaft aus dem Grabe“, in: FG der Zivilrechtslehrer (1999), S. 583 räumt selbst ein, dass *„im Einzelfall [...] es sicherlich schwierig sein [kann], vermögensbezogene von verhaltensbezogenen Bedingungen abzugrenzen.“*.

569 *Führ,* Grundrechte und Testierfreiheit, S. 75, 201; *Goebel,* FamRZ 1997, 656, 660; MünchKomm[5]/*Leipold,* § 2074 Rn. 19; *Staudinger*[13]/*Otte,* § 2074 Rn. 32; *Smid,* NJW 1990, 409, 414 f.; *Thielmann,* Sittenwidrige Verfügungen, S. 273.

570 *Gilbert,* Unmoralische Angebote, S. 87; ähnlich auch *Goebel,* FamRZ 1997, 656, 660.

571 *Kroppenberg,* DNotZ 2006, 86, 92.

Regelungsziele hat und der Erblasser nicht willkürliche Verknüpfungen herstellt.“[572]

Schrenck-Notzing hält dabei jede testamentarische Bedingung für rechtfertigungsbedürftig und begründet dies mit den Eigentümlichkeiten einer bedingten Zuwendung.[573] Gerechtfertigt ist eine Bedingung nur dann, wenn sie anerkannten Prinzipien des Erbrechts dienlich ist, die da wären: Familienfürsorge und Vermögenserhaltung.[574]

Wenn der Erblasser mit seiner Bedingung nicht zur Verwirklichung eines der Regelungsziele beitragen kann, ist die Bedingung automatisch infolge von § 138 BGB nichtig. Aber auch wenn die Ziele nicht erkennbar sind – z.B. bei Zufallsbedingungen oder wenn der Erblasser nicht anerkannte Zwecke verfolgt trifft die Bedingung das Verdikt der Sittenwidrigkeit.

Schrenck-Notzing verkehrt mit der grundsätzlichen Sittenwidrigkeit jeder bedingten Verfügung die Testierfreiheit in ihr Gegenteil: Erlaubt ist nur das, was objektiv mit den anerkannten Zielen übereinstimmt. Alles andere ist von vornherein verboten. Durch die Beschränkung der Ziele auf die Familienfürsorge und Vermögenserhaltung schnürt er das gegenwärtig engste Korsett der Testierfreiheit. Ersichtlich wird das vor allem bei einer sich anschließenden Fallanalyse: Dem Hause *Hohenzollern* verwehrt *Schrenck-Notzing*, die Zuwendung an Tradition und Repräsentation zu koppeln, da sie keinen ausreichenden Bezug zu den anerkannten Zielen haben.[575, 576]

Dem Ansatz von *Schrenck-Notzing* ist in Anbetracht der gravierenden Einschnitte in die Testierfreiheit und der damit verbundenen Destabilisierung der erbrechtlichen Prinzipien sehr skeptisch zu begegnen. Für die hier zu erörternde teleologische Reduktion bleibt diese Ansicht ebenfalls unbeachtlich, denn *Schrenck-Notzing* verfolgt nicht den Schutz des Bedachten.[577] Es sind unter seiner Prämisse allenfalls die Methoden des zweiten Kapitels anwendbar.[578]

---

572 *Schrenck-Notzing,* Unerlaubte Bedingungen, S. 73.

573 *Schrenck-Notzing,* Unerlaubte Bedingungen, S. 63 ff.

574 *Schrenck-Notzing,* Unerlaubte Bedingungen, S. 68 f.

575 *Schrenck-Notzing,* Unerlaubte Bedingungen, S. 99 f.

576 Im Ergebnis soll aber die Anordnung im Fall *Hohenzollern* dennoch sittenkonform sein, da es sich nur um eine „unechte“ Bedingung handelt, die aufgrund der strukturellen Unterschiede nicht der besonderen Rechtfertigung bedarf; *Schrenck-Notzing,* Unerlaubte Bedingungen, S. 101 f.

577 *Schrenck-Notzing,* Unerlaubte Bedingungen, S. 73.

578 Bei *Schrenck-Notzing,* Unerlaubte Bedingungen, S. 88 ff. werden die Rechtsfolgen als eigenständiger Teil bearbeitet. Folge einer sittenwidrigen Bedingung ist seiner Meinung nach regelmäßig die Gesamtnichtigkeit, etwas anderes gilt nur dann, *„wenn ein realer, auf Aufrechterhaltung gerichteter Wille des Erblassers feststellbar und in der Testa-*

III. Verbot von unzumutbaren Druck

Die eindeutige Mehrheit in der Literatur,[579] der sich zuletzt auch die Rechtsprechung angeschlossen hat,[580] versetzt sich in die Lage des Bedachten und erklärt die Bedingung für sittenwidrig, wenn der Erblasser durch die Bedingung unzumutbaren Druck auf den Bedachten auszuüben versucht. Im Mittelpunkt steht der erstrebte Schutz des Bedachten.

Allgemein verstehen die Befürworter unter „Druck" den vom Erblasser ausgeübten Zwang, sich der Bedingung zu beugen. Wollte der Bedachte von vornherein der Bedingung nachgeben, so unterliegt er keinem Druck und die Sittenwidrigkeit entfällt.[581]

Anders, wenn der Bedachte der Bedingung zunächst nicht nachkommen wollte. In diesem Fall unterliegt der Bedachten dem beschriebenen Zwang. Das Verdikt der Sittenwidrigkeit folgt dabei einem graduellen Modell der Druckentfaltung. Mit zunehmender Intensität der Einflussnahme rückt der Bereich der Sittenwidrigkeit näher.

Wann das Maß der Intensität (Druck) einen unzumutbaren – nicht zu rechtfertigenden und unzulässigen – Punkt erreicht, unterliegt bisher keinen festen Regeln, sondern ist vielmehr *„unter Berücksichtigung aller Umstände des Einzelfalles zu entscheiden."*[582]

Ausgangspunkt soll dabei nach wie vor die Testierfreiheit des Erblassers sein und nur in Ausnahmefällen soll diese eben aufgrund des Bedachtenschutzes eingeschränkt werden.[583]

Um der Testierfreiheit des Erblassers ein entsprechendes Gewicht gegenüberstellen zu können, wird oftmals mit den beeinträchtigten Grundfreiheiten des Bedachten argumentiert. Insbesondere soll der Erblasser in unzulässiger Weise in die Eheschließungsfreiheit[584] (Art. 6 Abs. 1 GG), Religionsfreiheit

---

mentsurkunde angedeutet ist, oder sich ein hypothetischer Wille gleichen Inhalts daraus erschließen läßt. Nur in diesen Fällen ist eine Umdeutung gem. §§ 140, 2084 BGB in eine unbedingte Verfügung möglich." *Schrenck-Notzing,* Unerlaubte Bedingungen, S. 94.

579 U.a. MünchKomm[5]/*Leipold,* § 2074 Rn. 19 ff.; *Soergel*[13]/*Loritz,* § 2074 Rn. 22; *Staudinger*[13]/*Otte,* § 2074 Rn. 30 ff.; eine Auflistung der Vertreter ist zu finden bei *Gilbert,* Unmoralische Angebote, S. 91 Fn. 216.

580 BayOblG, Urteil v. 3.9.1996 = FamRZ 1997, 705, 709 f.; OLG Stuttgart, Urteil v. 19.08.1997 = FamRZ 1998, 260 f.

581 *Bamberger/Roth*[2]/*Litzenburger,* § 2074 Rn. 14.

582 *Staudinger*[13]/*Otte,* § 2074 Rn. 34.

583 *Soergel*[13]/*Loritz,* § 2074 Rn. 22.

584 *Meincke,* DEuFamR 1999, 75 ff.

(Art. 4 Abs. 1) und sogar in die Testierfreiheit[585] (Art. 14 Abs. 1 GG) des Bedachten eingreifen können. Medium für die Grundrechte sind die wertausfüllungsbedürftigen Generalklauseln (u.a. auch § 138 BGB). Sie wirken sich dabei lediglich mittelbar als Richtlinien aus, indem sie zur Ausfüllung des unbestimmten Rechtsbegriffs der „guten Sitten" beitragen. Soweit nun mehrere Grundrechte betroffen sind – Art. 14 Abs. 1 GG zugunsten des Erblassers und etwa Art. 6 Abs. 1 GG auf Seiten des enterbten Bedachten – ist eine Abwägung geboten mit dem Ziel, einen möglichst schonenden Ausgleich (praktische Konkordanz) zwischen den widerstreitenden Grundrechten herzustellen.[586] Als Einschränkung will *Thielmann* die Grundrechte des Bedachten aber nur in ihrem Kernbereich bzw. Wesensgehalt i.S.v. Art. 19 Abs. 2 GG geschützt wissen.[587]

Die Kommentarliteratur übernahm die grundrechtlich gestützte Argumentationsweise, wenn auch nur floskelhaft und ohne nähere Begründung:

Sittenwidrig soll eine Bedingung insbesondere dann sein, *„wenn die Bedingung zu einer nicht zu tolerierenden Beschränkung der Entschließungsfreiheit des Bedachten führt"*[588] oder *„wenn sie unerträglich in das Selbstbestimmungsrecht des Bedachten eingreift"*[589] oder auch *„Eingriffe in die Persönlichkeitssphäre"*[590] stattfinden.

„Unzulässig ist daher jede Anordnung, die vorrangige Freiheitsrechte des Zuwendungsempfängers berührt oder in sie eingreift."[591] *„Es ist selbstverständlich, dass hierbei auch die Wertungen von Grundrechten (im Wege der Drittwirkung) zu berücksichtigen sind."*[592]

„Die Testierfreiheit des Erblassers kann, wenn durch die Bedingung massiver mittelbarer Druck ausgeübt wird, mit den Freiheitsrechten des Bedachten kollidieren."[593]

Teilweise werden auch genauere Kriterien zur Bestimmung der Unzulässigkeit an die Hand gegeben.[594] Es komme dabei vor allem darauf an, *„ob der Betroffene wirtschaftlich auf die Zuwendung ‚angewiesen' ist [...], oder ob sie für*

585 *Sasse,* Vermögensperpetuierung, S. 129 ff.

586 *Kellenter,* Bedingte Verfügungen, S. 78 ff.; *Bamberger/Roth*[2]*/Litzenburger,* § 2074 Rn. 11.

587 *Thielmann,* Sittenwidrige Verfügungen, S. 62 ff., 123.

588 *Staudinger*[13]*/Otte,* § 2074 Rn. 30.

589 PWW[4]*/Löhnig,* § 2075 Rn. 7.

590 Erman[12]*/Schmidt,* § 2074 Rn. 5.

591 AK-BGB/*Finger,* § 2074 Rn. 9.

592 *Soergel*[13]*/Loritz,* § 2074 Rn. 22.

593 MünchKomm[5]*/Leipold,* § 2074 Rn. 18; ganz ähnlich auch *Bamberger/Roth*[2]*/Litzenburger,* § 2074 Rn. 9.

594 Kritisch zu den Abwägungskriterien *Schrenck-Notzing,* Unerlaubte Bedingungen, S. 40 f.

den Bedachten eine quantité négligeable gleichsam nur ein Trinkgeld darstellt.“[595] Das wiederum hängt vom Wert der Zuwendung ab und von den wirtschaftlichen Verhältnissen des Bedachten,[596] *„mehr aber noch davon [...], ob und wie weit er sich aufgrund seiner familiären Beziehungen zum Erblasser seiner beruflichen Bildung und seiner bisherigen Lebensgestaltung auf die Erlangung oder das Behalten der Zuwendung eingerichtet hat und einrichten durfte.*“[597]

Die h.M. hat aber auch sehr deutliche Kritik erfahren.[598] Vor allem wird generell das Schutzbedürfnis des Bedachten angezweifelt sowie die Kollision von Grundrechten in Frage gestellt.

Kroppenberg bezeichnet den Topos des „unzumutbaren Drucks“ als systemwidrigen Fremdkörper im BGB. Begründet wird dies mit der gesetzlich verankerten stärksten Form der Einflussnahme – der Drohung nach § 123 Abs. 1 Alt. 2. BGB. Kommt ein Rechtsgeschäft unter einer solchen Beeinflussung zustande, dann ist es lediglich anfechtbar. Der unzumutbare Druck, als schwächeres Mittel, könne damit in systemkonformer Anwendung überhaupt nicht zur unmittelbaren Nichtigkeit nach § 138 Abs. 1 BGB führen.[599]

Das stärkste Argument der widerstreitenden Meinung wird gegen die Existenz des Druckes auf den Bedachten angeführt: Einem spürbaren Druck kann der Bedachte nur dann unterliegen, wenn man die Annahme zugrunde legt, dass dem Bedachten ein Anspruch auf die Zuwendung zusteht, so dass es dem Erblasser verboten ist, vom Bedachten unzulässige Bemühungen zu verlangen.[600]

Ein Anspruch außerhalb des gesetzlich gesicherten Pflichtteilsrechts ist aber nicht vorgesehen und wird auch von niemandem behauptet. Zudem schmälert zwar jede (sittenwidrige) Bedingung die Chancen auf das Erbe, ist jedoch keine Einschränkung dessen, was der Bedachte bereits vor der Zuwendung gehabt hatte. Die Bedingung verpflichtet den Bedachten zu keiner Handlung und gleichzeitig war der Erblasser nicht gehalten, dem Bedachten überhaupt etwas zuzu-

595 *Thielmann,* Sittenwidrige Verfügungen, S. 119; zustimmend *Staudinger*[13]*/Otte,* § 2074 Rn. 34.

596 *Keuk,* FamRZ 1972, 9, 14; *Bamberger/Roth*[2]*/Litzenburger,* § 2074 Rn. 17; PWW[4]*/Löhnig,* § 2075 Rn. 7; *Thielmann,* Sittenwidrige Verfügungen, S. 119; wohl auch *Staudinger,* JURA 2000, 467, 471.

597 *Staudinger*[13]*/Otte,* § 2074 Rn. 34.

598 *Führ,* Grundrechte und Testierfreiheit, S. 88 ff.; *Gilbert,* Unmoralische Angebote, S. 113 ff.; *Gutmann,* NJW 2004, 2347, 2348 f.; *Gutmann,* Freiwilligkeit, S. 208 ff.; *Isensee,* DNotZ 2004, 754, 759 ff.; *Kroppenberg,* DNotZ 2006, 86, 95 f.; *Muscheler,* ZEV 1999, 151 f.; *Schrenck-Notzing,* Unerlaubte Bedingungen, S. 40 ff.

599 *Kroppenberg,* DNotZ 2006, 86, 96; *Kroppenberg,* Privatautonomie, S. 44 f.; zustimmend *Gilbert,* Unmoralische Angebote, S. 118.

600 *Gilbert,* Unmoralische Angebote, S. 113.

wenden. Die gänzliche Enterbung ist dem Erblasser ohne weiteres möglich, so dass eine bedingte Erbeinsetzung keinesfalls in die Freiheitsrechte des Bedachten eingreifen könne: *„Es ist rechtstheoretisch schlechthin ausgeschlossen, mit einem Angebot, das einer Person unterbreitet wird, in deren Freiheitsrechte einzugreifen."*[601] Durch entsprechendes Verhalten kann der Bedachte nur etwas gewinnen, worauf er sonst keinen Anspruch hat.[602] Die Freiheitsrechte werden also nicht beschnitten, sondern durch eine weitere Freiheit der Entscheidung vergrößert. Wer z.B. im Konflikt zwischen Liebesheirat und Vernunftehe steht und sich für letztere entscheidet, übt im gleichen Maße seine grundrechtlich gesicherte Eheschließungsfreiheit aus, wie derjenige, der seinem Herzen folgt und die Enterbung in Kauf nimmt.[603]

Otte ist einer der Wenigen,[604] der sich der bestechenden Argumentation stellt. Er räumt dabei aber selbst ein, dass *„diese Einwände [...] nicht leicht zu nehmen [sind]."*[605] Als Gegenargument führt er ausschließlich die Verkennung der Lebensrealität an:[606] *„Es geht nicht um Fälle, in denen eine wirtschaftlich unabhängige und nicht in familiäre Zusammenhänge mit dem Erblasser eingebundene Person vor die Wahl zwischen der Erlangung oder Erhaltung eines Vermögensvorteils und der Verwirklichung eigener Wertvorstellungen gestellt ist, sondern um Fälle, in denen der Erblasser Angehörigen, deren Lebensgestaltung er mitgeprägt hat, unter Verletzung der Gebote familiärer Verantwortung und Rücksichtnahme [...] eine selbstbestimmte Lebensführung nur unter Inkaufnahme gravierender wirtschaftlicher Nachteile gewähren will."*[607]

Otte konstruiert den Anspruch auf die Zuwendung aus dem Gebot *„familiärer Verantwortung und Rücksichtnahme"*. Eine Verfügung zugunsten eines Nicht-Familienmitgliedes mit dem Inhalt einer belastenden Bedingung dürfte demnach nicht anhand des Druck-Topos beurteilt werden können. Die Bevorzugung naher Angehöriger erfolgt aber im Rahmen des Pflichtteilsrechts. Eine weitergehende Familienerbfolge ist nicht vorgesehen. Zwar ist es gängige Praxis, bei einer verwerflichen Zurücksetzung naher Angehöriger die Verfügung für sittenwidrig zu erklären,[608] jedoch wird in dem Fall zumindest ausdrücklich die familienrechtliche Verantwortung in den Mittelpunkt gestellt. Beim Topos des

601 *Gutmann,* NJW 2004, 2347, 2348.
602 *Gutmann,* NJW 2004, 2347, 2348.
603 So auch *Isensee,* DNotZ 2004, 754, 762.
604 *Goebel,* FamRZ 1997, 656, 660 f. geht ebenso auf die Argumentation ein.
605 *Staudinger*[13]*/Otte,* § 2074 Rn. 31a.
606 Mit gleichem Argument auch *Gaier,* ZEV 2006, 2, 4; MünchKomm[5]/*Leipold,* § 2074 Rn. 19.
607 *Staudinger*[13]*/Otte,* § 2074 Rn. 31a.
608 Vgl. hierzu die Ausführungen auf S. 23 f.

unzumutbaren Druckes scheint die Differenzierung zwischen Familienangehörigen und beliebigen Dritten als Hintertürchen zur Familienerbfolge, getarnt durch die vermeintlich schützenswerten Grundrechte des Bedachten. Den Druck spüren beide in gleichem Maße und dennoch soll nur der Angehörige dadurch in unzumutbarer Weise beeinträchtigt werden.

Bisher gab es nur Fälle von beeinträchtigten Angehörigen,[609] so dass die derzeit gängige Rechtsauffassung nicht an ihre Grenzen stieß und sich nicht der Frage stellen musste, ob nicht auch Dritte in den Genuss eines Anspruchs auf die Erbschaft kommen sollen. Es bleibt abzuwarten, ob die eigentlich jedermann – unabhängig von familiärer Abstammung – schützenden Grundrechte auch Dritte vom Diktat einer beeinträchtigenden Bedingung befreien können.

Abgesehen davon ist bereits die Reichweite des grundrechtlichen Schutzes problematisch. Die Grundrechte haben keine unmittelbare Wirkung im Privatrecht, jedoch nutzen sie die Generalklauseln als Einfallstor in das einfache Recht.[610] Die von der h.M. unternommene Abwägung zwischen der Testierfreiheit des Erblassers und der beeinträchtigten Freiheit des Bedachten ist methodisch die Herstellung einer praktischen Konkordanz. Die zivilrechtliche Generalklausel mit ihrem unbestimmten Rechtsbegriff der guten Sitten wird gegen eine verfassungsrechtliche Abwägung ausgetauscht. Die erbrechtliche praktische Konkordanz, wird entsprechend der verfassungsrechtlichen, durch die Schwere des Grundrechtseingriffs bestimmt und erreicht irgendwann die Schwelle einer verfassungsrechtlich nicht mehr zumutbaren Beeinträchtigung, die sich in einem zivilrechtlichen Sittenwidrigkeitsverdikt niederschlägt. Das zivilrechtliche Einfallstor wird durch dieses Vorgehen nicht nur einen Spalt weit geöffnet, so dass der objektiven Wertordnung Einlass gewährt wäre, sondern es werden vielmehr sämtliche Methodiken des Verfassungsrechts ins Zivilrecht übertragen. Die Beteuerung des Bundesgerichtshof in der „Hohenzollern"-Entscheidung, die Grundrechte nicht unmittelbar heranzuziehen, sondern nur zur Ausfüllung des unbestimmten Rechtsbegriffes der guten Sitten,[611] nimmt sich damit wie ein Lippenbekenntnis zur mittelbaren Drittwirkung der Grundrechte im Privatrecht aus.[612]

Zudem sind die Kriterien der unzulässigen Druckausübung fragwürdig: Ausschlaggebend soll vor allem der Wert des Nachlasses sein. Je höher der Wert, desto höher der zu erwartende Druck. Im Ergebnis bevorzugt diese Abgrenzung den wenig vermögenden Erblasser, denn ein und dieselbe Bedingung

609 Zur bisherigen Rechtsprechung vgl. S. 37 ff.

610 Siehe oben.

611 BGH, Urteil v. 2.12.1998 = FamRZ 1999, 580, 583.

612 *Kroppenberg,* Privatautonomie, S. 30.

vermag, nur wenig Druck auf den Bedachten auszuüben, wenn der ihm zugewendete Vermögensvorteil gering ist. Die Testierfreiheit schützt aber im gleichen Maße alle Erblasser, unabhängig davon wie vermögend sie auch sein mögen.

Der Topos des unzumutbaren Drucks hinterlässt viele offene Fragen, angefangen von zweifelhaften Kriterien der Druckintensität, Systemwidrigkeit, bis hin zu den Strukturelementen des Erbrechts und der einfachen Logik, die einer solchen Anschauung entgegenstehen. Unklar ist ebenso, warum der Erblasser über das grundrechtlich abgesicherte Pflichtteilsrecht[613] hinaus postmortale Familienverantwortung übernehmen soll.[614] Und zu guter Letzt kann ein zivilrechtliches Angebot offensichtlich nicht dem verfassungsrechtlichen Begriff des Grundrechtseingriffs gleichgesetzt werden. Die Befürworter der Theorie des unzumutbaren Druckes lenken die Perspektive ausschließlich auf die Belange des Bedachten und behandeln den Erblasser nur noch als in die Freiheit eingreifendes Moment.[615]

E. Ergebnis des dritten Kapitels: verobjektivierte Teilnichtigkeit

Die verobjektivierte Anschauung wendet sich ab vom Willen des Erblassers bzw. überwindet ihn bewusst, um dem beeinträchtigten Bedachten den ihm versprochenen Schutz zuteil werden zu lassen. Mittels teleologischer Reduktion lautet die Rechtsfolge einer sittenwidrigen und die Entschließungsfreiheit des Bedachten beeinträchtigenden Bedingung Teilnichtigkeit. Das aber nur dann, wenn das Verdikt der Sittenwidrigkeit gerade auch den Schutz des Bedachten zum Ziel hat.

Die verobjektivierte Teilnichtigkeit bietet deswegen nicht für alle Fallgestaltungen eine Rechtsfolgenlösung an, sondern nur dann, wenn der Schutz des Bedachten eine solche erfordert. Die Skepsis gegenüber einem ausschließlich vom Schutz des Bedachten geleiteten Sittenwidrigkeitsverdikt ist aber berechtigt, so dass bereits das Fundament der verobjektivierten Ansicht an Boden verliert.

---

613 Statt aller *Isensee,* DNotZ 2004, 754, 758.

614 *Gilbert,* Unmoralische Angebote, S. 114.

615 *Goebel,* FamRZ 1997, 656, 660; i.E. schließt sich *Goebel* aber der h.M. an.

Kapitel 4: Erblasserwille und objektives Recht

Für die Rechtsfolgen einer sittenwidrig bedingten Verfügung wurden zwei grundverschiedene Lösungsansätze vorgestellt. Der erste Ansatz wurde im zweiten Kapitel erörtert und bezweckt die Durchsetzung des (hypothetischen) Erblasserwillens. Mittel hierfür ist vorzugswürdig die ergänzende Auslegung. Die andere Ansicht stellt auf den Schutz des Bedachten ab und kommt mit Hilfe einer teleologischen Reduktion der Sittenwidrigkeitsfolgen mitunter – bzw. vielmehr beabsichtigt – zu einer völlig gegensätzlichen Rechtsfolge.

Eine Gegenüberstellung der subjektiven Betrachtung im zweiten Kapitel und der objektiven Betrachtung im dritten Kapitel soll Klarheit in die Rechtsfolgenproblematik einer sittenwidrig bedingten Verfügung bringen.

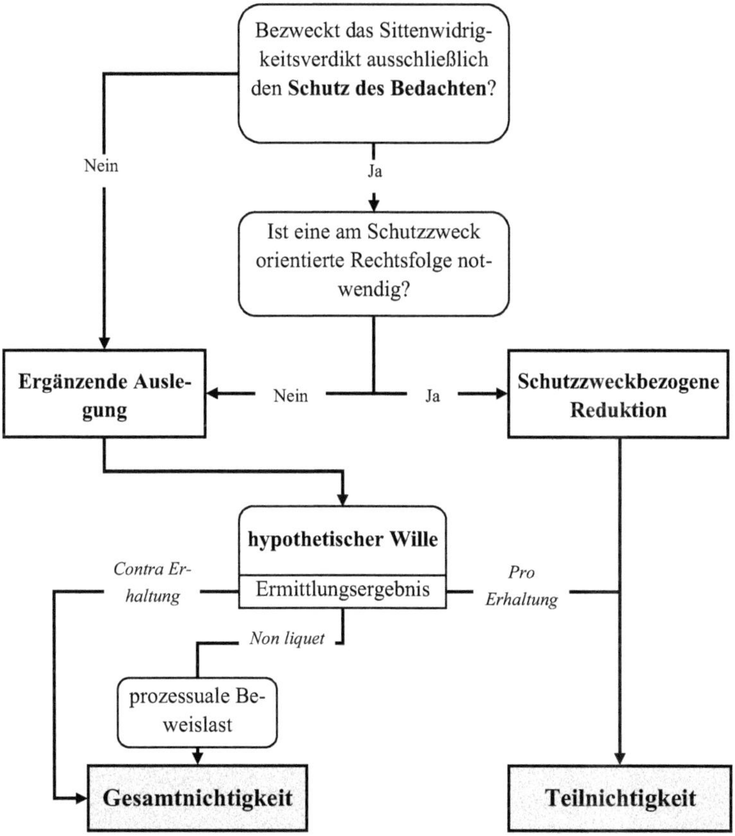

A. Das Zusammenspiel von subjektiver und objektiver Ansicht

Ein Konflikt beider Ansichten ist von vornherein vermeidbar, wenn diese in gleichem Maße verwirklicht werden können oder zumindest ein tragfähiger Kompromiss möglich ist.

Im Idealfall wird durch eine bestimmte Rechtsfolge sowohl dem Willen des Erblassers als auch dem Schutz des Bedachten im gleichen Maße Rechnung getragen. Das ist aber nur der Fall, wenn auch der Erblasserwille auf die Teilnichtigkeit und damit auf den Erhalt der Verfügung gerichtet ist.[616]

Lindacher macht diese Konstellation zur generellen Voraussetzung für die Teilnichtigkeit einer Verfügung. Er setzt das kumulative Vorliegen von objektiven Kriterien, wie auch dem hypothetischen Parteiwillen, voraus.[617] Zu beachten ist, dass *„der Begriff des hypothetischen Parteiwillens freilich nicht missverstanden werden darf. Es geht hier weder um Vertragsauslegung noch um die Feststellung einer psychischen Tatsache, sondern um eine Interessenabwägung […].“*[618] Innerhalb der Interessenabwägung ist zu prüfen, was die Parteien *„vernünftigerweise“* gewollt hätten. Der hypothetische Wille ist damit gleichfalls ein objektives Kriterium und trägt nicht zur Kumulierung objektiver und subjektiver Kriterien bei.

Auch an anderer Stelle hat die Literatur Versuche unternommen, objektive Gesichtspunkte in eine subjektiv deklarierte Prüfung einzubringen. So soll z.B. die Ermittlung des Erblasserwillens durch einen objektiven Filter beschnitten[619] oder ein unbilliger Wille zum Schutz des Bedachten nachträglich zensiert werden.[620] Gemein ist beiden Korrekturen, dass sie zunächst auf den Willen des Erblassers abstellen, aber das Ergebnis aus rein objektiven Elementen schöpfen. Nur wenn – zufällig – der Wille des Erblassers mit den Schutzabsichten gegenüber dem Bedachten übereinstimmt, kann sich das subjektive Element durchsetzen, andernfalls wird immer das objektive Element dominieren. Ein Kompromiss ist damit sicherlich nicht gefunden, denn die Rechtsfolge orientiert sich letztendlich immer an den Schutzabsichten gegenüber dem Bedachten.

Eine andere Form eines Miteinanders beider Prinzipien bietet sich durch eine gestaffelte Untersuchung an. Z.B. könnte man zunächst den Willen des Erb-

616 Siehe hierzu bereits S. 119.

617 *Lindacher,* AcP 173 (1973), 124, 131 f.

618 *Lindacher,* AcP 173 (1973), 124, 132.

619 Vgl. S. 112 f.

620 Vgl. S. 120 f.

lassers untersuchen und bei einem *non-liquet* (bzw. zur Vermeidung eines *non-liquet*) die Untersuchung mit objektiven Gesichtspunkten fortsetzen.[621]

Die Ermittlung des hypothetischen – subjektiven – Willens wird häufig auf unsicherer Grundlage stehen, so dass objektive Kriterien die Unsicherheiten beseitigen können.[622]

Umgekehrt wäre es aber genauso denkbar, zunächst die Rechtsfolge im Schutz gegenüber dem Bedachten zu suchen und wenn kein unzulässiger Eingriff in die Entschließungsfreiheit des Bedachten vorliegt, anschließend den Willen des Erblassers zu berücksichtigen.

Die Rechtsfolge wird demnach zunächst anhand von entweder subjektiven oder objektiven Kriterien ermittelt. Nur wenn dies zu keinem Ergebnis führt, hilft das jeweils andere Element aus.

Unklar bleibt dabei nach wie vor, ob nun subjektive oder objektive Gesichtspunkte an erster Stelle geprüft werden. Die Frage, welche Ansicht vorzugswürdig ist, erübrigt sich mit einer gestaffelten Untersuchung folglich nicht.

Unter der Annahme, dass sich im weiteren Verlauf eine vorzugswürdige Ansicht herauskristallisiert, könnte die gestaffelte Untersuchung dennoch die unerwünschten Zweifelsfälle vermeiden und bei Unzulänglichkeiten der vorrangigen Ansicht eine zwar nachrangige aber trotzdem tragfähige und gut begründbare Lösung aufzeigen. Im Fall einer vorzugswürdigen subjektiven Untersuchung könnte z.B. bei Unergründbarkeit des Erblasserwillens zumindest noch der Schutz des Bedachten verwirklicht werden. Mit dem Grundsatz, dass besser einer Absicht nachgekommen wird als gar keiner, wäre eine solche gestaffelte Untersuchung begründbar.

Für die Befürworter des objektiven Ansatzes ist diese Form von gestaffelter Untersuchung selbstverständlich. Denn auch sie erkennen an, dass der Wille des Erblassers grundsätzlich höchste Priorität hat. Nur wird dieses Prinzip von Schutzabsichten gegenüber dem Bedachten überlagert, so dass der Bedachtenschutz vorrangig ist.[623] Falls aber der Bedachte keines Schutzes bedarf, so greift der Grundsatz. Die Vertreter der verobjektivierten Teilnichtigkeit kommen demnach automatisch zu den Methoden des zweiten Kapitels, wenn es einer teleologischen Reduktion nicht bedarf.

Die umgekehrte Situation, bei der zunächst der Wille des Erblassers im Vordergrund steht und nachrangig auf den Bedachtenschutz abgestellt wird, ist aber keineswegs so selbstverständlich. Hier ist es wenig konsequent, zunächst dem subjektiven Ansatz nachzukommen und damit den Willen des Erblassers zu

621 Hierzu bereits S. 111.

622 Vgl. hierzu S. 122 f.

623 *Meincke,* Scheidungsklausel, in: FS Kaser (1976), S. 460.

präferieren, bei Erfolglosigkeit den Ansatz und die damit verbundene Absicht aber vollständig aufzugeben, um anschließend Schutzabsichten gegenüber dem Bedachten zu verfolgen. Es gilt das erbrechtliche Prinzip, den Willen des Erblassers bestmöglich zu verwirklichen. Ein ersatzweiser Bedachtenschutz ist dann lediglich eine inkonsequente Befolgung zuvor aufgestellter Prinzipien.

Es bleibt dabei, dass sich die subjektive und die objektive Auffassung grundsätzlich unversöhnlich gegenüberstehen. Einer Entscheidung, welche der zwei Prinzipien (Erblasserwille, Bedachtenschutz) vorzugswürdig ist, bedarf es nur bei einem kongruenten Ziel nicht. Differiert der Wille des Erblassers gegenüber dem Bedachtenschutz, ist auch ein Ausgleich oder ein Stufenverhältnis nicht möglich.[624] Jegliche Durchmischung oder Aneinanderreihung führt zu untragbaren Ergebnissen, denn wenn das Ergebnis nur Gesamt- oder Teilnichtigkeit lauten kann und jedes Prinzip zu einer anderen Rechtsfolge führt, so ist eine Kompromisslösung ausgeschlossen. Es wird immer ein Prinzip die Oberhand behalten, sei es nun durch vorrangige Anwendung oder durch eine nachgeschaltete Korrektur.

B. Der Zusammenhang zwischen dem Sittenwidrigkeitsverdikt und der Rechtsfolge

Das eigentliche Sittenwidrigkeitsverdikt beeinflusst die sich anschließende Frage nach den Rechtsfolgen in erheblichem Maße. Insbesondere der Sinn und Zweck der angeordneten Sittenwidrigkeit kann Aufschluss über eine zweckmäßige Rechtsfolge geben. Eine teleologische Reduktion ist z.B. nur dann möglich, wenn das Verdikt der Sittenwidrigkeit gerade auch den Schutz des Bedachten beabsichtigt.[625] Eine Entscheidung über die vorrangige Ansicht ist folglich auch nur dann notwendig.

Die Lösung der Rechtsfolgenproblematik müsste demnach nicht in einer eigenständigen Betrachtung zu finden sein, sondern bereits im Sittenwidrigkeitsverdikt selbst.

Das gilt aber zunächst nur für den Fall, dass das Verdikt der Sittenwidrigkeit nicht den Bedachten vor einer unzulässigen Beeinflussung schützen will, sondern vielmehr nur unmoralisches Handeln unterbinden will. Denn dann wäre von vornherein eine teleologische Reduktion ausgeschlossen und das Sittenwid-

624 Für die Vertreter der verobjektivierten Ansicht ergibt sich das Stufenverhältnis ganz automatisch, da sie vom Grundsatz des vorrangigen Erblasserwillens lediglich eine Ausnahme zum Schutz des Bedachten machen wollen; vgl. zuvor auf S. 149.

625 Vgl. hierzu oben S. 135 f.

rigkeitsverdikt würde automatisch die Rechtsfolgenbestimmung anhand der Methoden des zweiten Kapitels nach sich ziehen.

Fraglich ist aber, ob dieses Ausschlussverhältnis auch für den genau umgekehrten Fall gilt. Unter der Annahme, dass die Sittenwidrigkeit gerade zum Schutz des Bedachten angeordnet wird, müsste unter obiger Prämisse die Rechtsfolge ausschließlich auch von diesen Schutzzweckgesichtspunkten geleitet werden, so dass im Ergebnis die verobjektivierte Ansicht vorrangig ist und regelmäßig Teilnichtigkeit eintritt.

Genau diese These vertritt die verobjektivierte Ansicht. Sie will den vom Sittenwidrigkeitsverdikt angestrebten Bedachtenschutz auch auf die Rechtsfolgenanordnung erstrecken und damit ein konsequentes und in sich stimmiges „Gesamturteil" treffen. Falls sich die Rechtsfolge vom Schutz des Bedachten abkoppeln und nunmehr auf den Erblasserwillen abgestellt werden würde, wären die vorherigen Schutzbestrebungen sinnlos, denn *„hielte man die Zuwendung insgesamt für nichtig, so würde der bezweckte Schutz des Bedachten vereitelt und damit ad absurdum geführt [werden]."*[626]

Um eine konsequente Urteilspraxis zu ermöglichen, soll der Zweck des Sittenwidrigkeitsverdikts sich entsprechend in der Anordnung der Rechtsfolge fortsetzen.

Otte hingegen strebt mit dem Sittenwidrigkeitsverdikt zwar den Schutz des Bedachten an,[627] für die Rechtsfolgen will er aber diesen Schutz nicht aufrechterhalten, sondern sieht die Grenze im Erblasserwillen.[628] Vergleicht man hierzu die unterschiedlichen Schutzabsichten und vermeintlichen Rechtsfolgen ergibt sich folgendes:

Dient das Verdikt der Sittenwidrigkeit dem Schutz der Allgemeinheit vor einer unsittlichen Testierpraxis, so ist eine Rechtsfolgenanordnung zum Schutz des Bedachten ausgeschlossen. Aber auch der vom Nichtigkeitsverdikt bezweckte Schutz der Allgemeinheit kann die Rechtsfolgen nicht bestimmen, insbesondere ist hier nicht ersichtlich, welche Rechtsfolge der Allgemeinheit dienlich wäre.[629] Demgegenüber ist die Verwirklichung des Erblasserwillens durchaus ein schützenswertes erbrechtliches Prinzip, so dass regelmäßig sein Wille über die Rechtsfolgen entscheiden wird.

Erschließt sich das Sittenwidrigkeitsverdikt gerade aus dem Schutz des Bedachten, kann sich zwar auch die Rechtsfolge am Schutzzweck orientieren, aber zwingend ist das keineswegs. Wie auch bei vorheriger Konstellation, setzt sich

626 *Schlüter,* Grenzen der Testierfreiheit – Grenzen einer „Herrschaft aus dem Grabe", in: FG der Zivilrechtslehrer (1999), S. 589.

627 *Staudinger*[13]*/Otte,* § 2074 Rn. 30 ff.

628 *Staudinger*[13]*/Otte,* § 2074 Rn. 66.

629 Vgl. S. 135 f.

der Schutzzweck des Verdikts nicht zwangsläufig in die Rechtsfolge fort. Es ist durchaus möglich, dass das Sittenwidrigkeitsverdikt zunächst den Bedachten schützen will und entsprechend die Bedingung für nichtig erklärt wird, aber sich die Rechtsfolge am Grundsatz der Testierfreiheit orientiert und der Wille des Erblassers das Ergebnis vorgibt.

Eine Abwägung der verschiedenen Interessen erübrigt sich damit nach wie vor nicht, bloß kann das Verdikt der Sittenwidrigkeit und die sich anschließende Rechtsfolge bis zu einem gewissen Grade eigenständig untersucht werden.

C. Eine Gegenüberstellung – objektives und subjektives Recht

Nach den erfolglosen Versuchen, einen Ausgleich zwischen den beiden Ansätzen herzustellen oder bereits im Verdikt der Sittenwidrigkeit selbst die Lösung zu finden, verbleibt schlussendlich nur eine Gegenüberstellung mit dem Ziel, eine vorrangige Ansicht auszumachen.

Der Argumentationskern der subjektiven Rechtsfolgenlösung wird mit der Testierfreiheit des Erblassers begründet und mit dem Argument, dass ein unbedingtes Festhalten an einer nur bedingt gewollten Zuwendung mit der entgegenstehenden Grundfreiheit nicht vereinbar wäre.[630]

Die Vertreter der verobjektivierten Ansicht bestreiten keineswegs, dass sie sich gegen den Erblasserwillen – und damit auch gegen die Testierfreiheit – stellen. Grund dafür sind aber die höherrangigen Rechte des Bedachten und die Sinnlosigkeit einer vom Erblasserwillen gelenkten Rechtsfolge, denn *„[...] so könnte der Erblasser beliebig testieren, solange er nur gleichsam hilfsweise deutlich machte, was im Falle der Unwirksamkeit gelten soll.“*[631]

Wurzel und Lösung der Problematik zugleich ist die im Mittelpunkt stehende Person: Der Erblasser als Herrscher über den Nachlass und der Bedachte als schutzwürdiger Unterdrückter.

630 OLG Bamberg, Urteil v. 17.12.2007 = ZEV 2008, 389, 391; AnwK-BGB²/*Beck,* § 2074 Rn. 27; *Müller,* Verwirkungsklauseln, S. 193; *Staudinger*¹³/*Otte,* § 2074 Rn. 66.

631 *Schlüter,* Grenzen der Testierfreiheit – Grenzen einer „Herrschaft aus dem Grabe“, in: FG der Zivilrechtslehrer (1999), S. 590.

I. Bedingungsdruck und Interessenabwägung

Es ist müßig, eine Lösung mit Hilfe von vorrangigen Interessen zu suchen, die sich wiederum in den Grundrechten manifestieren. Die Testierfreiheit des Erblassers auf der einen Seite und die Entschließungsfreiheit des Bedachten als Produkt beeinträchtigter Grundrechte (z.B. Eheschließungsfreiheit) auf der anderen Seite. Eine Lösung zu Gunsten der einen oder anderen Ansicht ist nur durch die Abwägung der kollidierenden Grundrechte auszumachen und allein dieser Vorgang ruft berechtigte Zweifel hervor.[632]

Eine Abwägung der Interessen ist aber auch nicht notwendig, wenn die Interessen des Bedachten zum einem befriedigt sind und die gegenüberstehenden Erblasserinteressen überhaupt nicht betroffen sind.

Ausgangspunkt der verobjektivierten Ansicht ist das Sittenwidrigkeitsverdikt, welches den Bedachten vor einem unzulässigen Eingriff schützen will. Die Rechtsfolge soll sich ebenfalls an dem Schutzzweck orientieren und entsprechend Teilnichtigkeit der Verfügung aussprechen. Andernfalls wäre der zuvor erlangte Schutz umsonst erkämpft, da der sich weigernde Bedachte sowohl mit als auch ohne Bedingung von der Zuwendung nichts erhalten würde.

Aus einem finanziellen Blickwinkel des Bedachten ist diese Argumentation durchaus zutreffend, denn unabhängig von seinem Verhalten bekommt er die Zuwendung nicht und der eigentliche Schutz verfehlt somit seine Wirkung.

Genau hier weist die Argumentation eine Lücke auf. Zunächst gilt es zu trennen zwischen dem Interesse des Bedachten, dem Diktat der sittenwidrigen Bedingung nicht länger ausgesetzt zu sein, und dem pekuniären Interesse am Nachlass. Ersteres wird nach der h.M. vom Bedachten zu Recht eingefordert, denn der unzumutbare Bedingungsdruck ist von der Rechtsordnung zu unterbinden.[633]

Ohne eine solche beeinträchtigende Bedingung würde man dem Bedachten aber wohl kaum ein berechtigtes pekuniäres Interesse am Nachlass zugestehen. Der Bedachte hat bei entgegenstehendem Willen des Erblassers unzweifelhaft keinen Anspruch auf die Erbschaft. Das pekuniäre Interesse des Bedachten ist zunächst nicht schutzwürdig.

In das grundrechtlich gestützte Abwägungsschema lassen sich die ausdifferenzierten Interessen folgendermaßen darstellen: Auf Ebene des Sittenwidrigkeitsverdikts stehen sich die Testierfreiheit des Erblassers und die Entschließungsfreiheit des Bedachten gegenüber.

---

632 Siehe hierzu S. 144 f.

633 Zur Lehre vom unzumutbaren Druck siehe S. 140 ff.

Auf Rechtsfolgenebene ist nach wie vor die Testierfreiheit des Erblassers betroffen, aber demgegenüber nur noch ein finanzielles Interesse des Bedachten, welches zweifelsohne keinen Grundrechtsschutz verdient.

Die verobjektivierte Ansicht versucht einen Zusammenhang herzustellen zwischen dem (berechtigten) Interesse des Bedachten, dem Bedingungsdruck nicht ausgesetzt zu sein und seinem (unberechtigten) rein finanziellen Interesse am Nachlass. Begründet wird dieser Zusammenhang mit dem Bedachtenschutz.

Der Umfang des Schutzes kann sich aber auch nur auf berechtigte Interessen beziehen und damit auf die Beseitigung des Bedingungsdruckes. Diesem Interesse wird bereits durch das Verdikt der Sittenwidrigkeit nachgekommen.[634] Gemäß § 138 BGB fällt zumindest die Bedingung weg, so dass der Bedachte sie keinesfalls mehr erfüllen muss. Er unterliegt folglich keinem unzumutbaren Druck mehr. Ob er auch gänzlich ohne Zuwendung dasteht, hat mit den Schutzabsichten des § 138 BGB primär nichts zu tun. Ziel des Sittenwidrigkeitsverdikts ist es, das Diktat der Bedingung zu beendigen und die Entschließungsfreiheit des Bedachten zu schützen. Die guten Sitten begründen aber keinen Anspruch auf die Erbschaft, sondern versagen nur der missbräuchlichen Rechtsausübung den Rechtserfolg.[635]

Der Schutzzweck aus § 138 BGB erfüllt sich damit vollumfänglich in der Nichtigkeit der Bedingung. Ein darüber hinausgehender Schutz von pekuniären Interessen des Bedachten ist keinesfalls Intention der Sittenwidrigkeitsnorm.

Es ist also überhaupt nicht notwendig, die Absage an die verobjektivierte Ansicht mit der überragenden Stellung der Testierfreiheit zu begründen.[636] Dem Bedachten kam der zugedachte Schutz zuteil, die darüber hinausgehende finanzielle Zuwendung ist aber Sache des Erblassers, denn es ist auch ohne Abwägung der Interessen klar, dass das Erbrecht nicht dem Bedachten dienen soll, sondern dem Erblasser.

Die Vertreter der verobjektivierten Ansicht gehen also mit dem Argument fehl, dass eine schutzzweckbezogene Aufrechterhaltung notwendig ist, um den Schutz des Sittenwidrigkeitsverdikts fortzusetzen. Der Bedachte ist genug geschützt, wenn er vom Diktat der Bedingung befreit ist. Eine zusätzliche Belohnung – gegen den Erblasserwillen – ist nicht erforderlich. Der Versuch, eine Brücke zu schlagen zwischen dem unzumutbaren Bedingungsdruck und der Teilhabe am Nachlass, ist ausschließlich auf emotionaler Ebene angesiedelt und

---

634 Das Ziel von § 138 BGB den Bedingungsdruck zu nehmen ist natürlich nur dann gegeben, wenn man sich der derzeit h.M. anschließt und die Sittenwidrigkeit anhand des Topos vom unzumutbaren Drucks untersucht; vgl. hierzu S. 140 f.

635 *Husmann,* NJW 1971, 404, 405.

636 Vgl. u.a. *Staudinger*[13]*/Otte,* § 2074 Rn. 66.

mutet damit nur als Mitleidshandlung oder gar als finanzielle Belohnung für überstandenen unzumutbaren Druck an.

II. Auf Umwegen zum Erblasserziel

Auf der anderen Seite könnte eine am Erblasserwillen orientierte Rechtsfolgenlösung den Zielen des Erblassers direkt oder indirekt zur Geltung verhelfen. Primäres Ziel des Erblassers ist es, dass sich der Bedachte der Bedingung fügt. Sekundäres Ziel und gleichzeitig das Druckmittel ist die Enterbung bei Weigerung. Im Fall der Gesamtnichtigkeit ist zumindest das sekundäre Ziel erreicht. Der Erblasser erreicht also trotz Nichtigkeit der Bedingung sein Ziel. Mit dem subjektiven Ansatz verhilft damit die Rechtsprechung dem sittenwidrig testierenden Erblasser auf Umwegen zur Durchsetzung seiner Vorstellungen.[637]

Dieser Annahme liegt eine einzige Fallkonstellation zu Grunde: Der Bedachte widersetzt sich der sittenwidrigen Bedingung und wird daraufhin enterbt. Tatsächlich erhält der Bedachte in dieser Konstellation nie etwas von der Zuwendung. Entweder, weil er sich der Bedingung widersetzt, oder weil trotz Sittenwidrigkeit der Bedingung Gesamtnichtigkeit eintritt. Das Ziel des Erblassers, die Enterbung des Bedachten bei Weigerung, ist erreicht.

Anders sieht es aber im folgenden Fall aus, den der BGH im Jahr 1956 zu entscheiden hatte.[638] Der Erblasser setzte seinen Sohn zum Erben ein unter der Bedingung, dass er sich von seiner Frau scheiden lasse. Der Sohn entsprach dem Willen des Erblassers und trennte sich von seiner Frau.[639]

Geht man – entgegen dem BGH – davon aus, dass die Bedingung sittenwidrig und nichtig ist, dann würde die Gesamtnichtigkeit zur Enterbung des Sohnes führen, obwohl dieser die Bedingung erfüllt hat. Das primäre Ziel des Erblassers, die Erbeinsetzung bei erfüllter Bedingung, wäre damit zunichtegemacht. Die nunmehr eintretende Rechtsfolge entspräche genau dem Gegenteil dessen, was der Erblassers erreichen wollte. Es wäre schlussendlich so, als hätte der Erblasser dem Bedachten die Bedingung aufgegeben, sich gerade nicht von seiner Frau scheiden zu lassen. Und weil der Sohn sich dennoch scheiden ließ, erhält er von der Zuwendung nichts. Eine am Erblasserwillen orientierte Rechtsfolge mit dem Resultat der Gesamtnichtigkeit führt in dieser Konstellation nicht auf Umwegen zu dem vom Erblasser angestrebten Ziel, sondern zum genauen Gegenteil.

---

637 *Baumann,* Verwirkungsklauseln, S. 102; *Kellenter,* Bedingte Verfügungen, S. 180.

638 BGH, Urteil v. 28.1.1956 = JZ 1956, 279 ff.

639 Der Fall kam vor Gericht, weil die Töchter des Erblassers die Wirksamkeit der Bedingung anzweifelten.

Nun könnte man einwenden, dass der Wille des Erblassers bei einer erfüllten Bedingung niemals zu der Gesamtnichtigkeit der Verfügung tendieren würde, sondern – als wäre die Bedingung wirksam und erfüllt – nur auf eine Teilnichtigkeit gerichtet ist. Der Wille des Erblassers enthielte damit gleichsam nach wie vor die sittenwidrige Bedingung, so dass das Resultat von Willensauslegung und Bedingung ein und dasselbe wären. Also doch die Verwirklichung der Erblasserziele auf Umwegen?

Dieser Einwand ist nicht haltbar, da die Methode der Willensermittlung eine völlig andere Situation vor Augen hat. Der Untersuchung des hypothetischen Erblasserwillens liegt nämlich folgende Frage zu Grunde:

„Wie hätte der Erblasser über die Rechtsfolgen entschieden, wenn er Kenntnis von der Sittenwidrigkeit gehabt hätte?"[640]

Für die Beantwortung der Frage muss sich der Richter in den Zeitpunkt der Errichtung der Verfügung versetzen und in die Zukunft blicken.[641] Nicht Bestandteil der Ermittlung ist das zukünftige Verhalten des Bedachten. Ausschlaggebend ist nur der hypothetische Wille bei unterstellter Kenntnis der Sittenwidrigkeit. Das Ergebnis der Untersuchung lautet entweder Teil- oder Gesamtnichtigkeit, und zwar ohne den Einfluss des Bedachtenverhaltens. Die sich aus dem hypothetischen Willen ergebende Rechtsfolge ist also losgelöst davon, ob der Bedachte die Bedingung erfüllt hat oder nicht. Der hypothetische Erblasserwille kann damit überhaupt keine versteckte Bedingung enthalten.

So paradox es auch klingen mag, aber der hypothetische Wille des Erblassers führt nicht zwingend zu dem vom Erblasser ursprünglich angestrebten Ziel. Der Zweck der Bedingung ist mit ihrer Nichtigkeit entfallen. Die am hypothetischen Willen orientierte Rechtsfolge ist eine Notlösung, die aber die ursprünglichen Absichten außer Betracht lässt. Wenn das Resultat der Willensauslegung der (nicht) erfüllten Bedingung entspricht, dann ist das lediglich ein Zufall und kein von der Rechtsordnung tolerierter sittenwidriger Gedanke auf Umwegen.

Aber selbst in der ersten Konstellation, bei der eine subjektive Rechtfolgenlösung sich mit dem Ergebnis der Bedingung decken wird und so den Anschein eines verwirklichten Erblasserziels macht, ist das Ergebnis keineswegs unbillig.

Das anerkannte Ziel des Bedachten ist es, vom Diktat der Bedingung befreit zu werden, dasjenige des Erblassers, sein Vermögen nach seinen Vorstellungen zu verteilen.[642] Mit der Nichtigkeit der Bedingung und einer vom Erblasser-

---

640 Vgl. S. 106 f.

641 Vgl. S. 113.

642 Außen vor muss natürlich das finanzielle Interesse des Bedachten am Nachlass bleiben, denn dieses verdient keinen Schutz.

willen bestimmten Rechtsfolge wird beiden geholfen. Die Ziele von Erblasser und Bedachtem sind dann im gleichen Maße erfüllt.

Im konkreten Einzelfall ist natürlich klar, dass einem über Jahrzehnte von einer Heiratsbedingung gepeinigten Bedachten nicht viel geholfen wird, wenn er mit dem Tod des Erblassers vom Diktat der Bedingung befreit wird und dennoch nichts von der Zuwendung erhält. Die Rechtsordnung darf und kann aber nicht Willensstärke belohnen oder auch sanktionieren. Genauso wenig wie der folgsame Bedachte, erhält der sich weigernde und unbeugsame Bedachte die Zuwendung, wenn dies der Plan des Erblassers nicht vorsieht. Die Gleichstellung von folgsamen und sich auflehnenden Bedachten ist unbeabsichtigte Folge, zumal aus Sicht der Rechtsordnung unklar wäre, welcher der beiden nun die Zuwendung mehr verdient hätte: Der folgsame Bedachte mit Rücksicht auf seine jahrelange Pein als eine Form von Wiedergutmachung oder der Unbeugsame als Belohnung für besondere Willensstärke?

Die Verteilung des Nachlasses ist originäre Aufgabe des Erblassers und nicht einer vom Interessenausgleich getriebenen Rechtsauffassung.

Verwehrt man dem Erblasser die Durchsetzung seines anerkannten Ziels, ein Vermögen zu verteilen, so erfolgt dies nicht zum Schutz des Bedachten, sondern zur Bestrafung des Erblassers für seine sittenwidrige Testierweise.[643]

III. Interessenjurisprudenz

Die bisherigen Ausführungen sprachen ausschließlich von den Interessen des Erblassers und des Bedachten. Letzterer ist zwar regelmäßig auch gesetzlicher Erbe, doch wird es größtenteils noch weitere gesetzliche Erben geben, die am Nachlass partizipieren wollen.

Die gesetzlichen Erben unterstützen dabei meist die Interessen des Erblassers, da dies die einzige Hoffnung auf Gesamtnichtigkeit und damit auf ihre Erbenstellung birgt.[644] Ihre eigenen pekuniären Interessen finden – abgesehen vom Pflichtteilsrecht – kein Gehör, denn sie sind unbestritten nicht schutzwürdig.

Es drängt sich die Frage auf, warum der Bedachte nach der verobjektivierten Ansicht eigene schützenswerte Interessen haben soll und die gesetzlichen Erben nicht? Das Interesse ist auf beiden Seiten ausschließlich finanzieller Natur. Ein Unterschied in der Interessenausrichtung ist zwischen dem Bedachten und den bisher unberücksichtigten gesetzlichen Erben zunächst nicht feststellbar.

---

643 Einer postmortalen Bestrafung ist kein anerkennenswertes Ziel abzugewinnen, insbesondere wäre damit noch nicht einmal der Allgemeinheit geholfen; vgl. hierzu S. 132 f.

644 Zu den erbrechtlichen Folgen der Rechtsfolgen vgl. S. 18 f.

Ein Unterschied liegt jedenfalls in der sittenwidrigen Bedingung, die ausschließlich den Bedachten beeinträchtigt und den gesetzlichen Erben – gegenteilig – sogar Hoffnung auf die Erbenstellung macht. Für eine gesonderte Stellung gegenüber den gesetzlichen Erben müsste aber der (unzumutbare) Bedingungsdruck das zunächst nicht schützenswerte pekuniäre Interesse des Bedachten zu einem schützenswerten Gut erheben. Genau dies wurde aber bereits widerlegt;[645] danach ist das pekuniäre Interesse des Bedachten keineswegs schützenswerter als das der gesetzlichen Erben. Eine von den Interessen des Bedachten geleitete Rechtsfolge benachteiligt damit zu Unrecht alle anderen Beteiligten und führt schlussendlich zu einer einseitigen und wenig umsichtigen Interessenjurisprudenz.[646]

Bereits der historische Gesetzgeber wollte den Bedachten nicht besser gestellt wissen: „*Die Rücksichtnahme auf den Bedachten kann nicht entscheiden; denn es ist nicht zu übersehen, daß diesem andere Betheiligte gegenüberstehen, welche die gleiche Rücksichtnahme auf ihr Interesse in Anspruch nehmen dürfen.*“[647]

Nichts anderes kann heute gelten. Allein entscheidend ist das Interesse des Erblassers; ein Ausgleich der vermeintlichen Interessentrias (Erblasser, Bedachte, gesetzlicher Erbe) widerspricht dem gesetzlichen Leitbild einer letztwilligen Zuwendung, die einzig und allein vom Erblasser determiniert werden soll.[648]

Eine Rechtsfolgenlösung mittels der verobjektivierten Ansicht ist ein teuer erkauftes Urteil zu Gunsten des Bedachten, dem bereits aller Druck genommen wurde, und zu Lasten der gesetzlichen Erben und insbesondere zu Lasten des Erblassers, der einzig und allein ein schützenswertes Interesse an seinem Nachlass verfolgt.

---

645 Siehe S. 153 f.

646 So auch *Hermann,* Pro non scripta, S. 168; *Schrenck-Notzing,* Unerlaubte Bedingungen, S. 93.

647 Mot. V 20 = *Hahn/Mugdan,* Materialien BGB, Bd. 5, S. 11.

648 So bereits *Hermann,* Pro non scripta, S. 163.

Schlussbetrachtung

Die vorstehende Untersuchung hat gezeigt, dass sittenwidrige Bedingungen in letztwilligen Verfügungen zahlreiche rechtliche Probleme aufwerfen. Die Rechtsfolgen der Sittenwidrigkeit stehen dabei lediglich am Ende der umstrittenen Fragen. Dennoch ist die Frage nach den Rechtsfolgen von ganz erheblicher Bedeutung, denn sie entscheidet schlussendlich darüber, ob nun der Bedachte die Zuwendung erhält oder nicht.

Der wohl umstrittenste Themenkomplex wurzelt im Sittenwidrigkeitsverdikt selbst. Insbesondere ist strittig, unter welchen Umständen eine letztwillige Bedingung für sittenwidrig erklärt werden kann. Die derzeit herrschende Meinung lenkt diesbezüglich den Fokus der Betrachtung auf den durch die Bedingung beeinträchtigten Bedachten. Entscheidend soll der Topos vom „unzumutbaren Druck“ sein, der die Bedingung zu einem moralischen Folterinstrument aufwertet. Die Intensität des Druckes wird mit Hilfe der betroffenen Grundrechte ermittelt, die im Rahmen einer praktischen Konkordanz der Testierfreiheit des Erblassers gegenüberstehen.

Um den Schutz des Bedachten konsequent weiterzuführen, soll sich nach einer neuen Ansicht auch die Rechtsfolge an dieser Intention orientieren. Schlussendlich bezwecken die Befürworter dieser Lösung eine Aufrechterhaltung der Verfügung, damit der Bedachte am Nachlass ohne Bedingungsdruck partizipieren kann.

Skepsis ist aber bereits bei einer Sittenwidrigkeitsprüfung angebracht, die ausschließlich den Schutz – und damit die Interessen – des Bedachten im Sinn hat. Für eine sich anschließende Rechtsfolgenlösung, die gleichsam nur dem Bedachten dient und mittels schutzzweckbezogener Reduktion zum Ergebnis kommt, gilt das im besonderen Maße.

Auf emotionaler Ebene kann dieser Ansatz zwar überzeugen. Wird doch vor allem das Beispiel angeführt, dass der Sohn eines Fürsten nur unter der Bedingung zum Erben eingesetzt wird, dass er standesgemäß heirate und der Sohn sich über Jahrzehnte auf die kommende Regentschaft vorbereitet und schließlich entgegen der Bestimmung im Testament eine bürgerliche Frau heiratet.

Würde nun der Wille des Erblassers über die Rechtsfolgen dieser sittenwidrigen Heiratsbedingung entscheiden, so wäre dem Bedachten aller Schutz genommen, denn die mögliche Gesamtnichtigkeit der Verfügung führt zu seiner Enterbung. Die Jahre der Unterdrückung und der Vorbereitung auf die Erbschaft wären umsonst gewesen. Nur die Teilnichtigkeit der Verfügung schafft Linderung, indem der Bedachte auch gegen den Willen des Erblassers an der Erbschaft partizipieren kann.

Unbeachtet bleibt bei dieser Argumentation aber, dass der Bedachte keinen Anspruch auf die Erbschaft hat, sondern allenfalls einen Anspruch auf Befreiung vom Diktat der Bedingung. Zwar wird mit dem Sittenwidrigkeitsverdikt erst nachträglich – mit dem Gerichtsurteil – der Druck der Bedingung vom Bedachten genommen. Dies ist dennoch kein hinreichender Grund, ihn für die „Leidenszeit" mit der Erbschaft zu entlohnen. Sein pekuniäres Interesse am Nachlass ist nicht schutzwürdig, sondern einzig und allein vom Willen des Erblassers abhängig.

Zudem sieht § 138 BGB als maximale Rechtsfolge die Gesamtnichtigkeit der Verfügung vor, aber keinesfalls eine positive Rechtsfolgenanordnung in Form einer Zwangsmodifizierung entgegen dem Willen des Erblassers.[649]

Mit der deutlichen Absage an eine schutzzweckbezogene Aufrechterhaltung der Verfügung ist das Problem der Rechtsfolgen aber noch nicht gelöst. Die Römer fanden die Lösung im *favor testamenti* und strichen schlicht die unwirksame Bedingung aus der Verfügung, ohne dabei die Verwirklichung des Erblasserwillens oder den Schutz des Bedachten zu bezwecken. Das BGB hingegen nahm von diesem Gedanken Abstand, zeigt jedoch zugleich keinen alternativen Lösungsweg auf.

In Anbetracht der erbrechtlichen Grundprinzipien liegt eine Rückbindung an den Erblasserwillen sehr nahe. Insbesondere beziehen sich alle gängigen Auslegungsmethoden auf den Willen des Erblassers und nicht länger auf sozialpolitische Wertungen. Die Methoden einer vom Willen getragenen Aufrechterhaltung der Verfügung sind vielfältig, so dass sowohl in Literatur als auch in der Rechtsprechung alle denkbaren Methoden Erwähnung finden.

In vorderster Reihe finden sich § 139 BGB und § 2085 BGB wieder, welche eine konkrete Rechtsfolge anordnen, wenn die Ermittlung des (hypothetischen) Erblasserwillens erfolglos verläuft. Voraussetzung für die Anwendung ist u.a. die Trennbarkeit der Bedingung von der Verfügung. Ein Teil der Literatur hält nur eine auflösende Bedingung – im Gegensatz zu einer aufschiebenden Bedingung – für abtrennbar und begründet dies mit dem zu Grunde liegenden dogmatischen Konstrukt oder auch mit dem Willen des Erblassers. Es wurde aber gezeigt, dass die hierfür gegebenen Begründungen nicht haltbar sind und insbesondere der Gesetzgeber hiergegen eindeutig Stellung bezogen hat.

Es verbleiben damit als Methoden der Aufrechterhaltung die ergänzende Auslegung und die Umdeutung. Beide Methoden stützen sich ebenfalls auf den hypothetischen Willen des Erblassers mit der Fragestellung: *Wie hätte der Erblasser über die Rechtsfolgen entschieden, wenn er Kenntnis von der Sittenwidrigkeit gehabt hätte?*

649 *Hermann,* Pro non scripta, S. 168.

Wichtig ist dabei, dass der hypothetische Wille aus rein subjektiven Quellen geschöpft wird und keine Verobjektivierung in der Form zugelassen wird, dass zum Schutz des Bedachten das Ergebnis zensiert oder auch korrigiert wird.

Ergänzende Auslegung und Umdeutung sind nach ihren Voraussetzungen beide auf der Ermittlung der Rechtsfolgen einer sittenwidrigen Bedingung anwendbar. Auch im Ergebnis ist kein Unterschied feststellbar, denn beide Methoden enthalten keine Rechtsfolgenregelung für den Fall einer erfolglosen Willensermittlung. Dogmatisch ist der ergänzenden Auslegung der Vorzug zu geben. Mit der Sittenwidrigkeit und Nichtigkeit der Bedingung entsteht eine Lücke in der letztwilligen Verfügung, die mittels ergänzender Auslegung zu schließen ist. Die Umdeutung hingegen ist prädestiniert für Rechtsgeschäfte, die insbesondere in ihrer gegenwärtigen Form nichtig sind, aber in anderer Form aufrechterhalten werden können. Die Umdeutung ändert vielmehr den „Corpus" des Rechtsgeschäfts und nicht den Inhalt. Die sittenwidrige Bedingung ist aber zweifelsohne ein inhaltlicher und kein förmlicher Bestandteil.

Es bleibt im Ergebnis festzustellen, dass die Sittenwidrigkeit einer letztwilligen Bedingung nicht zwangsläufig die Gesamtnichtigkeit der Verfügung mit sich bringt. Eine Aufrechterhaltung ist aber nur im Einklang mit dem Willen des Erblassers möglich. Lässt sich der hypothetische Wille des Erblassers nicht feststellen, so fehlt das tragende Element einer letztwilligen Verfügung und die prozessuale Beweislast führ zur Gesamtnichtigkeit und damit auch meist zur subsidiären gesetzlichen Erbfolge.

Literaturverzeichnis

ADICKES, Franz: Zur Lehre von den Bedingungen, nach römischen und heutigem Recht, Berlin 1876

Alternativkommentar zum BGB, Erbrecht, Köln 1990 (zit. AK-BGB/*Bearbeiter*)

ANDRÉ, Fritz: Einfache, zusammengesetzte, verbundene Rechtsgeschäfte, Ein Beitrag zu § 139 des Bürgerlichen Gesetzbuchs, in: Festgaben für Ludwig Enneccerus, Marburg 1913, S. 3–48

ANDRES, Ingrid: Der Erbrechtsentwurf von Friedrich Mommsen, Ein Beitrag zur Entstehung des BGB, Diss., Berlin 1996

Anwaltkommentar BGB, 2. Aufl., Bonn 2007 (zit. AnwK-BGB $^{\text{Aufl.}}$/*Bearbeiter*)

ARNDTS, Arnesberg von: Lehrbuch der Pandekten, 11. Aufl., Stuttgart 1883

BADOUVAKIS, Monika: Fremdbestimmung oder Entscheidungsfreiheit des Erben, Die Beurteilung letztwilliger Potestativbedingungen im römischen und heutigem Recht, Diss., 1997

BAMBERGER, Heinz Georg/ ROTH, Herbert (Hrsg.): Kommentar zum Bürgerlichen Gesetzbuch, 2. Aufl., München 2008 (zit *Bamberger/Roth* $^{\text{Aufl.}}$/*Bearbeiter*)

BAUMANN, Claudia: Erbrechtliche Verwirkungsklauseln, Diss., Köln 2009

BETTI: Zur Grundlegung einer allgemeinen Auslegungslehre, in: Festschrift für Ernst Rabel, Tübingen 1954

BINZ, Fritz: Die erbrechtliche Verwirkungsklausel, Diss., 1968

BORK, Reinhard: Allgemeiner Teil des Bürgerlichen Gesetzbuchs, 3., neubearb. Aufl., Tübingen 2011

BRASCH, Viktor von: Die Konversion, vom Standpunkt der Begriffs- und Interessenjurisprudenz aus, Diss., 1949

BROX, Hans/WALKER, Wolf-Dietrich: Erbrecht, 24., neubearb. Aufl., Köln 2010

BUND, Elmar: Die Fiktion "pro non scripto habetur" als Beispiel fiktionsbewirkter interpretatio, in: Sein und Werden im Recht, Berlin 1970

DAMRAU, Jürgen (Hrsg.): Praxiskommentar Erbrecht, Angelbachtal 2004 (zit. *Damrau/Bearbeiter*)

DEINERT, Olaf: Zwingendes Recht, Grenzen rechtsgeschäftlicher Gestaltungsmacht und Verbotsgesetz; Umgehungsproblematik und teilweise Aufrechterhaltung unzulässiger Rechtsgeschäfte, Köln 2002

DERNBURG, Heinrich: Pandekten, Allgemeiner Theil und Sachenrecht, Bd. 1, 6. Aufl., unter Mitarbeit von Johannes Biermann, Berlin 1900

ders.: Pandekten, Familien- und Erbrecht, Bd. 3, 6. Aufl., Berlin 1901

Deutscher Erbrechtskommentar, 2. Aufl., Köln 2010 (zit. dt. Erbrechtskommentar $^{\text{Aufl.}}$/*Bearbeiter*)

DUNGERN, Otto von: Das Problem der Ebenbürtigkeit, Eine rechtsgeschichtliche und genealogische Studie, München 1905

ENDEMANN, Friedrich: Lehrbuch des bürgerlichen Rechts, Einleitung; Allgemeiner Theil; Recht der Schuldverhältnisse, Bd. 1, 6. Aufl., Berlin 1899

ders.: Lehrbuch des Bürgerlichen Rechts, Erbrecht, Bd. 3, 8. und 9., Berlin 1919

ENNECCERUS, Ludwig/NIPPERDEY, Hans Carl: Allgemeiner Teil des Bürgerlichen Rechts, Entstehung, Untergang und Veränderung der Rechte, Ansprüche und Einreden, Ausübung und Sicherung der Rechte, Halbbd. 2, 15. Aufl., Tübingen 1960

ERMAN, Walter (Hrsg.): Handkommentar zum Bürgerlichen Gesetzbuch, 12. Aufl., Köln 2008 (zit. *Erman*$^{\text{Aufl.}}$*/Bearbeiter*)

ESCH, Heinrich Pierer von: Teilnichtige Rechtsgeschäfte, Das Verhältnis von Parteiwille und Rechtssatz im Bereich des § 139 BGB, Köln 1968

FISCHER, Otto: Konversion unwirksamer Rechtsgeschäfte, in: Festschrift für Adolf Wach Bd. 1, Leipzig 1913 (Nachdr. Aalen 1970), S. 179–274

FITTING, Hermann: Ueber den Begriff der Bedingung, AcP 39 (1856), S. 305–350

ders.: Über den Begriff der unsittlichen Bedingung, AcP 56 (1873), S. 399–424

FLUME, Werner: Die Aufhebungsabreden beim Kauf - lex commissoria, in diem addictio und sogenanntes pactum displicentiae - und die Bedingung nach der Lehre der römischen Klassiker, in: Festschrift für Max Kaser zum 70. Geburtstag, München 1976, S. 309–327

ders.: Allgemeiner Teil des Bürgerlichen Rechts, Das Rechtsgeschäft, Bd. 2, 4., unveränd. Aufl., Berlin 1992

FOERSTE, Ulrich: Die Form des Testaments als Grenze seiner Auslegung, DNotZ 1993, S. 84–100

FRIESER, Andreas (Hrsg.): Fachanwaltskommentar Erbrecht, 2. Aufl., Köln 2008 (zit. FAK-Erbrecht$^{\text{Aufl.}}$*/Bearbeiter*)

ders. (Hrsg.): Kompaktkommentar Erbrecht, Köln 2007 (zit. KK-Erbrecht/*Bearbeiter*)

FÜHR, Thorsten: Grundrechte und Testierfreiheit - "Preußen"-Beschluss und Pflichtteilsrecht, MittBayNot 2006, S. 461–468

ders.: Einwirkungen der Grundrechte auf die Testierfreiheit, Unter besonderer Berücksichtigung der Wirksamkeit letztwilliger Potetstativbedingungen, Frankfurt am Main 2007

GAIER, Reinhard: Die Bedeutung der Grundrecht für das Erbrecht, ZEV 2006, S. 2–8

GERHARDS, Andreas: Ergänzende Testamentsauslegung und Formvorschriften, JuS 1994, S. 642–649 ders.: Ergänzende Testamentsauslegung wegen postmortaler Ereignisse, Diss., Köln 1996

GERNHUBER, Joachim: Testierfreiheit, Sittenordnung und Familie, FamRZ 1960, S. 326–335

GILBERT, Martin: Unmoralische Angebote, Grundrechtskitsch und die kalte Hand des Erlbassers, Sittenwidrige Potestativbedingungen in letztwilligen Verfügungen, Diss., Frankfurt am Main 2009

GOEBEL, Joachim: Eheschließungsfreiheit und erbrechtliche Potestativbedingungen, Zugleich eine Besprechung des Beschlusses des BayObLG v. 3.9.1996 - 1Z BR 41/95, FamRZ 1997, 705, FamRZ 1997, S. 656–662

GUTMANN, Thomas: Freiwilligkeit als Rechtsbegriff, München 2001

ders.: Der Erbe und seine Freiheit, NJW 2004, S. 2347–2349

HAEGELE, Karl: Bedingte, namentlich unter einer Verwirkungs- oder Strafklausel stehende testamentarische Anordnungen, JurBüro 1969, S. 1–10

HAGER, Johannes: Gesetzes- und sittenkonforme Auslegung und Aufrechterhaltung von Rechtsgeschäften, Diss., München 1983

HAHN, Karl/MUGDAN, Benno: Die gesamten Materialien zum Bürgerlichen Gesetzbuch für das Deutsche Reich, Einführungsgesetz und Allgemeiner Teil, Bd. 1, Aalen 1979

ders.: Die gesamten Materialien zum Bürgerlichen Gesetzbuch für das Deutsche Reich, Erbrecht, Bd. 5, Aalen 1979

HAUSMANN, Rainer/HOHLOCH, Gerhard (Hrsg.): Handbuch des Erbrechts, 2. Aufl., Berlin 2010

HEISS, Helmut: Formmängel und ihre Sanktionen, Eine privatrechtsvergleichende Untersuchung, Tübingen 1999

HENCKEL, Wolfram: Die ergänzende Vertragsauslegung, AcP 159 (1960/61), S. 106–126

HENLE, Rudolf: Lehrbuch des bürgerlichen Rechts, Berlin 1926

HERMANN, Hans-Georg: Pro non scripta habere und § 2085 BGB, Untersuchung eines geltungserhaltenden Lösungsansatzes bei Binnenteilunwirksamkeit einseitiger letztwilliger Verfügungen, Diss., München 2001

HERZOG, Alexander: Sittenwidrige Rechtsgeschäfte in der höchstrichterlichen Rechtsprechung aus den Jahren 1948 - 1965, Diss., Frankfurt am Main 2001

HERZOG, Bertold: Quantitive Teilnichtigkeit, zugleich Darlegungen zur Struktur des Rechtsgeschäfts und der rechtsgeschäftlichen Bestandteile, Diss., Göttingen 1926

HILGERS, Klaus-Dieter: Die bedingte Erbeinsetzung, MittRhNotK 1962, S. 381–395

HOHLOCH, Gerhard: Testierfreiheit und Erbunfähigkeit wegen nicht standesgemäßer Heirat ("Hohenzollerntestament"), Entscheidungsbesprechung, JuS 1999, S. 606–608

HONSELL, Heinrich: Die zivilrechtliche Sanktion der Sittenwidrigkeit, JA 1986, S. 573–576

HORSCH, Andreas: Entscheidungsanmerkung zu BayObLG Beschluss v. 17.2.2005, Rpfleger 2005, S. 433–434

HUSMANN, Hermann: Die Testierfreiheit im Lichte der Grundrechte und des Sittengesetzes, NJW 1971, S. 404–410

ISENSEE, Josef: Inhaltskontrolle des Bundesverfassungsgerichts über Verfügungen von Todes wegen, zum "Hohenzollern-Beschluss" des BVerfG, DNotZ 2004, S. 754–766

JAHR, Günther: Romanistische Beiträge zur modernen Zivilrechtswissenschaft, AcP 168 (1968), S. 9–26

JAUERNIG, Othmar (Hrsg.): Bürgerliches Gesetzbuch, 13. Aufl., München 2009 (zit. *Jauernig*$^{\text{Aufl.}}$*/Bearbeiter*)

JUNGMICHEL, Jochen: Unzulässige Beschränkung der Testierfreiheit durch die Annahme einer Teilnichtigkeit sittenwidriger letztwilliger Verfügungen, Diss., 1981

Juris Praxiskommentar BGB, 4. Aufl., Saarbrücken 2009 (zit. jurisPK-BGB $^{\text{Aufl.}}$*/Bearbeiter*)

KAHL, Manfred: Grenzen der Umdeutung rechtsgeschäftlicher Erklärungen (§ 140 BGB), Diss., 1985

KAROW, Oliver: Die Sittenwidrigkeit von Verfügungen von Todes wegen in historischer Sicht, Die Entwicklung der Gesetzgebung und der höchstrichterlichen Rechtsprechung seit der Entstehung des BGB bis in die Gegenwart, Diss., Frankfurt am Main 1997

KELLENTER, Wolfgang: Bedingte Verfügungen von Todes wegen, insbesondere auch ein Beitrag zur Sittenwidrigkeit letztwilliger Potestativbedingungen, Diss., 1989

KELLER, Friedrich Ludwig von: Pandekten, Bd. 1., 2. Aufl., Leipzig 1867

KEUK, Brigitte: Der Erblasserwille post testamentum und die Auslegung des Testaments, Bonn 1965

dies.: Der Erblasserwille post testamentum, Zur Unzulässigkeit der testamentarischen Potestativbedingung, FamRZ 1972, S. 9–16

KIPP, Theodor/COING, Helmut: Erbrecht, Ein Lehrbuch, 14. Aufl., Tübingen 1990

KOHLER, Arthur: Die Resolutivbedingung, Berlin 1897

KRAMPE, Christoph: Die Konversion des Rechtsgeschäfts, Habil., Frankfurt a.M. 1980 ders.: Aufrechterhaltung von Verträgen und Vertragsklauseln, AcP 194 (1994), S. 1–41

KROPPENBERG, Inge: "Wer lebt, hat Recht", Lebzeitiges Rechtsdenken als Fremdkörper in der Inhaltskontrolle von Verfügungen von Todes wegen, DNotZ 2006, S. 86–105

dies.: Privatautonomie von Todes wegen, Verfassungs- und zivilrechtliche Grundlagen der Testierfreiheit im Vergleich zur Vertragsfreiheit unter Lebenden, Habil., Tübingen 2008

KUCHINKE, Kurt: Bedarf der dem Erbverzicht zugrunde liegende Verpflichtungsvertrag notarieller Beurkundung? - Zugleich zur Heilung und Umdeutung nichtiger Verpflichtungsverträge, NJW 1983, S. 2358–2362

LANDE, Saul: Teilunwirksamkeit letztwilliger Verfügungen (Verhältnis des § 2085 zu § 139 BGB), Diss., Dresden 1938

LANG, Eduard: Teilweise Nichtigkeit der Rechtsgeschäfte, § 139 BGB, Berlin 1926

LANGE, Heinrich: Vom alten zum neuen Schuldrecht, Hamburg 1934

LANGE, Heinrich/KUCHINKE, Kurt: Erbrecht, Ein Lehrbuch, 5., völlig neubearb. Aufl., München 2001

LANGENFELD, Gerrit: In der Testamentsgestaltung lebt das Erbrecht, ZEV 2007, S. 453–458

LAPPE, Liesel: Die Teilnichtigkeit des gesetz- oder sittenwidrigen Rechtsgeschäftes, Diss., 1950

LARENZ, Karl/WOLF, Manfred: Allgemeiner Teil des Bürgerlichen Rechts, 9. Aufl., München 2004

LEIPOLD, Dieter: Erbrecht, Grundzüge mit Fällen und Kontrollfragen, 16., neubearb. Aufl., Tübingen 2006

LEONHARD, Rudolf: Das Recht des Bürgerlichen Gesetzbuchs in Einzeldarstellungen, Der Allgemeine Theil des Bürgerlichen Gesetzbuchs, Berlin 1900

LINDACHER, Walter: Grundsätzliches zu § 138 BGB, AcP 173 (1973), S. 124–136

ders.: Literaturbesprechung von Georg Thielmanns: Sittenwidrige Verfügungen von Todes wegen, AcP 175 (1975), S. 257–261

LITZENBURGER, Wolfgang: Unmöglichkeit und Ausfall der Bedingung bei erbrechtlichen Zuwendungen, ZEV 2008, S. 369–372

LÜBTOW, Ulrich von: Probleme des Erbrechts, Berlin 1967

ders.: Erbrecht, Eine systematische Darstellung, 1. Halbband, Berlin 1971

MEDICUS, Dieter: Allgemeiner Teil des BGB, 10. Aufl., Heidelberg 2010

MEINCKE, Jens Peter: Die Scheidungsklausel im Testament, Ein Vergleich der Entscheidungen BGH LM § 138 BGB (Cd) nr. 5 und Cod. Iust. 6, 25, 5., in: Festschrift für Max Kaser zum 70. Geburtstag, München 1976, S. 437–463

ders.: Eingriffe in die Ehefreiheit durch Heirats-, Scheidungs- oder Güterstandsklauseln, DEuFamR 1999, S. 75–83

MEISCHEIDER, Emil: Die letztwilligen Verfügungen nach dem Bürgerlichen Gesetzbuche für das Deutsche Reich, Leipzig 1900

MICHALSKI, Lutz: BGB-Erbrecht, Erbrecht, 3., neu bearb. Aufl., Heidelberg 2006

MOMMSEN, Friedrich: Entwurf eines deutschen Reichsgesetzes über das Erbrecht nebst Motiven, Braunschweig 1876

MÜLLER, Frank: Grenzen erbrechtlicher Verwirkungsklauseln, Diss., Münster 1996

Münchener Kommentar zum Bürgerlichen Gesetzbuch, 5. Aufl., München 2006 – 2010 (zit. MünchKomm[Aufl.]/*Bearbeiter*)

MUSCHELER, Karlheinz: Zur Unwirksamkeit einer Erbunfähigkeitsklausel im Erbvertrag eines Adelsgeschlechts, Entscheidungsanmerkung zu BGH Beschluss v. 2.12.1998, IV ZB 19/97, ZEV 1999, S. 151–152

NAENDRUP, Peter-Hubert: Die Teilnichtigkeit im Recht der Allgemeinen Geschäftsbedingungen, Untersuchungen zu Grundproblemen des Rechts der Allgemeinen Geschäftsbedingungen, Bielefeld 1966

NATTER, Edmund: Die teilweise Nichtigkeit der Rechtsgeschäfte, BGB § 139, Diss., Borna-Leipzig 1907

ders.: Die Verwirkungsklausel in letztwilligen Verfügungen, DRiZ 1946, S. 163–167

NIEDER, Heinrich: Handbuch der Testamentsgestaltung, Grundlagen und Gestaltungsmittel für Verfügungen von Todes wegen und vorbereitende Erbfolgemaßnahmen, 3., überarb. Aufl., unter Mitarbeit von Reinhard Kössinger, Winfried Kössinger und Nieder-Kössinger, München 2008

NOLDEN, Wilhelm: Der Grundsatz der Restgültigkeit, Ein Versuch zur Lösung des Problems der Restgültigkeit und eine Darlegung zu §§ 139, 140, 134, 138 u.a. B.G.B, Diss., 1939

OEPEN, Klaus: Zur Dogmatik des § 139 BGB, Grundsätzliche Überlegungen zu einer zentralen Regelung des Bürgerlichen Rechts, Aachen 2000

OFTINGER, Karl: Die Bedingung hinsichtlich der Eheschließung des Bedachten in einer Verfügung von Todes Wegen, Eine rechtsvergleichende Studie als Beitrag zur Auslegung von ZGB Art. 483 II, ZBJV 1935, S. 153–211

OTTE, Gerhard: Die Nichtigkeit letztwilliger Verfügungen wegen Gesetzes- oder Sittenwidrigkeit, JA 1985, S. 192–201

ders.: Die Bedeutung der "Hohenzollern"-Entscheidung des Bundesverfassungsgerichts für die Testierfreiheit, ZEV 2004, S. 393–398 ders.: Die Schiedsklausel im Erbvertrag des Hauses Hohenzollern, FamRZ 2006, S. 309–312

OTTO, Hansjörg: Personale Freiheit und soziale Bindung, Zur Kontrolle und Gewährleistung personal motivierten Verhaltens im Privatrecht, München 1978

PAAL, Boris: Sittenwidrigkeit im Erbrecht, JZ 2005, S. 436–444

PALANDT, Otto (Hrsg.): Bürgerliches Gesetzbuch, 70. Aufl., München 2011 (zit. *Palandt* Aufl./*Bearbeiter*)

PAWLOWSKI, Hans-Martin: Rechtsgeschäftliche Folgen nichtiger Willenserklärungen, (Amts- und Parteinichtigkeiten von Rechtsgeschäften), zum Verhältnis von Privatautonomie und objektivem Recht, Habil., Göttingen 1966

PILZ, Hubert: Richterliche Vertragsergänzung und Vertragsabänderung, Diss., 1962

PROBST, Martin: Entscheidungsanmerkung zu BGH Beschl. v. 2.12.1998, JR 1999, S. 504–510

Protokolle der Kommission für die zweite Lesung des Entwurfs des Bürgerlichen Gesetzbuchs, Erbrecht, Berlin 1899

PRÜTTING, Hanns/*WEGEN*, Gerhard/*WEINREICH*, Gerd (Hrsg.): BGB Kommentar, 4. Aufl., Köln 2009 (zit. PWW Aufl./*Bearbeiter*)

RADKE, Wolfram W.: Bedingungsrecht und Typenzwang, Eine Untersuchung zu Grundlagen und Grenzen privatautonomer Gestaltung, Berlin 2001

RAMM, Thilo: Abschied vom "Mätressentestament", JZ 1970, S. 129–132

REINICKE, Dietrich: Entscheidungsanmerkung zu BGH 17.03.1969, NJW 1969, S. 1347

RGRK-BGB, Das Bürgerliche Gesetzbuch mit besonderer Berücksichtigung der Rechtsprechung des Reichsgerichts und des Bundesgerichtshofes, 12. Aufl., Berlin 1974 – 1982 (zit. RGRK Aufl./*Bearbeiter*)

RICHTER, Helmut: Das teilnichtige Rechtsgeschäft im Hinblick auf wirtschaftliche Gegebenheiten und Zusammenhänge, Eine Darlegung zu den §§ 139, 140 BGB, Diss., Köln 1959

RODERMUND, Wilfried: Rechtsgeschäfte unter Vergangenheits- oder Gegenwartsbedingungen mit besonderer Berücksichtigung letztwilliger Verfügungen, Diss., 1990

ROSENTHAL, Martin: Der Einfluss der Auflage und Resolutivbedingung auf die Testierfreiheit, Berlin 1910

SANDROCK, Otto: Subjektive und objektive Gestaltungskräfte bei der Teilnichtigkeit von Rechtsgeschäften, AcP 159 (1960/61), S. 481–546

ders.: Zur ergänzenden Vertragsauslegung im materiellen und internationalen Schuldvertragsrecht, Methodologische Untersuchungen zur Rechtsquellenlehre im Schuldvertragsrecht, Habil., Köln 1966

SASSE, Stefan: Grenzen der Vermögensperpetuierung bei Verfügungen durch den Erblasser, Diss., 1997

SAVIGNY, Friedrich Carl von: System des heutigen Römischen Rechts, Bd. 3, Berlin 1840

SCHERER, Stefan Friedrich: Grenzen der Auslegung bei Verfügungen von Todes wegen, Diss., 1999

SCHEUREN-BRANDES, Christoph: Wiederverheiratungsklauseln nach der Hohenzollern-Entscheidung - Handlungsbedarf für die Gesaltungspraxis, ZEV 2005, S. 185–188

SCHLEGELBERGER, Franz: Rechtsvergleichendes Handwörterbuch für das Zivil- und Handelsrecht des In- und Auslandes, Bd. 2, Berlin 1929

SCHLITT, Gerhard: Der Schutz des Pflichtteilsberechtigten vor belastenden Anordnungen des Erblassers, Testierfreiheit und gesetzliche Korrekturen, Diss., 1990

ders.: Klassische Testamentsklauseln, Zur Zulässigkeit belastender Anordnungen des Erblassers aus der Sicht des Pflichtteilsberechtigten, Bd. 9, Stuttgart 1991

SCHLÜTER, Wilfried: Grenzen der Testierfreiheit – Grenzen einer „Herrschaft aus dem Grabe“, in: Festgabe der Zivilrechtslehrer 1934 - 1935, Berlin 1999

ders.: Erbrecht, Ein Studienbuch, 16., überarb. Aufl., München 2007

SCHMITT, Angelika: Die Sittenwidrigkeit von Testamenten in der höchstrichterlichen Rechtsprechung, Diss., München 1999

SCHMITT, Gottfried von: Erbrecht, Teil 2, in: Die Vorlagen der Redaktoren für die erste Kommission zur Ausarbeitung des Entwurfs eines Bürgerlichen Gesetzbuches, Berlin 1981-1984 (Nachdruck der Ausgabe 1876-1887

ders.: Erbrecht, Teil 1, in: Die Vorlagen der Redaktoren für die erste Kommission zur Ausarbeitung des Entwurfs eines Bürgerlichen Gesetzbuches, Berlin 1981-1984 (Nachdruck der Ausgabe 1876-1887

SCHMITZ, Wilhelm: Das Problem der Beschränkung der Testierfreiheit, Berlin 1936

SCHMOECKEL, Mathias: Der maßgebliche Zeitpunkt zur Bestimmung der Sittenwidrigkeit nach § 138 I BGB, AcP 197 (1997), S. 1–79

ders.: Entscheidungsanmerkung zu BGH Beschl. v. 2.12.1998, JZ 1999, S. 517–519

SCHOLZ, Dietmar: Die Anwendung des § 139 BGB im Arbeitsvertragsrecht, Diss., Göttingen 1965

SCHRENCK-NOTZING, Albert von: Unerlaubte Bedingungen in letztwilligen Verfügungen, Diss., Berlin 2009

SCHULZ, Fritz: Der Irrtum im Beweggrund bei der testamentarischen Verfügung, in: Gedächtnisschrift für Emil Seckel, Aalen 1979; Neudruck der Ausgabe 1927, S. 70–144

SCHULZE, Hermann von: Die Hausgesetze der regierenden deutschen Fürstenhäuser, Bd. 3, Jena 1883

SILLER, Robert: Die Konversion (§ 140 BGB), AcP 1934, S. 144–193

SIMSHÄUSER, Wilhelm: Zur Sittenwidrigkeit der Geliebten-Testamente, Kritische Bemerkungen zur höchstrichterlichen Rechtsprechung, Bielefeld 1971

SMID, Stefan: Rechtliche Schranken der Testierfreiheit aus § 138 I BGB, NJW 1990, S. 409–417

SOERGEL, Hans Theodor (Hrsg.): Bürgerliches Gesetzbuch Kommentar, Stuttgart, 11. Aufl. 1978 – 1982, 13. Aufl. 1999 – 2003 (zit. *Soergel* $^{\text{Aufl.}}$/*Bearbeiter*)

SPECKMANN, Werner: Zur Frage der Teilnichtigkeit einer sittenwidrigen testamentarischen Zuwendung, JZ 1970, S. 401–403

ders.: Nochmals: Testierfreiheit und Nichtigkeit bzw. Teilnichtigkeit des "Geliebtentestaments", NJW 1971, S. 924–925

SPIESS, Heinz: Unsittliche Bedingungen bei letztwilligen Verfügungen, Bleicherode am Harz 1938

STAGL, Jakob Fortunat: Der Wortlaut als Grenze der Auslegung von Testamenten, Die Andeutungstheorie im Testamentsrecht Deutschlands, Österreichs und der Schweiz, 2. Aufl., Diss., Wien 2005

STAUDINGER, Ansgar: Die Nichtigkeit der Verfügungen von Todes wegen und der Erbstreit im Adelshause Hohenzollern, JURA 2000, S. 467–472

ders.: Entscheidungsanmerkung, FamRZ 2004, S. 769–771

STAUDINGER, Julius von (Hrsg.): Kommentar zum Bürgerlichen Gesetzbuch, München, 10. Aufl. 1936; 11. Aufl. 1957; 12. Aufl. 1980; 13. Aufl. 2003 – 2004 (zit. *Staudinger* $^{\text{Aufl.}}$/*Bearbeiter*)

STUMPF, Cordula: Erläuternde und ergänzende Auslegung letztwilliger Verfügungen im System privatautonomer Rechtsgestaltung, Zugleich ein Beitrag zur Abgrenzung von Anfechtung, Umdeutung und Wegfall der Geschäftsgrundlage, Berlin 1991

THIBAUT, Anton Friedrichs Justus: Civilistische Abhandlungen, Heidelberg 1814

THIELMANN, Georg: Sittenwidrige Verfügungen von Todes wegen, Habil., Berlin 1973

TIEDTKE, Klaus: Die Umdeutung eines nach den §§ 1365, 1366 BGB nichtigen Rechtsgeschäfts in einen Erbvertrag, FamRZ 1981, S. 1–5

ders.: Teilnichtigkeit eines sittenwidrigen Rechtsgeschäfts, ZIP 1987, S. 1089–1096

TUHR, Andreas von: Der Allgemeine Teil des Deutschen Bürgerlichen Rechts, Bd. 2, München 1918

UNGER, Joseph: System des österreichischen allgemeinen Privatrechts, Bd. 2, 5. Aufl., Leipzig 1892

WAGNER, Franz: Erbeinsetzung unter einer Potestativbedingung und § 2065 BGB, ZEV 1998, S. 255

WENDT, Otto: Die Lehre vom bedingten Rechtsgeschäft, Erlangen 1872

ders.: Lehrbuch der Pandekten, Jena 1888

WIELING, Hans Josef: Testamentsauslegung im römischen Recht, München 1972

WILHELM, Jan: Wiederverheiratungsklausel, bedingte Erbeinsetzung und Vor- und Nacherbfolge, NJW 1990, S. 2857–2864

WINDSCHEID, Bernhard: Die Wirkung der erfüllten Bedingung, Basel 1851

ders.: Lehrbuch des Pandektenrechts, Bd. 1, 1. Aufl., Düsseldorf 1862

ders.: Lehrbuch des Pandektenrechts, Bd. 1, 9. Aufl., Frankfurt a. M. 1906

ZACHARIÄ LINGENTHAL, Karl Eduard von: Handbuch des französischen Civilrechts, 8., verm. und verb. Aufl., Unter Mitarbeit von Carl Crome, Freiburg i.Br. 1894

ZIMMERMANN, Reinhard: Richterliches Moderationsrecht oder Totalnichtigkeit? Die rechtliche Behandlung anstößig-übermäßiger Verträge, Berlin 1979

Studien zum deutschen und internationalen Familien- und Erbrecht

Herausgegeben von Martin Lipp, Christoph Benicke, Marina Wellenhofer und Bettina Heiderhoff

Band 1 Jessica Kriewald: Statusrelevante Erklärungen des Familienrechts. 2009.

Band 2 Martin Gilbert: Unmoralische Angebote, Grundrechtskitsch und die kalte Hand des Erblassers. 2009.

Band 3 Anja Vellmer: Religiöse Kindererziehung und religiös begründete Konflikte in der Familie. Eine rechtsübergreifende Darstellung familiärer religiöser Konflikte und der staatlichen Instrumentarien zu ihrer Lösung. 2010.

Band 4 Uta Heidenreich: Auskunfts- und Wertermittlungsansprüche des Pflichtteilsberechtigten. 2010.

Band 5 Ulla Möhn: Vertrauensschutz im intertemporalen Scheidungsunterhaltsrecht. Zugleich eine Analyse des § 36 Nr. 1 EGZPO. 2010.

Band 6 Gabriele Metternich: Verfügungsverhalten von Erblassern. Eine empirische Untersuchung als Beitrag zur Rechtstatsachenforschung und Reformdiskussion auf dem Gebiet des Erbrechts. 2010.

Band 7 Patrick Schroer: Europäischer Erbschein. Mit rechtsvergleichender Darstellung. 2010.

Band 8 Isabella Toscano: Ehescheidungen mit grenzüberschreitendem Bezug. Von divergierenden nationalen Scheidungsvoraussetzungen zu einem einheitlichen europäischen Scheidungsrecht? 2011.

Band 9 Ulrich Kühle: Die gerichtliche Überprüfung von Erb- und Pflichtteilsverzichtsverträgen im Spiegel ehevertraglicher Inhaltskontrolle. 2011.

Band 10 Gregor Blüm: Härtefälle im Recht des Versorgungsausgleichs. Eine legitimationszentrierte Untersuchung der Rechtsprechung zur Generalklausel des § 1587c Nr. 1 BGB a. F. unter Berücksichtigung der Neuerungen in der Härtefallregelung des § 27 VersAusglG. 2011.

Band 11 Linda Schlegel: Die Bedeutung des vorehelichen Zusammenlebens im Scheidungsfolgenrecht. 2011.

Band 12 Tobias Breitling: Rechtsfolgen von sittenwidrigen Bedingungen in Verfügungen von Todes wegen. Erblasserwille und objektives Recht. 2012.

www.peterlang.de